北京大学汉语哲学丛书

北京大学汉语哲学丛书

商務印書館（上海）有限公司　出品
The Commercial Press (Shanghai) Co. Ltd.

北京大学汉语哲学丛书

Being 与汉译哲学

王 路 著

图书在版编目（CIP）数据

Being与汉译哲学 / 王路著. —北京：商务印书馆，2023
（北京大学汉语哲学丛书）
ISBN 978 - 7 - 100 - 22258 - 7

Ⅰ. ①B…　Ⅱ. ①王…　Ⅲ. ①西方哲学　Ⅳ. ①B5

中国国家版本馆 CIP 数据核字（2023）第059811号

Being 与汉译哲学
王路　著

商　务　印　书　馆　出　版
（北京王府井大街36号　邮政编码 100710）
商　务　印　书　馆　发　行
山东韵杰文化科技有限公司印刷
ISBN　978 - 7 - 100 - 22258 - 7

2023年6月第1版　　　　开本 640×960　1/16
2023年6月第1次印刷　　印张 17½
定价：80.00元

王路，郑州大学哲学学院特聘首席教授，清华大学人文学院哲学系教授，博士生导师。享受国务院政府特殊津贴。曾任中国社会科学院哲学研究所研究员、哲学所学术委员会副主任、逻辑研究室主任，中国逻辑学会副会长、秘书长，中国现代外国哲学学会常务理事。主要著作有《亚里士多德的逻辑学说》《弗雷格思想研究》《逻辑的观念》《“是”与“真”》《语言与世界》《逻辑的起源》《逻辑基础》《一“是”到底论》《大师的传统》等；主要译著有《弗雷格哲学论著选辑》《算术基础》《分析哲学的起源》《逻辑大全》等。

总　序

当今时代，人类面临日益复杂和增长的形形色色的挑战和问题，但没有任何一种现成的理论能够令人信服地给出合理的解释，更遑论提供有效和周全的应对方案。因此，人类所有族类都有责任以自己的语言来对待、阐释和回应这些挑战。在这个大势之下，汉语思想和学术就理所当然地承担起自己的人类责任。汉语哲学的重新崛起和其他汉语人文社会科学的兴起表明了汉语学术和思想对此的自觉，事实上，相应的创新和突破已经萌动，正破土而出。

汉语哲学在这波时代潮流中势所必然地成为前驱。开疆拓土的探索带来了丰硕的研究成果，为了将这些成果汇集起来，出版一套汉语哲学丛书就成了势所必然的事情。

作为新兴的学科，汉语哲学一开始就面对不知边际的领域、前沿的挑战以及无数的难题，因此极具探索性。当人们以汉语哲学的视野来审视既有的哲学理论和思想，就会发现先前被忽略或遮蔽的方面，有些先前简单地被归咎于汉语之不足的问题也展现新的意义、维度和途径。不过，迄今为止，汉语哲学的深度和广度并不清楚，有待进一步的和持久的研究。这种探索在当下还有一个重要的作用，就是突破传统学科画地为牢的陈规陋习。

开放性是汉语哲学的另一个重要特征。汉语哲学所关涉的范围遵循如下原则：问题延伸到哪里，研究就深入到那里。因此，它原本就是一门横跨人文社会科学和自然科学的综合研究。不仅如此，对汉语哲学，现在尚有一些不同的意见，为了促进它的深入发展，批判性的研究也将会收入这套丛书。

研究的方法和表达的形式取决于探索本身的需要，因此在风格、方法和形式等方面，本丛书将不拘一格，兼容并包。从另一方面说，多元性依赖于未来作者原创的贡献，于是，多样化所呈现的丰富多彩正是本丛书所期待的未知前景。

最后，本丛书是一套学术丛书，它要求所有的著作都秉持严谨的学术态度，遵守严格的学术规范。所谓学术为天下公器乃是强调学术的普遍性品格。以可普遍传达的方式阐述研究成果，于广义汉语哲学为理所必然，对狭义汉语哲学亦复如此。

韩水法

2023 年 5 月 20 日

序

2016年，韩水法教授在北大举办第一次“汉语哲学”学术研讨会，邀我参加。与会者多是熟人和朋友，大家发言踊跃，讨论热烈而有趣，还商定以后一年一次。后来水法兄以“汉语哲学”为名申请了一个项目，拉我参加，就有了眼前这本书。

“汉语哲学”这个题目比较宽泛。会上我问过，它是Chinese Philosophy还是Philosophy in Chinese，还是Philosophy by Chinese，得到的回答是Philosophy of Chinese。那次参会我提交论文的题目是《语言的转换与思想的呈现》，文章写得很容易，说的是我对讨论being问题过程中与翻译相关最直接的认识。讨论being问题已有多年，虽然我一直强调这是如何理解西方哲学的问题，或多或少总会涉及翻译问题。本以为可借讨论“汉语哲学”之机专门探讨一下与being有关的翻译问题，一年思考一个问题，写一篇论文，十年下来，对汉语翻译的问题以及自己的认识可以做出比较系统的梳理，总结出一些有意义的东西，架不住水法兄一再诚挚邀请，我从参会变成了参加他的项目。虽然很像是“友情出演”，无奈项目的催迫却“无情无义”。我对水法兄说过，这本书是“写”出来的，写得有些辛苦。既然谈到“苦”，索性就诉一诉吧。

谈论对being的理解和翻译，可以是两个非常不同的问题。谈理解，虽然会涉及翻译，但是可以不专门谈论翻译，而只谈理解的不同而导致翻译的不同，或者不同的翻译产生不同的理解。但是谈论翻译就不一样了，因为会涉及译文的对错问题。而一旦谈及对错，可能就比较麻烦了。别的不说，这至少会得罪人，甚至得罪同行、朋友。

其实，即使是谈论理解，也会涉及翻译的对错。比如我曾说过：

> 长期以来，人们把being翻译为“存在”(“在”或“有”)，并且以此来理解它及其相关讨论，乃是错误的。这种做法从字面上切断了哲学与逻辑的密切联系，报废了举例所起的作用，因而不仅从字面上，而且实际上掩盖和模糊了西方哲学中关于语言的考虑。这样做的结果是使人们对西方哲学中最核心的概念及其相关问题造成曲解和误解，对其最核心的内容无法理解。[1]

这话说得足够直接和直白。虽然是整体上谈论理解，其实还是对翻译提出了批评。有朋友对我说过，我关于being的看法是“具有颠覆性的”。正面理解，这说我对学界关于being的理解提出了挑战，改变了学界的传统认识。说难听些，这意味着我做了一件破坏性的工作。这又怎么可能不得罪人呢?!

不管是建设性的还是破坏性的，谈理解，总还是可以圆通一些的，但是谈翻译就不同的，因为要直接谈论两种语言的转换得失，要说明自己理解的正确，要指出现有译文的问题并给出修正译文。所谓修正译文，其实就是指出原有译文中的错误，提出自己认为正确的译文。所以，谈论翻译，不谈对错似乎是根本不行的。我自己做过翻译，知道翻

1 王路:《“是”与“真”——形而上学的基石》，人民出版社2013年，第329页。

译工作的艰辛，当然知道这样做是很得罪人的。即便是学术讨论，一本译著被指出其中的翻译错误，译者无论如何是高兴不起来的。特别是说 being 这一概念的译文错了，这指出的可不是一般性的错误，不是个别的错误，而是一个理解中的错误，是一个在翻译中反复出现的错误。假如给我更多时间，一如开始设想的那样，我也许不会像现在这样直截了当地谈论“错译”，而是会想一些办法，以比较婉转的方式说明相同的问题，那样也许更容易让人接受或者觉得更舒服一些：我指的不是一般读者，而是指译者本人。当然，也许这压根就是一厢情愿的事情，也许人早就得罪了。果真如此，我只能深表歉意。

经过这么多年的讨论，站在理解的角度，从《“是”与“真”——形而上学的基石》到《一“是”到底论》，我觉得该说的差不多都说了，而且是系统性地说过了。我的基本看法没有变：有关 being 的问题并不是简单的翻译问题，而是理解的问题，即如何理解西方哲学的问题。唯一还没有说或者还没有说透的，大概就是一些翻译和与翻译相关的问题。翻译的问题不仅是语言的问题，也是思想的问题，不仅是文字的问题，也是专业的问题，不仅是学术的问题，也是文化的问题。所以，说翻译归根结底是理解的问题并没有错，只是应该看到，这所谓的理解其实并不是那样简单的事情：它包含着对语言和文字的理解，对专业和学术的理解，对思想和文化的理解。

翻译是一项有意义的工作，西方哲学的翻译则更是有意义的。在我的眼中，它使一些我们本来没有的思想进入我们的视野，为我们的哲学和学术，乃至为我们的思想和文化做出了不可磨灭的贡献。翻译涉及多方面的东西，比如两种语言的相互转换的问题，哲学与其他学科乃至与文化的关系问题。虽然为项目所迫，但是借此机会可以谈一谈这样的问题，谈一谈在我看来是超出哲学范围的问题，也是一件有趣的事情，正所谓“苦”也“甜”。

本书写到最后一章，北京进入酷暑，我不喜欢空调，燥热难耐，不能静心。为了不使思路中断，向好友李朝东教授求助，跑到兰州。上午在房间写作，下午到黄河边散步，晚上好友们请吃手抓羊肉，度过一个愉快的夏天，也顺利完成了书稿。借出版之机，我要衷心感谢朝东兄的热情帮助和款待！

衷心感谢商务印书馆张鹏先生为出版本书所做的工作！

衷心感谢商务印书馆所有为出版本书付出辛劳的同志！

作者

2019 年 9 月于荷清苑

目　录

第一章　导论：翻译与理解

哲学翻译一直是哲学研究发展的重要因素和条件。古希腊哲学的翻译和注释，从古至今未见中断，形成大量的英译、德译、法译等不同语言的古希腊哲学文本。近现代哲学的翻译，也是层出不穷，因而有大量德国哲学的英译本、法译本，英（美）国哲学的德译本、法译本等等。不同语言的翻译无不促进了不同语言国家的哲学研究和发展。

西方哲学引入中国，在中国得以生存和发展，一直伴随着翻译。通过翻译，国人获得西方哲学的文本，得以阅读西方哲学的经典著作，从中收获前所未有的思想。西方哲学的引入，使国人获得关于哲学的认识。借助这种认识，国人重新解读和建设自己的思想文化，形成中国哲学和马克思主义哲学，并以此为基础谈论哲学的未来和发展。一个不争的事实是，如同西方大部分国家一样，今天我们累积了大量的汉译哲学著作，它们帮助人们学习和认识西方哲学的思想，探讨和把握西方哲学的理论和方法。可以说，哲学的汉语翻译，或者说汉译哲学，对中国的哲学发展做出了重要的贡献。

每当谈起汉译哲学，或者说西方哲学的汉语翻译，人们往往会有一种特殊的认识甚至情感。比如，出版界将出版的汉译哲学著作赋予不同的意义，称为“汉译世界学术名著”，将它们的出版看作出版业的成就。

出版者在谈及它们时会赞誉翻译的艰辛，宣传它们所产生的巨大社会影响。学者们在谈起它们时多会感慨：自己当年如何借助它们走进西方哲学的世界，如何在精神和心灵上获得启迪，如何在思想上受到它们的影响。有时人们也会褒扬译者的辛勤努力，感叹一些译文的优美、流畅，甚至动人心魄。围绕它们人们还会产生许多话题，比如西学东渐：这些西方哲学著作是如何引进和翻译的，它们给中国思想界带来哪些积极的变化，对中国思想文化的发展起到什么样的推动作用，等等。也就是说，不论西方国家如何对待哲学翻译，至少在中国，汉译哲学是一件大事，是一件好事，是一件值得认真思考和对待的事情。

直观上看，汉译哲学涉及两个方面。一是将西方语言翻译为汉语，二是通过汉译，将西方哲学的思想内容呈现出来。人们看重汉译哲学也许有许多原因，但是最主要的原因与以上两个方面相关。从语言层面说，西方语言是拼音文字，而汉语不是拼音文字。这两种语言差异较大，因此翻译工作本身并不是那样容易，至少不像西方语言之间的翻译那样容易。从思想内容方面说，西方哲学确实有一些独特的东西，一些中国思想文化中本来所没有的东西，或者至少是差异极大的东西。这两方面的原因加剧了汉译哲学的难度，也放大了它的意义。所以，人们关注汉译哲学，探讨哲学的汉语翻译，指出其中存在的问题，希望不断改进它，从而使汉译哲学可以尽善至美，可以更好地服务于中国的学术界乃至中国整个思想文化事业。

一句话，汉译哲学至关重要，哲学的汉语翻译至关重要。

一、信达雅

关于哲学翻译的讨论很多，严复提出的“信达雅”尤为出名。一般来说，“信”指忠实于原文，“达”指语言明白通顺，“雅”指遣词造句的讲究。虽属老生常谈，却涉及翻译的实质和标准。让我们从它们开始进行讨论。陈康先生关于它们的说明是：

> “信”可以说是翻译的天经地义：“不信”的翻译不是翻译；不以“信”为理想的人可以不必翻译。“达”只是相对的。所谓“达”，从客观方面看，乃指人从译文里可以顺利地得到原文中的意义，完成这一点，译笔的巧拙固然很有关，然而此外还有更重要的因素。它们是原文的内容和译文读者关于了解这个内容的准备。黑格尔的《逻辑学》的翻译，无论文笔怎这高妙，对于哲学方面缺乏严格训练的人必然是“不达”，因为对于同一个人原文也是晦涩的。[1]
>
> “雅”可目为哲学翻译中的脂粉。如若这类书籍的翻译是忠实地依照原来的思想线索介绍一个本土所无的学说，那么“雅”与“不雅”只是表面上的问题。[2]

从陈康先生的说明可以看出，“信”是最重要的。翻译缺少了“信”，也就名不副实。“达”和“雅”似乎都是相对的，重要性排在其后。若再细致一些，还可以看出，“理想”一说表明，“信”是一种理念，是追求的目的。“达”则不是追求的目的，或者，它不仅仅是追求的目的。“达”不仅与“原文中的意义”相关，而且与“译笔的巧拙”相关。所以，即便认为“达”是一种理念，它似乎也还是有一些技术性的成分在里面，也就是说，它似乎包含一些方式方法。相比之下，“雅”似乎只与语言相关，属于修辞的问题。所以，三者而言，“信”是抽象的，而“达”和“雅”似乎要具体一些。而就“达”和“雅”而言，

1　柏拉图：《巴曼尼德斯篇》，陈康译，商务印书馆 2017 年，“序”，第 7 页。
2　同上。

"达"所涉及的东西更多一些。这样看来，在这三者中，"信"表面上看是最重要的，"达"似乎实际上是最重要的。"不信"的翻译固然不是翻译，"不达"的翻译其实也不是翻译，因为翻译不"达"，也就不"信"。所以，"达"是通往"信"的必要条件。由此可见，"信"和"达"有相通之处，都有翻译的理念之意。至于"雅"，与它们区别明显，似乎可以看作锦上添花，是对遣词造句的更高要求。

如果再进一步分析，我们还可以看出，与"达"相关还有一个说明，陈先生称之为"原文的内容和译文读者关于了解这个内容的准备"。此前已经谈到原文的意义，这里又谈及内容，不免有重复之嫌。但是在我看来，这并不是重复。文字有意义，有内容，乃是常识。译文需要表达原文的意义，这也是常识。把内容理解为意义当然是可以的。那么陈先生这里为什么又强调了内容呢？我认为，这里所说的内容是指专业性的东西。由于是专业性的东西，因而译者需要学习，即陈先生说的"准备"。陈先生的论述是针对哲学翻译，所以，这里的内容是指哲学的专业性的东西。所以，同样是谈论信达雅，还是有一些区别的。陈先生所说的"达"是对哲学翻译而言的，它除了在文字和意义方面的一般性要求外，还有一层学术上的要求，通俗地说，就是对哲学这个学科的专业性的要求。没有这一点，汉译哲学是做不到"达"的。认识到这一点也就可以认为，似乎在陈先生看来，"信"是对一般翻译的要求，而"达"是对哲学翻译的要求。所以，"达"显得至关重要。或者说，信和达都是一般性的翻译要求，但是就哲学翻译而言，还会有一些具体的要求，即专业性，而这一点在陈先生说的"信"和"达"上体现出来。

既然"达"很重要，不妨再多说几句。"从译文里可以顺利地得到原文中的意义"是关于"达"的说明。但是，翻译做到这一点，难道还不是"信"吗？这样看来，"达"与"信"的区别又在哪里呢？如此看来，陈先生关于"达"的说明似乎主要在关于"内容的准备"上。但是，这样充其量也只是说明做到“达”是不容易的，是有特殊要求的。而一旦做到这一点，不同样也就是做到“信”了吗？所以，关于信达雅的说明，只是一个大致的说明。在这个说明中，假定每一个概念是清楚的。而一旦对它们做出具体说明，还是会有一些问题的。或者，陈先生关于它们的理念是明确的，但是关于它们的具体说明并不是特别清楚的。

王太庆先生对哲学翻译也有论述。他认为，“翻译必须以原文的内容为内容，不增不减不走样”，这是“翻译外国哲学典籍的绝对要求，怎样满足这个要求，则是译者的方法问题”。[1] 很明显，王先生对翻译理念有更加明确的解释：不增不减不走样；并且将它当作哲学翻译的绝对要求。在此基础上，他又谈到方法问题。他说：

> 方法必须服从原则，凡违背原则的方法都必须摈弃。译文不能符合原意，不管多么流丽典雅，都不算翻译。反之，尽管译者宣称忠于原意，而译文疙里疙瘩，佶屈聱牙，不能使人读了之后得到原意的，也不算好翻译。前者是达而不信，当然要否定。但是后者被有些人认为“不达而信”，毕竟还是信的，似乎可以肯定。其实，达而不信者有之，不达而信者未之有也，因为从效果看也同样没有传达原文的内容，并不是信。[2]

区别翻译的要求和方法，王先生的论述似乎更进了一步。他正是在这一区别下谈及信达雅。引文中所说的“原意”，大致相当于陈先生所说的意义和内容，其中所说的“译文”大致相当于陈先生所说的译文、

1　王太庆：《试论外国哲学著作的汉语翻译问题》，载王太庆：《柏拉图对话集》，商务印书馆 2004 年，第 725 页。

2　同上。

译笔。“流丽典雅”“疙里疙瘩”是关于文字的说明，意思是说译文有好坏之别。但是它们并不是审视的标准。最终还是要看译文是否忠实于原意。这些意思是可以理解的。但是仔细分析，我们可以看出王先生和陈先生的一些区别。而这区别主要就在于关于“达”的说明和解释上。

王先生谈到“达而不信”和“不达而信”两种情况。对于这两种情况，王先生都是排斥的。我赞同王先生关于后一种情况的说明，因为“不达”就不可能“信”，所以如同王先生所说，它就不是“信”。但是对王先生关于前一种情况的说明，我是有疑问的。按照陈先生的说法，“达”了，即“从译文里可以顺利地得到原文中的意义”，这如何能够“不信”呢？“达而不信”的费解之处在于，做到了“达”如何能够不“信”呢？这似乎表明，“达”和“信”还是有不小区别的。按照王先生的说法，“不信”是因为译文不能符合原意，这时的“达”是指译文流丽典雅，即译文好。这似乎表明，在王先生看来，“达”指的是文字本身，而非文字所表达的内容，而“信”指的是内容方面。所谓“达而不信”说的是文字很好，但是意思不对。如果这样来理解，王先生的意思似乎也没有什么问题，但是与陈先生的说法却是有重大区别的。

关于信达雅，还有很多人做过很多不同的论述，兹不一一列举。我们只讨论陈、王两位先生的相关论述，因为他们都做了很好的哲学翻译和研究，所以他们并不是一般性地讨论信达雅，而是专门针对哲学翻译，他们的论述在学界影响也比较大。从他们的观点我们可以获得一种翻译的理念，也可以看出，信达雅的说法显示出翻译有两个非常重要的方面，一是原文的内容，二是汉译的语言。但是由于这只是一种观念性的说明，而且像是一种比喻的说明，因此结果并不是非常清楚。

我认为，我们可以基于以上讨论做出明确说明：翻译有两个方面的工作，一是语言的转换，即将一种语言转换为另一种语言，二是内容的表达，即使一种语言所表达的思想通过语言转换而在另一种语言中呈现出来。这样我们就可以从这两个方面来探讨西方哲学的汉语翻译以及由此而形成的汉译哲学。

在讨论之前我要假定一个前提；我们所考虑的语言是自足的，它们有自身的特点，但是没有表达的问题。比如英文是语法语言，即有语法变格和变形，而汉语不是语法语言，没有这些东西。英语通过语法变形或变格所表现的一些东西，在汉语中无法通过相应的方式表现出来，但是可以通过其他方式表达出来。比如“has been”是“is”的现在完成时，可以翻译为比如“一直是”。我认为，语言特点的不同并不是缺陷，不影响语言的表达能力。汉语和英德等主要西方语言都是自足的，它们是能够互译的。人们可以不同意我这个观点，可以认为并论证汉语或某一种西方语言不是自足的。但是我不考虑这一点，因而我不讨论汉语及其所翻译的语言各自有什么特性，这些特性是不是影响到语言相互之间的转换，甚至导致不能转换。我在语言自足的前提下讨论语言转换和思想呈现的可能性问题，因为这样的讨论才会有普遍性，所得结论才会富有启示。

二、语言与思想

分析哲学告诉我们，我们关于世界的认识都是通过语言表达的，因而我们可以通过语言分析而达到关于世界的认识。在这一过程中，特别应该认识到，应该区别语言与语言所表达的东西。我认为，分析哲学的这一认识富有启示，不仅对于哲学研究本身是有益的，而且对于我们探讨汉译哲学也是有益的。汉译哲学显然涉及语言的转换，因为汉译的直接工作是把一种西方语言转换为汉语。[1] 汉译哲学的本质则是一种思想

1　汉语翻译当然不会仅仅限于西方语言的翻译。但是本文讨论仅限于西方语言的翻译。我认为形而上学是西方哲学特有的东西，因此我们关于汉译哲学的讨论仅限于关于西方哲学的讨论。

的呈现，因为汉译的结果是使一种思想通过语言转换而在汉语中呈现出来。这样，评价汉语翻译的好坏，就涉及这两个方面的问题。当然，最重要的还是被译语言中的思想在汉语中的呈现，即它是不是呈现出来，在呈现的过程中是不是走样。如同王先生所说，“以原文的内容为内容”，即是将原文所表达的思想呈现出来，或者说，译文所呈现的思想一定是原文所表达的思想，而这样的思想呈现，要做到“不增不减不走样”，即陈先生所说的“达”，或者人们通常所说的，忠实于原文，用我的话说，就是译文与原文相对应或者要有对应性。

我们也可以将这个问题稍微具体一些。假如可以认为语言以句子来表达，因而句子是语言表达的基本单位，那么我们可以把语言转换看作句子转换，从而集中考虑两种不同语句的转换。

句子是由词构成的，包括名词、动词、形容词等等。句子是有结构的，比如主系表、主动宾等等。当把一种语言转换为另一种语言的时候，首先就会遇到句法问题。直观上看，最直接的工作是在译语中找到相应的词，由此组成相应的句子，形成相应的结构，最终完成对应的翻译。[1]理论上讲，在译语中，通常可以找到与被译语词对应或近似对应的词，由此可以形成与被译语完全对应或基本对应的语句；但是有时候也可能会找不到与被译语对应的词，这样就要想一些办法。一般来说，在前一种情况下，翻译比较容易。而在后一种情况下，翻译可能会遇到困难。这是因为，在人们想办法解决这种不对应的问题时，可能会在语言转换中产生一些问题。这可以称之为语言转换得好坏的问题。

句子是表达思想的。译句要表达的是与被译句对应的思想。由于句子是由词组成的，也是有结构的，所以译句表达的思想也是通过译

1 句子结构的对应只能是一个大致的说法。因为语言表达习惯的不同，西语与汉语的句子结构会有很大区别。比如，德语中动词在主句中与在从句中的位置是不同的，法语中形容词在修饰名词时的位置是不同的，英语中介词的表达方式非常多样，等等。这些明显的差异在汉语中无法以相同的结构表达出来。

语中的词和结构体现出来的。直观上看，一个好的译句应该做到与被译句思想的对应，并且这种思想的对应是通过语词和句子结构的对应而体现的。由于句子的思想是通过词和结构体现的，所以翻译中至少会遇到两种情况。一种情况是有对应的思想，另一种情况是没有对应的思想。在哲学翻译中，我们经常遇到的是后一种情况，这也是哲学翻译的意义和魅力所在。因此在哲学翻译中，我们所做的工作主要是通过语言转换，把汉语中以前所没有的、人们不知道的一些思想呈现出来。在这种情况下，通常也会有两种情况。一种是没有对应的思想，但是有对应的语言。另一种情况是没有对应的思想，也没有对应的语言。前一种情况是普遍的，也是哲学翻译之所以能够形成，思想能够在不同语言中交流的主要原因。比如马克思的名言：哲学家只是以不同的方式解释世界，而问题在于改变世界。这里有两个句子，所用语言如“哲学家”“世界”“方式”“解释”“改变”等等，都是普通的日常语言，谁都可以理解。但是它们结合在一起构成的思想，却是我们以前不知道的。也就是说，我们对这个思想的认识乃是通过对这个译句的理解而认识的。后一种情况是比较少见的。这是哲学翻译中非常难的地方。比如关于海德格尔使用的一些用语及其讨论的翻译。我认为这不是一种常见的哲学现象，不具有普遍性，因此我不会以它为例来讨论问题。换句话说，在关于语言转换和思想呈现的讨论中，我们还是围绕一些具有普遍性的现象和问题来讨论，这样得出的结果也会具有普遍性，对于我们认识相关问题也会更有益。

我要讨论的是这样的翻译情况：没有对应的思想，但是有对应的文字。“对应”是一个明确的概念，逻辑中常常使用“一一对应”这一表达。一个名字和它表示的对象可以一一对应，一个符号和它所表达的含义也可以一一对应。问题是，一个语词和它所表达的含义是不是可以一一对应？语言是有歧义的，一词多义乃是普遍现象。因此，真正做到对应乃是非常难的。在这种情况下，如何寻找对应的文字，或者说，如何寻找合适的词来凸显对应的思想，从而形成对应的翻译，就是一个值得思考和认真对待的问题。这也就是我们通常所说的翻译得好坏的问题。我认为，在汉译哲学中，最典型的翻译，最能体现这方面问题的，就是 being 的翻译。[1]

三、being 及其含义

简单而言，being 是一个词。西方哲学家对它有许多说明和讨论。我们仅取海德格尔的一段话：

> **译文 1** 我们在所用的“Sein”这个词中也找到同样的关系。这个名词〈das Sein〉追溯到这个不定式“sein”，而这个不定式有这些德文变形 du bist, er ist, wir waren, ihr seid gewesen。这个“Sein”乃是从动词〈sein〉变成的名词。因此人们说：“Sein”这个词是一个动名词。定出这个语法形式之后，“Sein”这个词的语言标志就得出来了。[2]

无论这里的说明是不是全面，至少可以看出以下几点：

首先，这里提到名词、不定式、动词、动名词以及它的变形。这就说明，Sein 是一个词，它在语言中以不同的方式出现，因而表达方式是多样的。

其次，Sein 的变形是一种省略的表达，比如省略了 er ist 后面所跟的

1 在本书讨论中，我用英文 being 一词表示西语中相应的词，如希腊文中的 einai、拉丁文中的 esse、德文中的 Sein、英文中的 to be 等等，以及与它们相关的用语。

2 海德格尔：《形而上学导论》，熊伟、王庆节译，商务印书馆 1996 年，第 55 页。译文有修正，参见 Heidegger, M.: *Einfuehrung in die Metaphysik,* Max Niemeyer Verlag Tuebingen 1958, S. 42。

表达式。由此也就表明，Sein 是一个系词。

第三，Sein 的主要意思来自它的动词形式，而它的动词形式主要是系词，即“S 是 P”中的那个“是”。[1]

第四，除了谈论词的各种形式之外，这里还谈到“语法形式”“语言标志”，这就说明，这里的论述是关于语言层面的，而不是关于语言所表达的含义层面的。

最后，引申一步，海德格尔在这段论述中没有使用“系词”这个术语，但是他谈论的明显是 Sein 这个词，并且是在系词的意义上谈论这个词。这就说明，谈论 Sein，明确谈论系词固然不错，不谈论系词也是可以的。换句话说，谈论系词的方式是多样的：即使不使用“系词”这个术语，也是可以谈论系词的，也是可以在同样的意义上谈论 Sein 的。

Sein 是德文，与英文 being 相应。所以，以上说明也可以看作关于 being 的一般性说明。与 being 相应也有各种不同形式。比如各种变形：I am、you are（du bist）、he is（er ist）等等。所以，不定式是名词形式，系词则是它的动词形式，这是常识。但是，正是这一点显示出 being 这个词的独特性。由于它是系词，因而具有一种结构特征，这种特征来自它在句子中的用法和所起的作用。这样，它与其他词，或者说与一般语词，是完全不同的。其他词，比如名词，自身是有意义的。形容词和动词，自身也有意义。它们也可以转换为名词，这样，它们名词形式的意义同样来自它们作形容词和动词时的意义。而它们的意义就是它们自身的意义，与句子结构没有关系，与句式没有关系。但是 being 这个词，即系词，却完全不同。它在句子中的作用是联系主语和谓语，因而它的意义即是它所表达的这种联系，这就是它的系词含义，所以人们说，

1　译文 1 中给出的德文变形不全，比如其现在时的形式只给出两个，即第二、第三人称单数，而没有给出其他形式，比如第一人称单数，以及所有复数形式。但是作为举例足够了。这同样表明，这是关于 Sein 一词的系词形式的说明。

being有系词含义。认识到这一点也就可以看出，西方人谈论being主要是系词或与系词相关，因而具有不同意义。

首先，being与主语相关。围绕being可以谈论主语或主体（subject），由此可以谈及对象（object），谈及被说明和表述的东西（what is said、what is expressed）等等，甚至将这样的东西称之为beings（是者、东西）。

其次，being与谓语相关。围绕being可以谈论谓词或谓述，由此可以谈论概念、范畴等等。

第三，being与句子相关。借助being可以谈论句子、判断、命题、陈述、断定等等，可以谈论肯定和否定，可以谈论思想、事实，可以谈论真假等等。

第四，being与认识相关。句子是表达认识的基本单位。因而围绕being可以谈论认识，谈及知识，包括谈论语言和语言所表达的东西，谈论语言与思维的关系，谈论语言与世界的关系，谈论思维与世界的关系等等。

所以，being是一个简单的词，表达的意思却不简单。可以看清楚的一点是，所有这些意思都与系词相关。因此，强调being的系词含义是有道理了。

除了系词用法外，being一词还有一种特殊用法。它主要来自“God is”这个表达。在这种用法中，being一词自身就是谓词，即它不带表语，独立使用，因而这种用法与系词用法不同。围绕这种用法进行讨论，人们认为being有存在含义，即God is这个表达式中的is表示存在。这样，除了以上四种情况，关于being的讨论又多出一种情况，即它表示存在含义的情况。围绕这种情况，西方哲学中有许多讨论，比如康德关于being不是谓词的论述。在今天的文献中，关于这种用法的通常表述是完整用法。与此相对，人们称系词用法为不完整用法。顾名思义，系词结构需要有表语，因而being一词需要与表语结合起来表示谓述，这样它就不能单独使用，所以系词用法是不完整用法。而在 God is 中，它是单独使用的，因而是完整用法。也有人称系词用法为谓述用法，与此相对，称它的独立用法为非谓述用法或实体性（substantive）用法。

基于对 being 一词这两种用法及其不同含义的认识，在汉译中就会遇到一个问题：如何将这个词译为汉语，如何通过汉译呈现它所表达的含义？具体地说，"S is P" 该如何翻译？"God is" 该如何翻译？与这样的句式中的动词 is 相对应的名词 being 该如何翻译？通过我们的翻译该如何呈现它们所表达的含义？这些都是汉译必须考虑的问题。我们看一下现有汉译：

> **译文 2**　我们在所用的"在"这个词中也找到同样的关系。这个名词（das Sein）追溯到这个不定式"sein（在）"，而这个不定式有这些德文变形 du bist（你在），er ist（他在），wir waren（我们曾在），ihr seid gewesen（你们在过了）。"在"（das Sein）是从动词（sein）变成的名词。因此人们说："在"这个词是一个动名词。定出这个语法形式之后，"在"这个词的语言标志就得出来了。[1]

很清楚，这段译文将 Sein 译为"在"，从而使"在"成为汉语中与它对应的词。"在"不是系词，因而不会含有系词含义。这段译文有两个修正译文：

> **译文 3**　我们在所用的"存在"这个词中也找到同样的关系。这个名词（das Sein）追溯到这个不定式"sein（在）"，而这个不定式有些德文变形 du bist（你在），er ist（他在），wir waren（我

1　海德格尔：《形而上学导论》，熊伟、王庆节译，第 55 页。

们曾在），ihr seid gewesen（你们在过了）。“存在”（das Sein）是从动词（sein）变成的名词。因此人们说：“存在”这个词是一个动名词。定出这个语法形式之后，“存在”这个词的语言标志就得出来了。[1]

译文 4 现在我们在“是 / 存在”这个词中也找到了同样的关系。这个名词回溯到不定式“sein”〈是 / 在〉，而这个不定式则有这些变形 du bist〈你是〉，er ist〈他是〉，wir waren〈我们曾是〉，ihr seid gewesen〈你们已经是〉。“是 / 在”〈Sein〉是从动词蜕变成名词的。因此人们说：“是 / 在”这个词是一个“动名词”。有了这个语法形式，“是 / 在”这个语词的言语特征就有了着落。[2]

译文 2 将 Sein 译为“在”，译文 3 将它修正译为“存在”，但是在动词形式中仍然保留了“在”。“存在”一词无疑不是系词，表达不出 Sein 的系词含义。

译文 4 将 Sein 修正译为“是 / 存在”，这显然不是一个词：它是由两个汉字拼凑而成的。其中的斜线表明，斜杠两边各是一个词，因此这个译语不是一个词，而是两个词。所以，它的意思表明，它将原来的一个词，即 Sein 转换为两个词，一个是“是”，另一个是“存在”。但是在随后的翻译中，不定式被译为“〈是 / 在〉”，动词形式都被译为“是”。这样也就有了问题。这段话明明白白地指出，Sein 这个名词回溯不定式，从而说明它是由动词变成名词的。而在关于不定式和动词的说明中，显然而且无疑只有“是”，与“在”和“存在”压根没有任何关系。

如果将其中的译语“在”和“存在”改为“是”，就不会有这样的问题：

1 孙周兴主编：《海德格尔选集》上卷，上海三联书店 1996 年，第 494 页。

2 海德格尔：《形而上学导论》，王庆节译，商务印书馆 2015 年，第 61 页。

译文 1[*]　我们在所用的“是”这个词中也找到同样的关系。这个名词〈das Sein〉追溯到这个不定式“sein〈是〉”，而这个不定式有这些德文变形 du bist〈你是〉，er ist〈他是〉，wir waren〈我们过去是〉，ihr seid gewesen〈你们过去曾是〉。这个“是”〈das Sein〉乃是从动词〈sein〉变成的名词。因此人们说：“是”这个词是一个动名词。定出这个语法形式之后，“是”这个词的语言标志就得出来了。[1]

谈论的乃是“是”，其变形形式也是“是”，这与译文 1 的意思无疑是对应的。特别是，这个“是”与这里所说的“语言标志”的对应至关重要。它是语言，是有语言形式的，是通过语言表达出来的。汉语与德语（西语）不同，在语法变格或变形方面无法对应，所以译文中加原文给以标示，由此显示出这里所说的名词、动词、动名词的区别。但是无论如何变形，它们都是同一个词，而且字面上是可以看出来的。

有人可能会认为，这样一来，“是”就只译出 Sein 这个词的系词含义，而没有译出它的存在含义。在我看来，问题的要点不在这里，而主要在于，海德格尔这段话是什么意思？以上讨论至少说明，将 Sein 译为“存在”和“在”是明显有问题的。因为，这样的汉译没有呈现这段话所表达的思想。也就是说，这样的语言转换是有问题的，它没有使原文的思想呈现出来，所以没有做到“达”，因而也是不可信的。当然，我们也可以简单地说，由于没有将原文的思想呈现出来，因而这样的语言转换是有问题的。

有人可能会认为，这段话是纯粹的关于语法的说明，因而是关于语言形式的说明。由于汉语和西方语言形式方面的差异，因而用这段话来

1　海德格尔：《形而上学导论》，熊伟、王庆节译，第 55 页。译文有修正，参见 Heidegger, M.: *Einfuehrung in die Metaphysik*, S. 42。

说明汉译的问题不具有典型意义。我不这样认为，后面我们将会看到，这样关于语言形式的讨论在实际讨论中是起作用的。不过我们仍然可以顺着这种看法，换一段不是单纯讨论语言形式的话来讨论这个问题。还是以海德格尔的话为例：

> **译文 5** “存在［是］”是自明的概念。在一切认识中、一切命题中，在对存在者的一切关联行止中，在对自己本身的一切关联行止中，都用得着“存在［是］”。而且这种说法“无需深究”，谁都懂得。谁都懂得“天**是**蓝的”、“我**是**快活的”等等。[1]

这段话无疑是关于 Sein 的含义的讨论。它将 Sein 译为“存在”，只是在后面以括号加上了“是”。这样的语言转换当然是有问题的。这里明明说 Sein 是自明的概念，但是“存在［是］”会是自明的概念吗？究竟“存在”是自明的概念，抑或“是”是自明的概念？即便二者都是自明的，那么经过译文的组合之后还会是自明的概念吗？因此我要问，“存在［是］”这一汉译呈现了原文所表达的思想吗？我认为没有，因为它字面上就失去了这里所要表达的那种“自明性”。

此外，这里为了说明自明性举了两个例子，它们只含有“是”一词，而没有“存在”一词。这样的例子又如何能够对“存在［是］”做出说明呢？它充其量只能说明其中的那个“是”，而且还是括号中的。这样的举例说明又如何能够让人理解呢？再进一步还可以看出，关于自明性有四点解释。我们不必深入讨论它们，只看“在……一切命题中……都用得着‘存在［是］’”这一句。这显然是关于 Sein 的用法的说明。从这一说明可以看出，所说的这个词的用法是有普遍性的。但是

1 海德格尔：《存在与时间》，陈嘉映、王庆节译，熊伟校，陈嘉映修订，生活·读书·新知三联书店 2006 年，第 5 页。

很明显，“存在”不是这样的一个词。“某物存在”或“存在某物”，这是该词在语言中的用法，这无疑不是一种具有普遍性的用法。从这一说明还可以看出，讨论 Sein 一词的含义，总是要和它的用法联系在一起的。那么反过来思考，关于它的用法的考虑难道会仅仅是关于用法的考虑，而与它的含义没有关系吗？综合以上几点也就可以看出，译文说在一切命题中都要用到“存在”，这显然是难以理解的，举的例子也与它没有关系，因而就更加难以理解。所以这样的翻译是有问题的。如果将 Sein 译为“是”，就不会有这样的问题：

> **译文 5***　“是”乃是自明的概念。在一切认识中、一切命题中，在与是者本身的各种联系中，在与是者本身相关的各种是中，都用得着“是”。而且这种说法“无需深究”，谁都懂得。谁都懂得“天**是**蓝的”、“我**是**快活的”等等。[1]

这话当然容易理解：“是”在一切命题中使用，谁都懂，所以是自明的概念。例子则做出具体说明。[2]

以上讨论说明，being 这个词是有特殊性的，而它的特殊性主要在于，它是系词，在句子中起一种联系作用。在关于它的说明中，要考虑它在句子中的使用方式，因而考虑它的意义时也要和它的使用方式、与它在句子中的作用联系起来。或者说，理解这个词，要以它在句子中的使用方式为基础，而这种方式主要就是系词。翻译这个词，就要将它这种系词特征翻译出来，也就是说，将它在句子中的这种使用方式翻译出来。只有这样，being 一词向汉语的转换才是正确的，只有经过这样的语

1　Heidegger, M.: *Sein und Zeit*, S. 4。

2　我曾详细讨论过这一段译文的问题与对该修正译文的解读，参见王路：《解读〈存在与时间〉》，北京大学出版社 2012 年，第 10—12、67—69 页。

言转换，being 一词所表达的思想才能在汉语中呈现出来，或者说，比较好地呈现出来。

四、译文与理解

being 是西方哲学中的核心概念，反复出现。特别需要看到的是，如同上面讨论显示的那样，它有不同表现方式，因而它在讨论中也是以不同方式出现的。由于过去人们通常将它译为“存在”或“在”或“有”，因而通过汉译文献，我们所了解和认识的西方哲学主要思想是这样的：

亚里士多德说，有一门科学，它研究作为存在的存在（on）。

笛卡尔说，我思故我在（sum）。

贝克莱说，存在（esse）是被感知。

黑格尔逻辑的出发点是：有（Sein）、无、变。

海德格尔的名著是：《存在（Sein）与时间》。

奎因的著名本体论承诺是：存在（to be）是变元的值。

在汉译著作中，这些译语后面通常是不加外文的。也就是说，通过汉译著作，我们读到了“存在”“在”“有”这些译语。通过这些译语，我们学习和认识了它们所表达的思想。这就是我们在西方哲学主线上所了解和认识的东西。通过在这些译语后面加上外文，现在可以清楚地看到，它们的原文属于不同语言，包括希腊文、拉丁文、英文和德文；它们的形式各不相同，有名词、动名词、分词和动词。确切地说，它们以不同语言表达了同一个词，也可以说，它们是同一个词转换而成的不同语言和不同形式。但是有一点是清楚的：它们是对应的词，表达相同的意思，因而我们说，在西方哲学中，有关 being 问题的讨论一脉相承。外文如此，我想问的是，它们的译文“存在”“在”和“有”与它们是不是对应？通过这样的语言转换，这些汉译是不是呈现了西方语言本来所表达的思想？

非常遗憾，回答是否定的。原因很简单，对照前面的讨论即可以看出，这三个汉译词都不是系词，因而没有系词含义。所以，being一词所表达的思想，特别是与系词相关的含义，并没有通过“存在”等词呈现出来。借用陈王的话说，通过这样的译文，我们无法“顺利地得到原文中的意义”，这样的译文做不到“以原文的内容为内容，不增不减不走样”。

在过去的二十年中，有关being问题的讨论成为学界的热点。人们逐渐认识到它在汉译著作中的问题，对已经形成的翻译传统提出批评。一种比较一致的看法是：being有多重含义，可以译为“存在”，也可以译为“是”。在此基础上，语境论认为，应该根据不同语境对being采取不同翻译。比如有人认为，亚里士多德说的on应该译为“是”，黑格尔说的Sein应该译为“有”，海德格尔说的Sein应该译为“存在”。[1]我不赞成这种看法。我认为，应该将being译为“是”，并且应该将这样的翻译贯彻始终。我这种观点被称为一“是”到底论。

表面上看，语境论和一“是”到底论是有共同性的，它们都赞成being有系词含义，因而可以译为“是”。不同之处在于，语境论似乎比较中和，而一“是”到底论比较极端。我不这样看。我认为，语境论与一“是”到底论之间的区别以及它们相互的争论表面上似乎在于，语境论要保留“存在”这一译语，而一“是”到底论要消除“存在”这一译语。而且字面上看，似乎语境论是有道理的：既然承认being有多种含义，当然应该将它翻译为不同的词，即将这些不同含义翻译出来。此外，反驳一“是”到底论似乎也是很容易的事情：只要找到一处文本，

1　参见赵敦华：《“是”、“在”、“有”的形而上学之辨》，载《学人》第四辑，江苏文艺出版社1993年。

指出其中的being不能译为“是”，而只能译为“存在”就可以了。所以，这两种观点之间的争论似乎并不复杂，争论的结果似乎也已经明了。但是我不这样认为。

在有关being的讨论中，我从一开始就明确阐述自己的观点：应该主要在系词的意义上理解being，应该将它译为“是”，而不是译为“存在”，应该将这样的理解和翻译贯彻始终。为了讨论的方便，后来我也借用一“是”到底论表达自己的看法，但是在这样做的时候，我总是要完整表达我自己关于“贯彻始终”的看法。特别需要强调的是，在上面这段话后面我总是还要加上一句话：这不仅仅是简单的翻译问题，而且是如何理解西方哲学的问题。[1] 我强调理解，这是因为，翻译的基础是理解。语言的转换基于理解，思想的呈现同样是基于理解。也就是说，我所主张的一“是”到底论，不仅包含着语言的转换这一层面，而且包含着思想的呈现这一层面。比如上述关于西方哲学主线上的思想，按照语境论，只是将亚里士多德的观点改为“是”，这样阅读西方哲学文本，我们看到的文字大体上还是“存在”，我们所理解的西方哲学也大体上还是通过“存在”一词所呈现的思想。但是，主张和坚持一“是”到底论，结果会完全不同。按照这种看法，上述西方哲学思想应该表述如下：

亚里士多德说，有一门科学，它研究是本身（on）。

笛卡尔说，我思故我是（sum）。

贝克莱说，是（esse）乃是被感知。

黑格尔逻辑的出发点是：是（Sein）、不者、变。

海德格尔的名著是：《是（Sein）与时（间）》。

奎因的著名本体论承诺是：是（to be）乃是变元的值。

---

1 参见王路：《“是”与“真”——形而上学的基石》；《读不懂的西方哲学》，北京大学出版社2011年；《一“是”到底论》，清华大学出版社2017年。

在这样的文字中，我们看到一条清晰的主线：是。这个词显然是系词，它所表达的思想无疑是与系词含义相关的。所以，这样的文字以及它所呈现的思想与现有文本提供的情况是完全不同的。

经过这些年的讨论，我越来越清晰地认识到，应该认识和区别语言和语言所表达的东西。这样我们可以真正做到，通过语言分析达到关于语言所表达的东西的认识，即达到我们关于世界的认识，以及我们关于世界的认识的认识。在 being 的讨论也是同样。如上所述，being 是一个词，这是语言层面的东西，它有含义，这是它所表达的东西。因此它本身与它的含义是不同的东西，分属于不同层面。我曾多次说过，我赞同说 being 有系词含义和存在含义，也赞同说"是"有系词含义与存在含义。我认为这两种说法实际上是一样的，因为这里把 being 和"是"都看作是词，而系词含义和存在含义都是它们的意思，因此语言与语言所表达的东西的区别非常清楚。但是，我不赞同说"存在"有系词含义和存在含义，因为这里的"存在"是一个词，系词含义和存在含义被说成是这个词的意思：非常明显，"存在"这个词没有系词含义。由此也就可以看出，应该将 being 译为"是"，而不是译为"存在"。

我也说过，我赞同语境论，因为关于 being 的讨论始终是离不开语境的，而且我的讨论始终是基于文本的。我与语境论者不同的是，我认为，语境论与一"是"到底论乃是不矛盾的。坚持语境论乃是一定会走向一"是"到底论的。

我还一直认为，关于是的讨论，应该与真相联系。最初我曾以为，关于真的讨论比较容易说清楚，而关于是的讨论，特别是涉及翻译以及行文表述，不太容易说清楚。感谢过去这些年的讨论，现在我认识到，就理解西方哲学而言，对于是与真而言，是乃是一个句法概念，因而是比较容易说清楚的，而真是一个语义概念，实际上是不太容易说清楚的。所以，相关研究要借助逻辑，借助逻辑的理论和方法，以及逻辑的研究成果。

应该看到，有关being的讨论确实是与逻辑相关的。一些人还对这样的联系产生担忧。比如有人认为，对being作系词理解乃是逻辑的理解，而将它译为"存在"则是哲学的或本体论的理解，或者，将being译为"是"隐含着一种倾向，这就是消除哲学的理解。这大概也多少说明，为什么人们排斥对being作系词理解，为什么不愿意将它译为"是"。更何况确实还有God is这样的表达，而且还有大量关于这样的表达的认识和讨论。在这一表达中，being毕竟不是以系词的方式出现的，因而它不是系词。

在我看来，being的讨论与逻辑相关，与语言相关，这是不争的事实。因此在谈论关于being的理解和翻译时，不必忌讳它与逻辑和语言的联系。至于God is这一表达，如前所述，这是being一种特殊用法。being这种独立作谓词的用法也被称之为独立用法，乃是与它的系词用法相对照而言的。这从以上说明中，从西方文献的讨论中，甚至从辞典的一般解释中，都可以看得非常清楚。从being的使用来说，系词用法是通常情况，而独立用法是罕见情况。这就说明，being的独立用法是一种非系词用法。人们关于它的存在含义的认识乃是从它这种所谓独立用法，也就是非系词用法认识和解读出来的。认识到这一点是至关重要的。因为这样也就表明，being是一个词，无论它作系词使用还是独立使用。它的系词含义和存在含义都是它所表达的意思：作系词使用时就表示系词含义，独立使用时则可以表示存在。这一认识的实质是，无论如何理解being，都是将它所体现的句式考虑在内的。也就是说，在讨论being的时候，始终要认识到它的句法作用以及由此产生的含义。翻译是与理解相关的，因此我们需要考虑，应该如何翻译being，应该如何将它的系词含义和存在含义表达出来。用我的话说，我们应该考虑，"是"和"存在"这两个词，哪一个是与being对应的词，哪一个能够呈现 being 所表达的思想。对于这个问题，这里不必过多讨论，只要指出下面一点就可以了。

在前面讨论中，being 一词多次出现。它的出现方式表明，它是对象语言，即我们讨论的对象。它是英文，行文是汉语，这样它与我们所使用的语言形成区别，所以我们的讨论是清楚的，意思是明白的。但是如果将它译为中文，即将我们所讨论的对象语言改为中文，我们就会发现，将上文中所有 being 改为“是”不会有什么问题，但是改为“存在”就会有问题。仅以上一页下面这句话为例：

> *being 乃是一个词，无论它作系词使用还是独立使用。它的系词含义和存在含义都是它所表达的意思：作系词使用时就表示系词含义，独立使用时则可以表示存在。

将其中的 being 改为汉语，就会有如下两种说法：

> *1“是”乃是一个词，无论它作系词使用还是独立使用。它的系词含义和存在含义都是它所表达的意思：作系词使用时就表示系词含义，独立使用时则可以表示存在。
>
> *2“存在”乃是一个词，无论它作系词使用还是独立使用。它的系词含义和存在含义都是它所表达的意思：作系词使用时就表示系词含义，独立使用时则可以表示存在。

非常明显，*1 没有任何问题，*2 却是有问题的：字面上即可以看出，“存在”一词当然不能作系词使用。这样我们就必须思考，为什么会出现这样的问题？

首先可以看出，后两段话包含着对前一段话的翻译，即产生了语言之间的转换。也就是说，在正常情况下，人们大概不会说诸如“存在”这个词有系词含义这样的话。这是一种翻译所产生的结果，因而是翻译造成的问题。再具体说，这是由于将 being 译为“存在”所带来的问题，所以，这样的翻译是有问题的。

其次可以看出，原句是关于 being 一词的用法和含义的讨论，实际上是对西方语言的论述。因而它所说的用法是 being 这个词的用法，它所说的含义是 being 这个词的含义。*2 的问题表明，将它译为“存在”是有问题的。由此也就说明，不能将它译为“存在”。

相比之下还可以看出，*1 的说明没有问题，因而也就表明，将 being 译为“是”乃是没有问题的，因而应该将 being 译为“是”。

进一步分析还可以看出，原句脱离了上下文，似乎只是关于语言的说明。但我们是可以将它还原到实际的语境中去的。由此可见，在西方哲学中关于 being 的讨论，不管多么简单或者复杂，无论多么具体或者抽象，实际上都是会有或可以有语境的，因而也都是可以还原到实际的语境中去的。所以，无论是一“是”到底论还是语境论，其实是相通的，即无论主张和坚持什么样的观点，将 being 都应该译为“是”，而不应该译为“存在”。

推而广之，原句的说明没有问题，而且这样的说明并不是针对某一句话，某一个例子，而是针对 being 这个词，因而是有普遍性的。所以，应该将 being 译为“是”。这是因为，“是”这个词显然有系词用法和含义，它也可以有存在含义，比如中文和外文一样，既然“是”一词有系词用法，当然也可以有非系词用法，这样它也就可以有存在含义，比如我们可以将它的非系词用法看作表示存在含义。这样，前面关于从亚里士多德到奎因的著名思想的表述，那种一“是”到底论的表述，就是有道理的，而且是正确的。因为直观上可以看出，关于“是”的讨论是贯彻始终的。无论个人如何理解，字面上即可以看出，“是”乃是系词，因而与 being 是对应的词，字面上可以呈现它所表达的那种结构，因而可以表达与这种结构相关的含义和思想。

总结过去的工作，可以看到两个事实：一个是在已经形成的汉译哲学中，“存在”是一个通常使用的译语。就是说，它是译文中的一个基本概念，通过译本的使用，人们学习并获得它所呈现的思想，并在自己的知识结构中树立起相应的认识。另一个事实是，在关于 being 的讨论中，人们基于这样的知识结构为“存在”辩护，既为将 being 译为“存在”这个词辩护，也为对 being 做存在含义的理解辩护。这两个事实是容易理解的。有什么样的文本自然会形成什么样的知识结构，有什么样的知识结构自然会为相应的认识辩护。这种情况今后还会继续下去。

认识到这一点也就可以看出，主张和坚持一“是”到底论，乃是一件非常有意义的事情，但同时也是一件非常不容易的事情。在以前讨论中，我对将 being 译为“存在”以及相关的理解和辩护提出许多批评，而我最经常做的也只是说，这样的翻译是有问题的，这样的理解是有问题的。现在我想说，这样的翻译是错误的，这样的理解是错误的，为这样的翻译和理解辩护是错误的。这样的做法给汉译哲学带来许多问题。对于我这样说，人们大概是不容易接受的，至少是情感上不容易接受的，特别是那些译著等身的人。假如人们认为这样的说法言过其实、危言耸听，那么我想说，这样的理解是有严重问题的，它给汉译哲学带来许多问题，包括在翻译中造成错误，由此给人们理解西方哲学带来许多问题。所以，借助 being 问题来讨论，我们至少要说明并且可以说明，汉译哲学涉及翻译，但它所涉及的绝不是一个简单的翻译问题，而是如何理解西方哲学的问题。由此出发则可以认识到，汉译哲学的实质，同样不是简单的翻译问题，而是如何理解西方哲学的问题。

第二章 错 译

翻译是一项艰辛的事业。它将一种语言转换为另一种语言，通过这种转换，它使对象语言中的思想在译语中呈现出来。人们在翻译中追求尽善尽美，尽管这是做不到的，因为翻译有错在所难免。在以前讨论中，我一直明确地说，应该将being译为“是”，而不是译为“存在”，而且我还总是补充说，这不是简单的翻译问题，而是如何理解西方哲学的问题。这显然含有一个意思：将being译为“存在”乃是错误的。将这一问题归为如何理解西方哲学的问题，其实也有这样的意思，即以前的理解错了。

哲学讨论，理解至关重要。一个问题，当然可以这样理解，也可以那样理解。以前我总是谈论关于being的理解，并在理解的过程中涉及翻译，指出其中所涉及的问题。现在我直接谈论翻译，然后通过翻译来谈论理解，指出其中所涉及的问题。

说一种理解有问题，还是比较容易让人接受的，但是说一种理解错了，就比较麻烦，似乎充其量只是理解不同罢了。翻译则不同，因为涉及语言转换，因而确实是可以谈论对错的。而且，有了对错，再谈论理解也比较容易。所以我们就从错误的翻译谈起。

一、明显的错译

what is it，这是一个最简单的英语（问）句（相应的德文是 was ist das）。其间接引语形式是 what it is；相应的陈述句是 it is this。它的中文翻译是“这（它）是什么”（相应表达差不多同样如此）。这是常识，也应该是常识，不会有什么问题。所以，在翻译中，无论出现什么样的问题，这句话是不会译错的，当然也是不应该译错的。由此引申的相似表达，即是我们通常所说的“S 是 P”（S is P）。其中的“是”乃是系词。字面上可以看出，它与“存在”没有任何关系。这里我想问，能够将这个简单句子译为“它作为什么存在”吗？换句话说，如果这样翻译，这样的译文难道不是错误的吗？这样的错译难道不是显然的吗？但是，这样的译文恰恰出现了：

> **译文 1** 只有谓词才说出上帝作为什么存在着，才是这个词的内涵和意义。[1]

只看汉译，这句话似乎是可以理解的：它讨论上帝，当然会与上帝存在相关。所以这句话好像没有什么问题。但是它却是典型的错译：其中“上帝作为什么存在着”的德文是 was er ist。也就是说，这句德文并没有译为“它（上帝）是什么”。如果这样的翻译是个别现象，大概也可以认为不必大惊小怪，比如属于疏忽之类，情有可原。问题是这样的现象频繁出现。比如下面这段话：

> **译文 2** 行为是一种单纯的、特定的东西，是一个普遍者，是一个应该通过一个抽象来理解把握的东西。它既可以凶杀和偷窃，也可

1 黑格尔：《精神现象学》，先刚译，人民出版社 2013 年，第 15 页。

以是施舍和见义勇为等等。［1］总之，人们可以**陈述出它的存在**，行为作为这样一些表现**存在着**，它的存在就是事情本身，而不只是一个迹象。［2］行为作为这样一些表现**存在着**，行为**是**什么，个人就**是**什么。［3］通过**这个存在**的单纯性，个人在其他人看来是一个存在着的、普遍的本质，而不再是一种只能出现在意谓中的东西。……［4］行为即便成为一个客观的东西，也没有发生改变，而是仅仅表现出自己的**存在**：它要么**存在着**，要么**什么都不是**。[1]

这段话是关于行为的论述，其中一些加重点的表述，说明了论述的核心内容。因此我们只看黑体字的表述即可。

［1］中前一处黑体字“它的存在”，原文是 was sie ist。这显然是错译，当然应该译为“它是什么”。后一处黑体字“行为作为这样一些表现**存在着**”，原文是 Sie *ist* dies。这无疑也是错译，应该译为“它是这”，至于其中的代词“这”，如果愿意，也可以联系上下文把它所代表的东西译出来。［2］中前一处黑体字与［1］中后一处相同，也是错译。原文也是 Sie ist dies。后两处黑体字为“是”，倒是符合原文，比如最后一处的“是什么”原文为“was sie ist”。这说明，译者知道这话该怎么译，此前的“存在”译法明显是有意为之。这就不得不令人深思，为什么会出现这样的错译？

应该指出的是，以上译文是后出的，在它之前，已有同一汉译著作出版。这两段话的翻译如下：

译文 1′　只有宾词说出究竟**上帝是什么**之后，这个声音或名称才有内容和意义。[2]

译文 2′　行为是一种简单规定了的东西，普遍的东西，可以在

1　黑格尔：《精神现象学》，先刚译，第 200 页。序号为引者所加，为了讨论方便。
2　黑格尔：《精神现象学》上卷，贺麟、王玖兴译，商务印书馆 1987 年，第 14 页。

> 一种抽象中予以把握的东西；它是一件杀人罪行，一件偷窃行为，或一件慈善行为，一件见义勇为行为等等；[1] 总之，我们可以说出**它是**什么。行为**就是**这个行为，它的存在不仅仅是一个符号，而是事情自身。[2] 行为**就是**这个行为，**有**什么样的**行为**就有什么样的个人；[3] 在**这个"就有"**或**"存在"**的简单性里，个别的人对于别人而言，乃是存在着的、普遍的东西，不再仅仅是一种意谓中的东西。……[4] 行为的对象性并不改变行为本身，它只表明行为是**什么**，换句话说，只表明它究竟**是**什么或**什么也不是**。[1]

非常明显，旧译本将 was sie ist 这样的德文句子译为"它是什么"。这无疑是正确的翻译。它们与新译本形成明显区别。

我们看到，新译本序中对旧译本的翻译提出批评，说它"错讹之处颇多"，"时不时地多出一些黑格尔原文里面不存在的字句"，有"明显的理解错误"，有"毫无必要的窜文"，自己则要改正这些"缺陷"，提供"完全基于黑格尔德语原文的准确可靠的新译本"。[2] 这说明，新译本的译者看过旧译本，知道译文 1′ 和 2′ 的翻译。这样就至少表明，新译本与旧译本的区别似乎是有目的的。无论这样做是为了表明对旧译本翻译和理解的不满，还是为了表明对旧译本翻译的改进，它的结果却是错译。尤其是对 was ist sie 这样的句子的错译，显然是有问题的，而且是严重问题。这就不能不令人思考，这是为什么？

在我看来，对于 was ist sie 这样的句子，肯定不会有理解的问题。也就是说，译文中发生的错译肯定不是语言水平问题，而是有意为之，是有目的的。那么它的目的又是什么呢？对照旧译文，也许可以找到

1 黑格尔:《精神现象学》上卷，贺麟、王玖兴译，第 213—214 页。序号为引者所加，为了讨论方便。

2 参见黑格尔:《精神现象学》，先刚译，"译序"，第 25 页。

答案。译文 2′［3］中黑体字说的是"'**就有**'或'**存在**'"，它的原文是 Sein。也就是说，原文只是一个 Sein，这里被译为"'就有'或'存在'"。对这样一个简单的词做出如此复杂的翻译，无疑是有问题的，大概属于新译者所批评的"窜文"。除了翻译的问题，还可以看出，这里的黑体字与上下文的黑体字是不同的，上下文说的乃是"是"，比如反复谈及"它是什么"，而［3］说的却是"就有"和"存在"。这显然是费解的。由此也就可以看出，译文 2′ 的翻译是有问题的。

相比之下，译文 2 似乎没有这样的问题。其［3］中黑体字是"存在"，它与德文 Sein 对应，与传统翻译相符，似乎没有问题。上下文所谈大体上也是"存在"，所以译文整体上似乎也是一致的。假如［3］中说的是"存在"，而上下文说的乃是"是"，反而译文整体上不一致了。也就是说，大概是为了保持译文整体的一致性，译者将上下文中的"ist"译为"存在"。并且，为了译文通顺进行修辞，比如"行为作为这样一些表现**存在着**"，一如它自己所批评的那样，这样的译文多出了一些黑格尔原文所没有的字句。

进一步分析还可以看出，旧译本遵循传统译法，将 Sein 译为"有"或"存在"，但是在译文 2′ 出现问题：其中［1］［2］［4］和［3］明显不对应，特别是，"存在"与"是"明显不对应。因而在翻译 Sein 时，译者在"存在"一词前面以"或者"联结了"就有"一词。这个翻译很牵强，但是含"就"，似乎字面上可以与［1］中第二个黑体字"就是"相应。这说明，旧译本并不是随意加字或减字，而是动了脑筋的。由此也就看出，译者在 being 一词的名词和动词上是有困惑的。按照传统，Sein 是名词，要译为"存在"，但是相应的动词 ist 显然无法译为"存在"，因此，译者在名词上考虑如何修辞。这是因为，译者知道而且认识到，像 was ist sie 这样的句子只能翻译为"它是什么"，而不能译为其他样子，否则就错了。由于动词和名词的不对应，因而只能在名词的翻译上想想办法。由此也显示出译者的无奈。

新译本则不同，它将 Sein 译为“存在”。同时它也看到动词原文 ist 与名词 Sein 是对应的。如实翻译就会造成字面上的不一致，因此它改变 was ist sie 这样的句子的翻译。也就是说，它以“存在”一词做统一，不惜以改译为代价。问题是，这样做翻译，字面上是统一了，一致了，却铸成错译。

翻译是将一种语言转换为另一种语言，并通过这种转换使对象语言所表达的思想在译语中呈现出来。错译就是在语言转换上出了问题，因而无法呈现原文所表达的思想。was sie ist 这样的句子很简单，应该将其中的 Sein 译为“是”，现修正译文如下：

> **译文 2*** 行为是一种简单规定了的东西，普遍的东西，可以在一种抽象中予以把握的东西；它是一件杀人罪行，一件偷窃行为，或一件慈善行为，一件见义勇为行为等等；[1] 总之我们可以说出它**是**什么。它**是**这，它的是不仅仅是一个符号，而是事物自身。[2] 它**是**这，而且，它**是**什么，个别的人就**是**什么；[3] 在这个“**是**”的简单性里，个别的人对于别人而言乃是具有普遍本性的东西，而不再仅仅是一种意谓中的东西。……[4] 行为的对象性并不改变行为本身，它只表明它是什么，换句话说，只表明它**是否是**（什么）或是否**什么也不是**。[1]

1 修正译文根据黑格尔：《精神现象学》上卷，贺麟、王玖兴译，第 213—214 页。加序号处的原文如下：es kann von ihr *gesagt* werden, *was sie ist*. Sie *ist* dies, und ihr Sein ist nicht nur ein Zeichen, sondern die Sache selbst. Sie *ist* dies, und der individuelle Mensch *ist*, was *sie ist*; in der Einfachheit *dieses Sein* ist er fuer andere seiendes, allgemeines Wesen und hoert auf, nur Gemeintes zu sein.... Die Gegenstaendlichkeit veraendert nicht die Tat selbst, sondern zeigt nur, *was* sie *ist*, d.h. ob sie *ist* oder ob sie *nichts ist*. (Hegel, G.W.F.: *Phaenomenologie des Geistes*, *System der Wissenschaft*, Erster Theil, Suhrkamp Taschenbuch Verlag 1986, S. 243)

对照原文可以看得很清楚，这一段话中，was sie ist 这样的句式出现多次，而且以斜体标示整体或其中的动词 ist。这就说明，这段话的讨论与这样的句式或其中的那个 ist 相关。很明显，该句式含 ist，因此可以认为，这段话主要与 ist 相关，强调的也是它。译成中文“它是什么”，其中的“是”乃是动词，是系词。因此，这段话的讨论明显与是相关。[3]中提到的“是”与前后不同，它不是动词，因而脱离了“它是什么”这一句式，但是由于是在[1]至[4]的上下文里，因此可以清楚地看出，它指的就是“它是什么”中的这个“是”。说它简单，也很容易理解。它是系词，自身没有含义，与所表达的东西相联系，起说明作用，而且它在句子中的作用是自明的。值得注意的是[1]中的黑体字“**说出它是**什么”。它是被说出来的，这就显示出它的语言特征。所以它被看作符号，也就是说，它是语言层面的东西。由于语言是用来表达的，所以“是”这个词也不能例外。即使它看似简单，只是一个系词，实际上却需要认真关注：因为它不仅仅是符号，而且是对事物的表达。再进一步，[1]是以“总之”起始的，这说明此后的说明都是关于此前论述的总结。而此前都是关于行为的说明，说明方式有两类，一类是理论性说明，一类是举例说明。然而这些说明有一个共同特征，即它们的基本句式是“S 是 P”，语言形式甚至直接就是“它是……”。这就说明，[1]至[4]关于“它是什么（这）”以及关于“是”的说明并不是随意的，而是从前面延续下来的。其中关于语言层面的考虑也是自然的、没有任何问题的。至于说通过关于“是”的考虑是不是可以达及事物，这里没有说，但是既然这里提到了“是”不仅仅是符号，而且是事物自身，也就为由此而达成关于事物的考虑提供了可能性。而所有这些思想，由于错译，就都消失殆尽了。

译文 1 和译文 2 中的错译是明显的，而且这样的错译绝不是语言水平问题，而是理解和翻译的问题。特别应该看到的是，这样的错译并不是个别现象，而是比较普遍的情况。比如下面的译文：

> **译文 3** [1] 普遍而言，每一个别存在都是“**偶然的**”。[2] 它如是存在着，就其本质而言它可以不如是存在。[3] 即使存在有某些自然法则，按照该法则某种实在状况事实上存在，那么某种确定的结果事实上也必定存在：这些法则只是表现了事实性规则，这些规则本身完全可能是另外一种样子，而且它们已假定，按照从一开始就属于经验的对象的本质，由这些法则所支配的可能经验的对象，就其本身而言仍然是偶然性的。[1]

这段话引自胡塞尔《纯粹现象学通论》开始论述本质的部分。由于论述本质，因而也论述到偶然性。与我们的讨论相关，我们只看序号处译文。[1] 至 [3] 这三句都是错译。[2] 的原文是：

Es ist so, es koennte seinem Wesen nach anders sein.

这句德文分两句，前一句显然是主系表结构，意思是：它是这样的。译文将系词 ist 译为“存在”，将表语 so 译为“如是”，意思显然完全变了。后一句加了情态动词虚拟形式 koennte，但是情态动词之后仍然跟一个系词结构，去掉这个动词，该系词结构表达为：它……是别样的，与前一句形成区别。[2] 的“不如是存在”倒是译出了与前一句的区别，这是因为它相当于在前一句上加了否定词“不”，而这在原文中是没有的。由此可见，前一句是错译，后一句也是错译，而且是将错就错。[3] 较长，我们只看冒号之前的话，而且只看其后两句，其原文是：

1 胡塞尔：《纯粹现象学通论》，李幼蒸译，商务印书馆 1995 年，第 49—50 页。序号为引者所加，为了讨论方便。

...wenn die und die realen Umstaende faktisch sind, die und die bestimmten Folgen faktisch sein muessen...

非常明显，这里的德文前一句是一个主系表结构的句子，意思是：实在的情况是事实的，后一句加了情态动词 muessen，内含一个主系表结构的句子，去掉该动词，该句的意思是：特定的结果……是事实的。两句以联结词 wenn“当”（如果）联系，形成因果关系或条件与结果的关系。即使不考虑这个联结词的翻译，也可以看出，这两个句子全译错了，即其中的系词结构根本就没有译出来。在中文表达中，系词有时候确实是可以不出现的，问题是这两句不是这样的情况。它们将其中的系词 sind 和 sein 译为“存在”。句子结构变了，意思当然也就变了。

认识到以上情况也就可以看出，[1] 中的“存在”也是错译，它的原文是 Sein。[2] 和 [3] 都是关于它的说明，只看汉译，似乎看不出它是错译，但是对照原文就可以看出，它是错译。区别仅仅在于，这样的错译在 [2] 和 [3] 中是明显的，但是在 [1] 中似乎是不明白的。但是看到 [2] 和 [3] 的问题以及三者之间的关系，也就可以看出，[1] 也是错译。

关于错译给译文带来的理解上的问题，我们就不深入展开讨论了，这里仅仅指出两点，首先，该译文可以修正翻译如下：

译文 3*　[1] 普遍而言，每一类个别之是都是“**偶然的**”。[2] 它是这样的，就其本质而言它也可以是别样的。[3] 即使存在有某些自然法则，按照该法则某种实在状况是事实上的，那么某种确定的结果必定也是事实上的：这些法则只是表达了事实性规则，这些规则本身完全可能是另外一种样子，而且它们已假定，按照从一开始就属于经验的对象的本质，由这些法则所支配的可能经验的对象，就其本身而言仍然是偶然性的。[1]

这样，上述问题就消失了。其次，胡塞尔这里在讨论本质以及关于本质的认识，由此谈及事实。事实是与个体事物相关的情况，可以是本质性的，也可以是偶然性的。事实乃是以“S是P”这样的方式表述的，这样的表达既可以表达本质，也可以表达偶然性。所以，胡塞尔的讨论要与“是”相关，要与事实相关，要涉及本质和偶然性，不仅如此，他还要讨论谓词，还要讨论谓述情况与真。胡塞尔的讨论没有问题。但是由于错译，他的这些意思无法呈现出来：即使没有消失，至少也是极大地走样了。

再比如下面的译文：

> **译文4** 规范科学的规律一般来说意味着：应当在，尽管它现在也许还不在或者在现有的状况下还不能在；而理论科学的规律则始终意味着：什么在。现在要问，相对于单纯的“在”〈sein〉而言，“**应当在**”〈Seinsollen〉具有什么含义。
>
> ……“一个战士应当勇敢”，这句话毋宁说是意味着：只有勇敢的战士才是“好”战士；就是说，“好”和“坏”这两个谓语一同被包含在战士这个概念的范围内，一个不勇敢的战士是一个“坏”战士。……在所有这些情况中，我们都作了一个肯定性的价值判断，承认了一个肯定性的价值谓语，而这种做法是有条件的，它依赖于这个条件的满足，在这个条件得不到满足的情况下，相应的否定谓语便会出现。我们可以将这个事实与下列形式等同看待，或至少等价看待：“一个A应当是B”以及“一个不是B的A是一

1 参见 Husserl, E.: *Ideen zu einer reinen Phaenomenolopie und phaenomelogischen Philosophie*, The Hague, Netherland 1976, S. 12。

个坏 A”；或者，“只有一个是 B 的 A 才是一个好 A”。[1]

这段话是胡塞尔在论述规范科学与理论科学的区别，谈论方式借助了 Sein 和 Seinsollen 这两个表达式。前一小段是理论性说明。字面上即可以看出，理论科学是以 Sein 一词表述的，而规范性科学是在 Sein 一词上加了 sollen 一词，因而二者的区别是明显而清楚。后一小段是举例说明（删节号处是更多的举例）。举例是为了说明前一小段的理论性说明，因此二者应该是对应的。但是非常明显，译文的说明并不是对应的。

首先，“一个战士应当勇敢”这句话与“应当在”显然不是对应的：其中没有“在”。同样，“一个 A 应当是 B”与“应当在”也不是对应的。

其次，“只有勇敢的战士才是‘好’战士”这句话与“在”也不是对应的：其中没有“在”。同样，“一个不是 B 的 A 是一个坏 A”和“只有一个是 B 的 A 才是一个好 A”与“在”也不是对应的。

第三，用 A、B 这样字母的说明与用“战士”“勇敢”这样的举例说明是不同的，前者可以看作后者的概括性说明，相当于句式性的说明。认识到这一点也就可以看出，“一个战士应当勇敢”与“一个 A 应当是 B”也不是对应的，前者没有后者中的“是”。

以上三点表明，“一个战士应当勇敢”这个例子肯定是有问题的。它既与相应的抽象说明“一个 A 应当是 B”不同，即没有其中的“是”，因而是不相应的，也与它要说明的规范科学的标志“应当在”不相应，即没有其中的“在”，因而也是不相应的，所以根本就起不到说明作用。所有这些问题都来自错译。这句话的德文是：

1　胡塞尔：《逻辑研究》，倪梁康译，上海译文出版社 1993 年，第一卷，第 33—34 页。参见 Husserl, E.: *Logische Untersuchungen*, Max Niemeyer Verlag Tuebingen 1980, Band I, S. 40。

Ein Krieger soll tapfer sein.

非常明显，这句德文是在 ein Krieger ist tapfer 这个主系表的句子上加了一个情态动词 sollen，因而系词 ist 做出相应的语法形式变化，但是主系表结构不变。所以，这句话应该译为“一个战士应当是勇敢的”。这样它与随后的抽象性说明“一个 A 应当是 B”也是一致的。

当然，即便有了以上的一致性，这句话与规范科学所说的“应当在”也是不一致的。现在可以看出，Ein Krieger soll tapfer sein 乃是日常语言中自明的话，没有歧义。译为“一个战士应当是勇敢的”肯定是正确的。有人一定会问，为什么说“一个战士应当勇敢”是错译？这两句中文的意思难道不是一样的吗？而且它们不同样是没有歧义的吗？

这里的问题在于，这句德文是一个日常表达不假，以上两个译文确实也可以说并没有改变它的意思。但是在翻译胡塞尔的这段说明中，这两句汉译却是有根本性区别的。原因在于，这个例子是被用来说明 Seinsollen 的。也就是说，这个例子要被用来说明两点，一是说明 sollen，二是说明 Sein，而且它确实起到了这样的说明作用：既包含 sollen，也包含 sein。相比之下，“一个战士应当勇敢”只包含“应当”，因而译出了其中的 sollen，但是没有包含“是”，因而没有译出其中的 sein。所以这一句是错译。

可以看出，既然有“一个 A 应当是 B”这样的翻译，说明译者知道并且也能够将上句德文译为“一个战士应当是勇敢的”。但是为什么不这样翻译呢？在我看来，原因主要不在这个例子本身，而在第一小段中关于“应当在”的翻译。由于将其中的 Sein 译为“在”，因而在随后的例子中觉得这个 sein 无法翻译出来，索性不译，因而就有了如上译文。对于这里的问题，我曾做过比较详细的讨论[1]，这里仅指出，姑且不论这

1 参见王路：《读不懂的西方哲学》，第 130—138 页。

里的译文“在”与此前的“存在”乃是不同的，至少表现出翻译的随意性，单就文中所说的“什么在”和“应当在”也是不通的。即使从译文4也可以看出，那里所有举例说的都不是“什么在”和“应当在”，它们说的都是“是什么”和“应当是”。我将这段译文修正如下：

译文 4* 规范科学的规律一般来说意味着：应当是，尽管它现在也许还不是或者在现有的状况下还不能是；而理论科学的规律则始终意味着：什么是。现在要问，相对于单纯的“是”而言，**“应当是”**具有什么含义。

……“一个战士应当是勇敢的”，这句话毋宁说是意味着：只有勇敢的战士才是“好”战士；就是说，“好”和“坏”这两个谓语一同被包含在战士这个概念的范围内，一个不勇敢的战士是一个“坏”战士。……在所有这些情况中，我们都作了一个肯定性的价值判断，承认了一个肯定性的价值谓语，而这种做法是有条件的，它依赖于这个条件的满足，在这个条件得不到满足的情况下，相应的否定谓语便会出现。我们可以将这个事实与下列形式等同看待，或至少等价看待：“一个A应当是B”以及“一个不是B的A是一个坏A”；或者，“只有一个是B的A才是一个好A”。[1]

虽然是增加了关于“应当”的说明，但是其中关于系词的论述是非常清晰的，比如关于谓词的论述，关于事实的论述。所以，关于“是什么”的论述和关于“应当是”的论述，二者之间的区别是明显的。举例的说明也是清楚的，与所要说明的东西也是对应的，起到了说明作用。所以，“应当在”是错译，相应的举例“一个战士应当勇敢”也是错译，

1 参见 Husserl, E.: *Logische Untersuchungen*, S. 40–41。

而这一切错译的根源都是与系词及其结构相关，即错误地将Sein译为“存在”：将它译为“存在”不合适了，就译为“在”，再不行，甚至干脆就不译出来了。

二、不明显的错译

指出明显的错译是比较容易的。这是因为对照原文，如果只能有一种译法，那么对错就是容易说清楚的，比如前面关于what it is的讨论。但是与being相关，翻译中的许多错译却不是显然的。比如译文3中的［1］。假如只看这一句，似乎看不出有什么问题，只有结合［2］和［3］才会发现它的问题。然后我们去对照原文，才会发现翻译中的问题，即这里是错译。所以我们说，不明显的错译讨论起来有些麻烦。但是如上所示，它仍然是可以讨论的。比如下面这句话：

译文5 究竟为什么在者在而无反倒不在？[1]

我曾指出，这句话是读不懂的。因为其中的两个句子“在者在”和“无（反倒）不在”构成了相应的两个问题，即“为什么在者在？”和“为什么无反倒不在？”，而后一个问题是不可理解的。“无”表示什么都没有，“无不在”本该是容易理解的才对，怎么会成为问题了呢？[2]面对这样的译文，我们只能看原文：

Warum ist ueberhaupt Seiendes und nicht vielmehr Nichts?[3]

1 海德格尔：《形而上学导论》，熊伟、王庆节译，第3页。

2 参见王路：《读不懂的西方哲学》，第164页。

3 Heidegger, M.: *Einfuehrung in die Metaphysik*, S. 1.

字面上看，这是一个疑问句，它含一个联结词und，因而可以看作含两个子句，因而有两个问句。一个是“Warum ist Seiendes?”，另一个是“Warum ist Nichts?”，字面的意思是问：为什么是Seiendes，为什么是Nichts。当然，这样的理解是简化的，因为消除了其修饰性副词ueberhaupt和nicht vielmehr。若是加上后者，则会有两种理解：

其一，将否定词nicht看作是修饰副词vielmehr的，与前一句的ueberhaupt相对应，这样，它具有否定含义。这样，字面上提出的两个问题其实只是一个，即前一句所问：“为什么是Seiendes？”后一句只是为了突出和强调这前一个问题而起陪衬和说明作用。前一个问题是最主要的，所以还加上了“ueberhaupt”这一修饰说明。因而，后一句可以译为“为什么不是Nichts？”。

其二，将否定词nicht看作修饰动词的，这样后一句就相当于问“为什么不是Nichts？”。这样，它也具有否定含义。所以，无论如何理解，这句话的意思是清楚的，即问为什么会是前一句子中说的那个东西而不是后一个句子中说的那个东西。所以，该句可以译为：“为什么竟是Seiendes而非Nichts？”也就是说，这句德文其实是问，为什么是这个（样）而非那个（样）？或者，为什么是这个（样）而不是那个（样）？

非常明显，译文5不是这样的。在语言层面上，译文5与原文的句式是不一样的。不同的句式所呈现的思想肯定也是不同的，所以译文5是错译。其实，对照德文，认识到这样的错译是很容易的，但是为什么我说这是不太明显的错译呢？这是因为，译者不仅会认为译文5的翻译是有道理的，而且会认为这样的翻译涉及对海德格尔思想的理解。

众所周知，Sein是海德格尔主要讨论的问题，与此相关，还会讨论到Seiendes和Nichts等概念。国内学界通常将Sein译为“存在”和“在”，相应地将Nichts译为“无”。若是这样理解，这句德文就要译为

“为什么是在而非（或者，不是）无？”这样译本来也没有什么，因为符合原来的句式。但是这样一来，就会有一个问题：原文中名词 Sein 和动词 ist 乃是对应的，Nichts 虽然字面上不对应，但是由于这个词暗含着对 ist 的否定，即可以表示 ist not，因而也就暗含着与 Sein 的对应性。而且，海德格尔本人也有 Seiendes ist 这样的表达和论述。这种名词和动词的对应性表达是海德格尔讨论的方式，既是他使用语言的方式，也是他表达思想的方式。所以，译者当然知道，这开篇一句是有深意的，语言形式上的这种对应性若是不翻译出来，翻译就会走样。但是，恰恰在这里，译者遇到了问题。因为将 Sein 译为“存在”，将动词 ist 译为“是”，二者就无法对应起来。

也许译者压根就没有这样想过。既然海德格尔有 Seiendes ist 这样的表达和论述，这里的 warum ist Seiendes 似乎当然可以而且也应该看作对这一表达的发问，因而译为“在者在”似乎没有什么问题。但是，这充其量也只是解决了“为什么在者在”的问题，那么后半句又该如何翻译呢？它无论如何也不能译为“无（者）在”啊？好在这里有一个否定词 nicht，于是借用它形成“无反倒不在”。也就是说，为了使“在”的这一理解字面上说通，将 nicht 这个与 vielmehr 联系在一起的否定词拆开，使它与 Nichts 结合起来。

应该承认，我们这里关于译者想法的分析，他人可能会认为这充其量也只是猜测而已。因此我们可以抛开这些分析，只是客观地看翻译本身。译文 5 后半句“而无反倒不在”明显将否定词“不”用到了对“在”的否定上。也就是说，原文的 nicht 是对 vielmehr 这个副词的否定，而不是对动词 ist 的否定，而译文与原文不是对应的。但是，后半句中的“反倒”一词同样也有否定的意思。也就是说，译文的后半句实际上增加了一个否定词，它比原文多出了一个否定，因而多出了一层否定的意思。别的不说，仅从这一点就可以看出，译文 5 是错译。

译文 5 后半句是错译，但是由于涉及否定，又和前半句结合在一起，因而这种翻译错误不太明显。在我看来，这种错误的根源实际上还是在对 being 的理解，因而在前半句。字面上即可以看出，Seiendes 与 Sein 相关，而 ist 是 Sein 的动词形式。确切地说，句子中前一个主语 Seiendes 乃是与 ist 相关的名词表达，表示可说 ist 的东西。后一个主语 Nichts 则是与 nicht 相关的名词表达，但是可以有两个意思。一个是表示否定本身，另一个是表示可说 nicht 的东西。ist 乃是日常语言中常用的词，其最基本最主要的用法乃是系词，即"是"。所以，可说"是"的东西当然是"是者"(Seiendes)。由此来理解，它的否定则是(那)"不是"(ist nicht)，该否定本身则是"不"，而可以这样说的东西当然可以称之为"不者"或"不是者"(Nichts)。认识到这样的表达乃是与认识最密切相关的表达，乃是最常用、最常见的表达，也是普遍的表达，那么理解德文 5 应该很容易，也很清楚。

假如考虑到海德格尔常说的 Seiende ist，因而认为德文中的 ist 并不是通常的系词用法，而是一种特殊用法，一种完整谓述的用法，那么这句话可以译为：

译文 5*　究竟为什么是者是而非不者是？

字面上也很清楚，是者是，这是有道理的，而不者是，这是没有道理的。所以要考虑的是前者而不是后者。也就是说，无论如何理解，海德格尔所提出并且要考虑的问题乃是是者，而非不者，而且，他是以一种问句的形式来表达的。

以上讨论仅仅围绕这一句话，就这一句论这一句。当然还可以有另一种讨论方式，即联系上下文来讨论。也就是说，假定这句话尚不是特别明白，我们可以借助上下文来确定它的意思。由于这是《形而上学导论》的第一句话[1]，所以我们需要看看后面是如何说的。

在展开对这个问题讨论的时候，海德格尔将这个句子分为两部分，即“究竟为什么是者是?”(Warum ist ueberhaupt Seiendes?)和“而非不者”(und nicht vielmehr Nichts)，并称后者为“附加部分”。[2]仅从这种称谓方式看，他似乎并没有将后者看作一个句子。若是这样，该句中的 und 似乎并不是连接两个句子，而是连接相似的部分，即 Seiendes 和 Nichts。海德格尔既有关于前者的讨论，也有关于后者的讨论。整体上看，他讨论的重点还是在前者，而关于后者的讨论也是为了说明前者。我们看到，他明确地说，如果问“究竟为什么是者是?”，“我们就将从这个是者出发。这个是者**是**”。[3]由于这个是者是给定的，因而询问就涉及它的原因和根据：

> **译文 6***　人们问：根据是在哪里，是什么？这种发问的方式以简单的形式表现出来就是：为什么这个是者是？它的根据(原因)是在哪里？是什么？不用说我们是在询问另一种更高的是者。

1　应该指出，译文 5 不仅是海德格尔在《形而上学导论》中的第一句话，也是他在《什么是形而上学?》中的最后一句话(参见 Heidegger, M.: *Was ist Metaphysik?*, Vittorio Klostermann Frankfurt am Main, 1981, S. 42)。该句的中译文为：“为什么就是存在者在而‘无’倒不在?”(孙周兴主编：《海德格尔选集》上卷，第 153 页)对照二者可以清楚地看出，在《什么是形而上学?》中，译文 5 是结论，而这个结论是从关于 Seiendes 的讨论出发，在这一讨论过程中涉及 ist，因而涉及 nicht，所以涉及 Nichts。但是最终的结论说明，形而上学的讨论最终还是要落实到 Seiendes 上。而《形而上学导论》则从译文 5 出发，由此表明以后要集中讨论 Seiendes 及其相关问题。由此也可以看出，结合这两部著作来看，译文 5 的意思也是清楚的。

2　参见 Heidegger, M.: *Einfuehrung in die Metaphysik*, S. 17；海德格尔：《形而上学导论》，熊伟、王庆节译，第 23—24 页。

3　Heidegger, M.: *Einfuehrung in die Metaphysik*, S. 21；参见海德格尔：《形而上学导论》，熊伟、王庆节译，第 28 页。

然而在此问题还根本没有触及到是者整体本身。[1]

这段话表达了几个意思。其一，关于这个是者可以问：它的原因是在哪里，它的原因是什么？其二，这样问相当于问更高的是者。其三，与是者相关，这还只是问题的一部分。众所周知，海德格尔最主要关心的是关于是本身（Sein）的发问，而不是关于是者（Seiende）的发问，因此三是容易理解的。我们只看前两个意思。关于原因的发问，这短短一段话重复了两遍：它是在哪里？（wo ist der Grund?）它是什么？（welches [was] ist der Grund?）问是如此，回答则应该是，其原因是如此这般的，这个是者是如此这般的。这种关于原因的说明无疑是进一步的，而且是借助“是”来说的，所以海德格尔称之为“更高的是者”。所以，前两个意思是相互联系的，是可以理解的。值得注意的是，前面说这个为什么的问题给定的出发点是：这个是者是。这里又说关于其原因的这种提问方式可以简化为“为什么这个是者是？”。换句话说，这个问句包含如上两个意思，一个要借助“是”来表述，另一个还要涉及更高的是者。简单地说，“为什么这个是者是？”这个问句乃是从是者出发的，它使思考固然会走向深入，但是只会深入走向是者，尽管是更高的是者。这相当于从是者走向（更高的）是者。在海德格尔看来，这样思考问题显然是不够的。

海德格尔进一步指出，加上后面那个附加部分，询问就完全不同了。后面这个附加部分，即 und nicht vielmehr Nichts，会阻止人们如上思考，这样就使这个发问获得了与没有这个附加部分时完全不同的威力和

1 修正译文参见 Heidegger, M.: *Einfuehrung in die Metaphysik*, S. 21。原中译文如下：

译文 6 人们问：根据何在，是什么？这种发问的方式以简单的形式表现出来就是：为什么在者在？其根据（原因）在哪里？是什么？不用说我们是在询问另一种更高的在者。然而在此问题还根本没有触及到在者整体本身。（海德格尔：《形而上学导论》，熊伟、王庆节译，第 28 页）

紧迫性。海德格尔自问自答道：

译文 7[*] 为什么这一是者失去了不是（Nichtsein）的可能性呢？为什么这一是者不干脆总是落回到不是中呢？这一是者现在已不再是那种一旦如此就现成的东西，它处于摇摆不定的状态中，全然不管我们是否认识到它全部的确定性和是否全面把握了它。[1]

这段话的第一问最清楚。"为什么是者是？"这一问与"不是"没有关系，但是加上"而非不者"，它就使是者与"不者"相关了。由此也就说明后面这一附加部分是有意义的。值得注意的是，附加部分说的是"而非不者"，其中无论是"非"（nicht）还是"不者"（Nichts），都没有提及"是"（sein），而这里却直接说"不是"（Nichtsein）。这至少表明，这个附加部分所引入的东西乃是（这个）"不是"，或者至少与"不是"相关。这一点应该不难理解。附加部分没有动词，如果加动词，则"非"会与前面的 ist 相联系，因而形成 ist nicht。至于"不者"，它本身即含有 nicht 的抽象名词的意思，因而含有 ist nicht 的意思。所以，海德格尔的意思还是比较明白的：单说是者是，会引导人们只考虑是者，而一旦加上"而非不者"，就会使人们将关于是者的考虑与不者联系起来，包括将是者是的情况与是者不是的情况联系起来，这样也就有了这里说的不确定性，从而引导人们对"是"本身做更进一步的思考。

译文 8[*] 这样，就已经很清楚了，这个"而非不者？"决不是

---

1 修正译文参见 Heidegger, M.: *Einfuehrung in die Metaphysik*, S. 21–22。原中译文如下：

译文 7 为什么这一在者失去了不在的可能性呢？为什么这一在者不干脆总是落回到不在中呢？这一在者现在已不再是一旦如此就现成的在者，它处于摇摆不定的状态中，全然不管我们是否认识到它全部的确定性和是否全面把握了它。（海德格尔：《形而上学导论》，熊伟、王庆节译，第 28—29 页）

什么对于真正的问题的多余的附加，这个语气上的转折是整个问句的本质性的成分。作为完整的问句，它说出的是与“为什么这个是者是？”这个问题完全不同的另一个问题。随着我们的询问，我们就把自己放入了是者，其放入的方式使是者赔出了其作为这个是者的自明性。这个是者在“或是者——或不者”这一最宽泛和最严格的振幅可能性中的陷入了摇摆，这个询问本身也就丧失了任何牢固的基石。[1]

这是海德格尔经过对这个附加部分的详细讨论之后带有总结性的说明。话虽然不少，意思却只有一个：这个附加部分至关重要，而其重要性就在于，它使“是者是”这个看似自明的问题现在变得不是那样自明了。这是因为，“而非不者”这个附加部分提出了与“为什么这个是者是？”完全不同的问题；还因为这样做的结果使是者陷入“或是者——或不者”这种不确定之中。由于这个附加部分不是完整的表达，这个结果也是不完整的表达，因而似乎给我们的考虑带来一些困难。但是，既然这里说到一个完全不同的问题，因而我们可以将前者作为完整的问题来考虑。在这种情况下，我想，它大概会有如下几种表述：

（为什么是这个是者？）而为什么不是不者？

（为什么这个是者是？）而为什么这个是者不是不者？

（为什么这个是者是？）而为什么不者不是？

1　修正译文参见 Heidegger, M.: *Einfuehrung in die Metaphysik*, S. 21–22。原中译文如下：

译文 8　这样，就已经很清楚了，这个“而无反倒不在？”决不是什么对于真正的问题的多余的附加，这个语气上的转折是整个问句的本质性的成分。作为完整的问句，它说出的是与“为什么在者在？”这个问题完全不同的另一个问题。随着我们的询问，我们就把自己放入了在者，其放入的方式使在者赔出了其作为这个在者的自明性。这一处于最宽泛和最严格的“或在者——或无”的振幅可能性之内的在者陷入了摇摆，询问本身也就丧失了任何一种牢固的基石。（海德格尔：《形而上学导论》，熊伟、王庆节译，第 29 页）

从这三种可能性出发，结合最后的结果就可以看出，最后一种可能性似乎最小，因为无论是者是，抑或不者不是，都是确定的、自明的，二者泾渭分明，不会处于不确定之中。但是前两种情况就不同了。问为什么是是者而不是不者，当然会涉及或者是是者，或者是不者的问题，因而陷入这种不确定之中。问为什么是者是，而不是不者，虽然有些怪，因为前后两问不对称，但是由于谈及是者是和不是的情况，因而依然会涉及或者是者或者不者的情况，因而涉及不确定的结果。所以，前两种表述似乎都是有可能的。由此可见，海德格尔自身的表述似乎是有歧义的，至少不是那样明确。

现在回到翻译上来。可以看出，Warum ist ueberhaupt Seiendes und nicht vielmehr Nichts 这句话应该译为“究竟为什么是是者而非不者?”或者“为什么究竟是者是而非不者?”(即使随原译采用“在”的翻译，似乎也应该译为“究竟为什么在者在而非无?”）还应该看到，und nicht vielmehr Nichts 这一表达式出现多次，包括以加引号和加问号的方式出现，即以完整表达的方式出现，但是它都没有加动词。这样就给人们的理解留下了空间。但是，只要将它作完整的问句考虑，以上问题就会显示出来。我们看到，在相关讨论中，与这个问句最近似的完整表达是下面这个句子：dass dies Genannte ein Seiende ist und nicht vielmehr nichtseiend.[1] 该句的字面意思是“这所说的（东西）乃是一个是者而非不是者”。如果对这句话发问，就会是“Warum ist dies Genannte ein Seiende und nicht vielmehr nichtseiend?”，即“为什么这个所说的（东西）乃是是者而非不是者?”。这个问题与译文5中的问句相比，多了一个“所说的（东西）”，并将 Nichts 变为 nichtseiend。Nichts 本身就包含着否定，因而 nichtseiend 只是表达方式的改变，意思并没有变。所以，这里的区别

1 Heidegger, M.: *Einfuehrung in die Metaphysik*, S. 23.

仅仅在于加了“所说的（东西）”这一表达。加这个表达，是因为它是这里所谈的东西，因而是具体的。这样就使这个问句成为一个具体的问句，或者说针对具体问题的问句，而译文5没有针对任何具体的东西，乃是一个具有普遍性的问句，是一个具有普遍性的发问。

在中译本中，上面这句德文被译为“(……‘使得’)这玩意儿成为一种在着的东西，而不是不在的”[1]。“这玩意儿”这种修辞性的翻译不必理会，我们只看与译文5相关的部分。ist ein Seiende 被译为“(‘使得’)成为在着的东西”。可以看出，相关动词，即系词ist 不见了，但是它在后半句出现了“不是不在的”。这说明，尽管没有翻译出来，但是译者知道句子中有这个 ist，而且知道它是系词。

综上所述，“Warum ist ueberhaupt Seiendes und nicht vielmehr Nichts?”这句德文似乎是有歧义的。当然，由于它似乎是有歧义的，因此说现有中译文是错译似乎就会有些武断。所以我们说它是不明显的错译，或者我们说，它是有问题的。最近海德格尔的《形而上学导论》出了一个新译本，这句话译为：“究竟为什么存在者存在而无反到不在？”[2] 非常明显，附加部分没有什么变化，所以错译依然存在。原因也很清楚，译者依然是从“存在”的理解出发，所以译文5的问题在新译文中依然保留了下来。

这样的错译是不太明显的。这是因为，它的原文本身的形式不具有“S is P”这样的形式，而似乎是“S is”。对这样的句子，将其中的“is”译为“存在”似乎没有问题，因为这是对这种表达方式中 is 一词的理解。实际上，在汉译哲学文献中，这样的错译，即这种不明显的错译很多，比如矛盾律的通常翻译是：一事物不能同时既存在又不存在。它的英文是：It is impossible for the same thing at the same time to be and not to be. 有时候也会省略其中的 at the same time（同时）这一短语。字面上可

1 海德格尔：《形而上学导论》，熊伟、王庆节译，第31页。
2 海德格尔：《形而上学导论》，王庆节译，第1页。

以看出，英文的表述不是“S是P”这样的句式，而是to be。将它译为“存在”似乎是正常的，似乎是自然的。但是这样的翻译是错误的，应该译为“一事物不能（同时）既是又不是”。也就是说，一事物不能既是如此这般，又不是如此这般。文献中提及矛盾律的地方很多，不仅古希腊著作中有，近代著作中也有。比如洛克在《人类理解论》中就多次谈及矛盾律，称矛盾律为一条天赋原则。由于许多地方矛盾律都是单独谈论的，因此看到“不能既存在又不存在”这样的表达，人们会觉得没有什么问题。但是有些地方却不是如此，比如下面这段话：

> **译文9** 人们不但相信“两个物件不能同时在一个地方存在”，不但相信“一件事物不能同时存在又不存在”等等真理，而且他们还一样相信“白非黑”、“方非圆”、“苦非甜”等等公理。[1]

在这段话中，不仅谈到矛盾律，还谈到了其他事物，如物件、方圆、苦甜等等。中文字面上似乎没有什么问题，所谈无非都是些矛盾情况。但是我们看不出矛盾律与其他表达的区别，即看不出矛盾律是一条规律，而其他表达是与矛盾律相一致的表述，属于符合矛盾律的情况。对照原文[2]，我们就会发现，其实不是这样。这段译文以引号标示了五句话。第一句话中的“在一个地方存在”，原文是be in the same place，其中的be乃是系词。后三句话都是典型的主系表结构，比如“白非黑”这句的原文white is not black。这是典型的主系表结构。对照之下可以看出，这几句话中，虽然都称之为真理、公理，但是只有矛盾律一句是规

1 洛克：《人类理解论》上册，关文运译，商务印书馆1997年，第16页。

2 原文如下：That “two bodies cannot be in the same place” is a truth that nobody any more sticks at than at these maxims, that “it is impossible for the same thing to be and not to be,” that “white is not black,” that “a square is not a circle,” that “bitterness is not sweetness.”（参见Locke, J.: *An Essay Concerning Human Understanding*, Dover Publications, INC. New York 1959, vol. I, p. 52）

律性的东西，它说的是一事物不能同时 to be and not to be，也就是说，它并没有说出是什么情况，而只是说出是的方式，但是其他几句都是日常感觉经验的表述，都说出了是什么样的情况。所以，无论洛克关于二者之间的关系说得是不是清楚，至少字面上可以看出，所有这些情况与矛盾律都是一致的，是符合矛盾律的。所以这段话中的“存在”应该修正翻译如下：

译文 9[*] 人们不但相信“两个物件不能是同时在一个地方的”，不但相信“一件事物不能同时既是又不是”等等真理，而且他们还一样相信“白不是黑”、“方不是圆”、“苦不是甜”等等公理。

这样，中文字面上至少表明，矛盾律是真的，而其他所谓公理和信念都是符合矛盾律的，因而也都是真的。比如，由于白不是黑，因而一事物不能同时既是白的又不是白的（是黑的）。莱布尼兹在《人类理智新论》中也谈及矛盾律。引人注意的是，该书汉译者陈修斋先生将矛盾律译为“一事物不可同时既是又不是”。这就表明，这条规律与“是”相关。在书中涉及“是”的译文的地方，他有一个注释如下：

引文 1 这里的 être，本来也可译作“存在”或“有”，这样译文可能通顺一点。但这话是接着上文“‘是’的观念是天赋的”来说的，而这又是由上文表述“矛盾律”的“一物不可同时既是又不是”这个命题来的。为求上下文一致起见，故仍译作“是”，原文本无引号，为求表示这里的“是”是作名词用，故加上个引号。本来也可把表达“矛盾律”的那个命题中的“是”也译作“存在”，如洛克《人类理解论》中译本就是这样译的，但这命题既是个形式逻辑上的基本思维规律，并不是个古典哲学中所谓“本体论”上的命题，似乎以译作“是”较妥，因为它其实并不涉及所说对象客观上“存在”与否。[1]

être是法文，与being对应。与矛盾律相关，这个注释表达了如下几个意思。其一，译文将矛盾律中的being译为“是”，与通行的译法不同。其二，译者并不反对将being译为“存在”，但是认为在矛盾律中，将being译为“是”更合适些。其三，译者简单说明译文的理由。在我看来，陈修斋的翻译是正确的，但是他的说明却很有意思。它似乎表明，从逻辑的角度来理解，应该将being译为“是”，而从哲学的角度来理解，应该将being译为“存在”。那么，在相关讨论中，如何分辨哪些是逻辑的哪些是哲学的呢？比如书中关于“甜不是苦”“方不是圆”这样的讨论，其中的甜和苦、方和圆，难道不是会涉及外界的对象，因而会是本体论意义上的东西吗？而对它们的感觉乃至认识固然可以是与它们不同层面的东西，比如属于判断，属于理解，但是在表述中，这样的感觉和认识难道会与所感觉和认识的东西是不同的吗？比如与事物相关的是存在，而与感觉和认识相关是思维，而后者与思维规律相关，因而与是相关？所以对事物可以说“存在”，而对思维只能说“是”吗？我不这样认为。

思维规律与思想认识相关，思想认识可以是关于外界事物的，这无疑没有问题。正因为这样，矛盾律才是一条具有普遍性的规律。它的普遍性在于，它对于事物的表达是具有普遍意义的，是普遍有效的。比如，人们可以说一事物不能同时既是甜的又不是甜的，一事物不能同时既是圆的又不是圆的，也可以说一事物不能同时既存在又不存在。这些说法都是符合矛盾律的。也就是说，一如甜、圆是关于事物的表达，存在也是关于事物的表达，所以“一事物不能同时既存在又不存在”只是关于

1 莱布尼兹：《人类理智新论》上册，陈修斋译，商务印书馆1982年，第71页脚注1。

事物一种状况的表达。正因为如此，它是一个符合矛盾律的表达，但不是关于矛盾律的表达，即不是矛盾律本身。这个表达显然是说，一事物不能同时既是存在的，又不是存在的。所以，它和那些关于甜、圆的表述一样，都是符合矛盾律的，即符合“一事物不能同时既是又不是”。

从陈修斋的理由说明可以看出，他认识到不能将矛盾律中的being译为“存在”，而应该译为“是”。他没有说前者是错译，而只是认为后者“更妥”。这说明，在他的知识结构中也有“存在”这一译文，从而也说明这样的认识的影响是巨大的。他明明认识到在矛盾律中不应该将being译为“存在”，而应该译为“是”，但是他也只能说这样的翻译“更妥”，而且还要为这一翻译寻找理由。结果，他在译文中并没有将“是”的理解和翻译贯彻始终，而且如上所述，他对这种译法的解释也是有问题的。当然，我们也可以认为，正因为他是这样认识的，所以，他在译文中有时采用“是”这一译语，有时采用“存在”这一译语，这样就造成了自己译文的不统一。

三、加以修饰的错译

在涉及being翻译的过程中，其实人们并不是没有认识到将它译为“存在”是有问题的。但是在遇到问题的时候，人们往往不是去思考为什么会存在问题，而是基于“存在”的理解，对这一译文加以修饰。这样的修饰很多，我们只讨论其中两种。一种是加注译文，另一种是加注原文。比如下面这段译文：

译文10 作为一种寻求，发问需要一种来自它所寻求的东西方面的事先引导。所以，存在的意义已经以某种方式可供我们利用。我们曾提示过：我们总已经活动在对存在的某种领会中了。明

> 确提问存在的意义、意求获得存在的概念，这些都是从对存在的某种领会中生发出来的。[1]我们不知道“存在”说的是什么，然而，[2]当我们问道“‘存在’是什么?”时，[3]我们已经栖身在对“是”[“在”]的某种领会之中了，[4]尽管我们还不能从概念上明确这个“是”意味着什么。我们从来不知道该从哪一视野出发来把握和确定存在的意义。但这种平均的含混的存在之领会是个事实。[1]

字面上看，这段话是关于存在的发问的探讨。先看其中的[3]。“‘是’[‘在’]”这一表达显得有些怪：明显是在用“在”修饰“是”，即对它做补充说明。这句话是错译。它的原文是：halten wir uns in einem Verstaendnis des “ist”.[2] 很清楚，原文“ist”是一个词，被翻译为“‘是’[‘在’]”。所以这个翻译与原文不是对应的：将 ist 译为“是”，但是又增加了“在”。那么为什么说这样的修饰造成错译呢?

字面上可以看出，[3]是对[2]中“‘存在’是什么?”这一句中的“是”做出解释。该问句中动词的意思非常明确，没有任何歧义。“是什么”是正确的翻译，大概也是唯一的翻译。在这种情况下，[3]要对它做出解释，明确地说栖身在对它的领会之中，当然只能是栖身在对“是”的领会之中。但是这里的译文偏偏要在这个“是”后面加上“[‘在’]”，而这里根本就没有“在”的意思，所以我们说这是错译。应该说，这样的错译是明显的。[2]的意思也是简单明了的，但是为什么译者要对这里的“是”做出这种补充说明呢？这就涉及对原文的理解。

1　海德格尔：《存在与时间》，陈嘉映、王庆节译，熊伟校，陈嘉映修订，第7页。序号为引者所加，为了讨论方便。

2　[1]至[4]的原文是：Wir wissen nicht, was “Sein” besagt. Aber schon wenn wir fragen: “was ist ‘Sein’?” halten wir uns in einem Verstaendnis des “ist”, ohne dass wir begrifflich fixeren koennten, was das “ist” bedeutet. (Heidegger, M.: *Sein und Zeit*, S. 5)

联系上下文可以看出，这里讨论的是“存在”，比如提问它的意义，获得它这个概念等等。这些似乎都是可以理解的。但是到了具体说明［1］至［4］的时候，却发生了变化。最明显的即是语言上的变化。［1］明显在谈论“存在”，即不知道它是什么意思，这大体上相应于此前所说的要提问它的意义。［2］谈到问及“‘存在’是什么”，这大致相当于此前所说的要力求获得它的意义。这两句似乎没有翻译和理解的问题。问题出现在［3］：这里，“存在”这一译语不见了，出现了“‘是’［‘在’］”。这句话的意思大体相应于此前所说的“从对存在的某种领会中生发出来的”。也就是说，如果不加上补充说明，它就会将“对存在的某种领会”解释为“对‘是’的某种领会之中”。这显然是对不上号的，因为“存在”与“是”乃是根本不同的，没有任何关系。但是毫无疑问，［2］说的是问“是什么”，这里的这个“是”乃是句子中的动词，缺了它，句子就无法成立，意思也就没有了来源，所以，［3］既然是关于它的说明，就只能随着它来翻译。这样一来，意思就明显不对了。“是”和“存在”对不上号了。我相信，这些都是译者可以看到的事情。于是就有了对“是”的修饰，目的是想表明，这里的这个“是”乃是有“在”的含义的。似乎这样就可以使［3］的意思与［2］的意思联系起来，从而与整段说明一致起来。且不说这并没有解决问题，比如“在”与“存在”的意思是不是相等，这样做至少带来一个问题，而且是很严重的问题：此前一直说我们的理解依赖于对存在的领会之中，现在怎么变成我们对存在的理解依赖于对“是”的领会之中了呢？既然对存在的理解和把握要依赖于“是”，那么究竟“存在”这个概念是更根本的，还是“是”这个概念是更根本的呢？

其实，这样的问题在原文中是根本不存在的。我将以上译文修正如下：

译文 10* 作为一种寻求，发问需要一种来自它所寻求的东西

> 方面的事先引导。所以，是的意义已经以某种方式可供我们利用。我们曾提示过：我们总已经活动在对是的某种领会中了。明确提问是的意义、意求获得是的概念，这些都是从对是的某种领会中生发出来的。我们不**知道**“是”说的什么，然而，当我们问道“‘是’**是**什么？”时，我们已经栖身在对“是”的某种领会之中了，尽管我们还不能从概念上明确这个“是”意味着什么。我们从来不知道该从哪一视野出发来把握和确定是的意义。但**这种平均的含混的对是的领会乃是事实**。[1]

现在可以看出，这一段乃是关于是的意义的讨论。其中提及对是的领会，对是的提问，对是这个概念的获得等等，并且还给出一个具体的问句。“是什么？”乃是一个日常询问的表达，含义是明确的。“‘是’是什么？”这个问句有些特殊，它的特殊性在于，所问的东西本身乃是“是”，这样就与用来提问的“是什么”中的“是”重叠了。二者相结合，说明了“是”一词的特殊性。它是日常表达中随意使用的词（例句中重点标示的词），即使问它的意义也还是要使用它。也就是说，由于我们要获得它的意义，因而我们对它发问，但是在这样发问的时候，我们又要使用它。这就说明，一方面我们要获取它的意义，另一方面我们又要依赖于对它的理解。这显然造成一种矛盾：如果知道它的意义，就不会还对它的意义发问。如果对它的意义发问，发问本身就不应该依赖于对它的意义的理解。这就是探讨“是”的时候所处的情况。在这段论述中，出现了 being 这个词的两种形式，即名词形式 Sein 和动词形式 ist。发问中出现的是名词，使用中出现是动词。从这里的讨论可以看出，这两种形式是对应的，因而意思也是一样的。这样的翻译其实并不复

1 Heidegger, M.: *Sein und Zeit*, S. 5.

杂，不该有什么问题。但是由于有了“存在”这种先入为主的偏见，一定要在“存在”的前提下进行翻译，因此造成了问题。

对照之下可以看出，问题出现在［3］，实际上却出现在［2］，因为［3］中的修饰译文出现在对［2］中“‘是’是什么?”这个简单的问句的解释中。这个问句的形式和前面所说的 was sie ist 实际上是一样的，区别仅仅在于一个是问句，一个是（从句中的）陈述句。换句话说，问题又与 was sie ist 这样最简单的句子相关。这再次表明，being 的基本用法是系词，它的主要含义来自它的系词用法。在这种最简单的句子中，只能将它译为“是”。由于译者一定要将它译为“存在”，或者一定要将它的含义与存在联系起来，因而做出译文中那样的补充说明，从而带来翻译的问题。在不该出现问题的地方出现问题，尽管这是一种修饰性的结果，但依然是错译。

在译文中补充外文，是翻译中的常见做法，在关于 being 的翻译中也经常出现。但是应该看到，一些提供外文的做法其实是因为感觉到了翻译中的问题。比如下面的译文：

译文 11 如果我们现在着手一试说在，因为我们总是而且归根到底是要以一定方式来着手的，那么我们就试着去注意在此说中所说的在本身。我们选用一种简单而常用而且几乎是信口随便的说，这样说时在就被说成一个词形，这个词形又是这样的层出不穷，以至于我们几乎不会注意这回事了。

我们说：“上帝在”。“地球在”。“大厅中在讲演”。“这个男人是（ist）从斯瓦本区来的”。“这个杯子是（ist）银做的”。“农夫在种地”。“这本书是（ist）我的”。“死在等着他”。“左舷外在闪红光”。“俄国在闹饥荒”。“敌人在退却”。“葡萄根瘤蚜在葡萄园肆虐”。“狗在花园里”。“群峰在入静”。

> 每一例中这个“在”(ist)的意思都不一样。我们可以很容易地证明这一点，特别是如果我们照现实出现的情况来说这个“在”(ist)，也就是说，随时从一定的境况，一定的作用，一定的情绪来说，而不是作为单纯句子与语法学中已成为陈词滥调的例句来说。[1]

这段中译文补充了五个德文词ist。三个出现在“是”一词后面，两个出现在“在”一词后面。补充外文，说明译者认识到相关译文有问题，需要做一说明或提示。

单看例子中补充的德文，明显感到画蛇添足。比如，“这本书是(ist)我的”中的德文显然是多余的。这个ist只能译为“是”。或者，除了译为“是”，还能译为什么呢？所以，这样的补充外文是有问题的。只看第三小段两处补充的德文，就会认为，这里所说的“在”的原文是ist，二者的意思有出入，因此要补注德文。因此这样的翻译当然是有问题的。人们一定会说，这样理解是断章取义，是不可取的。因此我们要在整段话中考虑这五处补文。

这段话分三小段。第一小段说明了“在”的几个主要特征：它是被说的，是被信口随便说的，是一个词，这个词层出不穷，常常被忽略。第二小段是举例说明，共举了14个例子，由此说明“在”的以上特征。第三小段复归总结性说明：在给出的14个例子中，“在”的意思各不相同。结合这三段文字，这几处德文补语就凸显出整段译文的问题来了。

首先，第二小段共14个例子，11个含“在”，而有德文补语这三个例子不含“在”。因此，这14个例子并不是都含“在”。其次，二、三两小段给出的德文都是ist，但是它们所修饰的中文却不同，一段说的乃是“是”，另一段说的则是“在”。这会令人产生疑惑。第三，第二小段

1 海德格尔：《形而上学导论》，熊伟、王庆节译，第89页。

的说明与第一小段的说明不符，因为有三个例子没有含“在”，因而无法说明第一小段所要说明的“在”的那些特征，比如被随意说，层出不穷等等；此外，第二小段的说明与第三小段的总结也不符，因为“是”和“在”明显是不同的。明明有三个例子含“是”，不含“在”，却要说“每一例中这个‘在’（ist）”如何如何，这显然是有问题的。以上问题仅仅是中文字面上的，对照原文，我们还会看到更多问题。

第一小段说的是 Sein，第二小段 14 个例子中都是 ist。如前所述，Sein 和 ist 乃是同一个词的不同形式，前者是名词，后者是动词。14 个随意的例子都含它，说明了第一小段所说的 Sein 的那些特征，被随便说，层出不穷等等。第三小段接着这些例子继续说，因而也是 ist。这就说明，Sein 和 ist 是对应的：第一小段的理论性说明没有问题，第二小段的举例说明没有问题，第三小段的总结性说明也没有问题。但是在译文中不是这样，举例说明与此前关于“在”的说明不匹配，与此后的总结性说明也不对应，因而是有问题的。可以看出，译文中所加德文而形成的补充修饰，与其说帮助解决了译文里的问题，不如说只是标明了译文中存在的问题：因为原文本无问题，是翻译造成了问题。

对照原文例句还会看到，由于每一句中都有 ist，因而第三小段说每一段中的这个 ist 意思都不一样，乃是有特殊含义的。字面上看，前两个例子的句式是“S 是”，其他 12 个例子的句式是“S 是 P”。这实际上显示出 Sein 在使用中的两种方式，一种是系词方式，另一种是非系词方式。而在这两种方式中，最主要的乃是系词方式。Sein 这种使用方式与它的含义无疑是相关的，否则也不必举那么多例子。但是在汉译中，这种使用方式根本就看不出来了。在后 12 个例子中，9 个没有“是”，即没有系词，仅有的 3 个还对其中的“是”加注德文，给人感觉是例外情况。这样就使原文的意思走了样，至少根本就没有体现出来。比如“狗在花园里”这一句，“在（……里）”是一个介词，它所与之对应的是

Der Hund ist im Garten 这个句子中的介词 in，而不是系词 ist。这样的“在”无论如何也不会体现出原文所说的 ist 的含义。

对照原文例句还可以看出，其中三个中译文之所以加注德文，大概是因为译者实在是想不出该如何以“在”来翻译其中的 ist。这大概也是无奈之举。但是在我看来，问题其实不在这里，而在于应该思考，为什么会出现这样的问题。如果将 Sein 译为“是”，这样的问题是不会出现的。

译文 11* 如果我们现在来说是，因为我们总是而且从根本上说必然要以一定的方式说是，那么我们试图注意这种说中所说出的是本身。我们选择一种简单而通常的，几乎随意的说，在这样说时，是被以一种词的形式说出来，这种形式使用频繁，以致我们几乎不注意它了。

我们说：“上帝是”。“地球是”。“讲演是在大厅里”。“这个男人是从斯瓦本区来的”。“这个杯子是银做的”。“农夫是在乡下的”。“这本书是我的”。“他是要死了”。“左舷是红光”。“俄国是在闹饥荒”。“敌人是在退却”。“葡萄园里是葡萄根瘤蚜在作怪”。“狗是在花园里”。“群峰是／一派寂静”。

在每个例子中，这个“是”的意思都不一样。我们可以很容易地证明这一点，特别是如果我们照现实出现的情况来说这个“是”，也就是说，随时从一定的境况，一定的作用，一定的情绪来说，而不是作为单纯句子与语法学中已成为陈词滥调的例句来说。[1]

在我看来，译者在这里遇到的难题大概主要在于长期以来“存在”

1 Heidegger, M.: *Einfuehrung in die Metaphysik*, S. 67–68.

这一译语的影响。[1] 将 Sein 译为“在”，显示出遵循了传统的翻译和理解：毕竟字面上“在”与“存在”还是有联系的。但是实际上，“在”这一译语已经对这一传统译语提出质疑，因为二者终究是不同的词，因而不是等价的。译文 11 曾被选编入书，借助选编译文也许可以很好地说明这一问题。

译文 11′ 如果我们现在着手一试说存在，因为我们总是而且归根到底是要以一定方式来着手的，那么我们就试着去注意在此说中所说的存在本身。我们选用一种简单而常用而且几乎是信口随便的说，这样说时存在就被说成一个词形，这个词形又是这样的层出不穷，以至于我们几乎不会注意这回事了。

我们说：“上帝存在”。“地球存在”。“大厅中在讲演”。“这个男人是（ist）从斯瓦本区来的”。“这个杯子是（ist）银做的”。“农夫在种地”。“这本书是（ist）我的”。“死在等着他”。“左舷外在闪红光”。“俄国在闹饥荒”。“敌人在退却”。“葡萄根瘤蚜在葡萄园肆虐”。“狗在花园里”。“群峰在入静”。

每一例中这个“存在”（ist）的意思都不一样。我们可以很容易地证明这一点，特别是如果我们照现实出现的情况来说这个“存在”（ist），也就是说，随时从一定的境况，一定的作用，一定的情绪来说，而不是作为单纯句子与语法学中已成为陈词滥调的例句来说。[2]

很明显，选编者对译文 11 做了几处改动。一是将第一、第三小段中的“在”改为“存在”。二是将第二小段中前两个例子中的“在”改为

1 熊伟先生反对将 being 译为“有”，循“我思故我在”这一译法而将 being 译为“在”。我曾讨论过他的翻译，这里不再多说。参见王路：《一“是”到底论》，第 3 章。

2 海德格尔：《形而上学导论》（第二、三章），熊伟译，载孙周兴主编：《海德格尔选集》上卷，第 526—527 页。

“存在”。原文中是 Sein 和 ist，即同一个词的两种形式。在译文 11 中有“在”和“是”，即出现了两个词，而这两个词是不同的，它们并不是同一个词的两种不同形式。所以，就语言转换而言这是有问题的。语言转换出了问题，原文中所表达的思想在转换之后肯定是无法呈现出来的，至少不能完整地呈现出来。经过选编者的改动，译文 11′ 中出现三个词，即“存在”“在”和“是”，自然问题就更大了。不必考虑改动后的译文如何，这里我只提一个问题。既然要将“在”改译为“存在”，为什么不将这样的改动贯彻始终呢？这个问题其实也是针对译文 11 本身的：既然将 Sein 译为“在”，为什么不将这样的翻译贯彻始终呢？

在我看来，原因很简单，因为做不到。别的不说，只看例句。除了前两个例子中的 ist 可以译为“存在”以外，其他例子中的 ist 都是无法译为“存在”的，比如“狗在花园里”。无论是改为“狗存在花园里”还是改为“狗在花园里存在”，意思肯定都变了。至于那三个加注德文的句子，情况就清楚了：既然其中的 ist 无法译为“在”，当然也就更无法译为“存在”了。

给译文加注原文，用意是多样的。以上只讨论了其中一种情况：它提示，所译的词是个多义词，在当下文本中可以表示不同含义。这样的修饰掩盖了译文中的问题，在我看来，即是掩盖了译文中的错误。考虑到多义性，人们似乎很容易接受这种不对应的翻译。但是，问题依然是存在的：语言的转换不是对应的，因而思想的呈现是没有着落的。

四、貌似有理的翻译

将 Sein 译为“存在”，有一个很重要的原因，这就是译文 11 中前两个例子中的 ist 似乎无法译为“是”，比如“上帝是”乃是不明白的话，所以应该译为“上帝（存）在”。这也就说明，Sein 这个词有存在含义。

但是应该看到，Gott ist 中的 ist 乃是这个词的一种完整用法，即非系词用法。所以这种存在含义是从这种非系词用法读出来的。“上帝存在”也许翻译出这句话的意思，但是肯定没有翻译出这句话的句式。换句话说，“上帝存在”即使翻译出来 Gott ist 这句话的意思，也没有翻译出 ist 这个词在这句话中的用法，因而没有翻译出如下情况：从 ist 在句中的这种用法可以读出它与通常用法，即系词用法不同的含义，比如存在含义。特别应该看到的是，Gott ist 是关于上帝的一个说法，只此一句。因此这样的表达方式是特例。Erde ist 字面上与它相似，那是海德格尔的造句，德国人没有这样说的，也就是说，它不是日常表达，因此可以不必考虑。[1]

God is（Gott ist）是一个独特的表达，is 后面没有表语，因而 is 本身直接做动词。这一表达与通常的表达、日常表达是不同的，后者基本是“S 是（is）P”这种句式。但是在哲学讨论中，有时候也会看到和它相似的表达，比如前面提到的矛盾律：一事物不能同时 to be and not to be（既是又不是）。字面上看，这里的 to be 后面也不带表语，因此貌似与 God is 这样的句式相同。如同 God is 被译为“上帝存在”一样，矛盾律中的相似表达也常常被译为“既存在又不存在”。前面已经说过，这样翻译矛盾律是错误的，现在可以看出，这样翻译 God is 也是有问题的。由此我想进一步指出，在哲学讨论中，时常会出现与此相似的表达，即谈论的 being 是动词，后面不带表语。当把这样句式的 being 译为“存在”时，貌似有道理，实际上却是有问题的。

既然是貌似有道理，这就说明表面上看是有道理的，所以分析这样的译文不是很容易。为了比较好地说明这个问题，我们从黑格尔《精神现象学》第一章选出五段译文来讨论。

1　我曾比较详细地讨论过这些问题，参见王路：《读不懂的西方哲学》，第四章；《一“是”到底论》，第 4 章。

译文12 事实上，这种**确定性**暴露出自己是一种最抽象、最贫乏的**真理**。对于它所知道的东西，它所说出的仅仅是："这东西**存在着**"。它的真理仅仅包含着事情的存在。[1]

这是黑格尔在《精神现象学》讨论感觉确定性时开始的论述。其中"这东西存在着"这句话的德文是 es ist。字面上看，它的形式与 Gott ist 是一样的，即 ist 后面没有表语。所以，一如"上帝存在"这样的翻译，译文 12 将这里的 ist 译为"存在着"。最后一句话的最后一个词"存在"是名词，它的德文是 Sein。这里又看到名词 Sein 与动词 ist 的对应说明。这也表明，这里是关于 Sein 的讨论，其中涉及动词的表述最终也是为了说明 Sein 的。由于没有具体的例子，没有日常表达，因而在中文字面上，名词"存在"与动词"存在着"也是对应的，而没有产生前面所指出的那些问题。所以，这样的翻译似乎是有道理的。但是在我看来，这充其量只是貌似有道理，其实却是有问题的。

首先，Gott ist 尽管不是日常表达，而是一个特定表达，但它仍然是一句话，表达一个思想，说明上帝如何。相比之下，es ist 却不是一句话。其中的 es 是一个泛指代词，ist 是系动词第三人称单数。所以，它是一个不完整的表达，省略了 ist 后面的表语。所以，es ist 相当于一个句式，显示了其中两个空位，es 体现了一个，另一个没有表现出来。这句话谈到真（理），结合它就很容易理解。人们也许可以认为 Gott ist 这句话是真（理）的，但是绝不能认为 es ist 是真（理）的。但是，虽然人们不会认为 es ist 是真（理）的，却可以认为它会与真（理）相关。这是因为以这种方式所表达的东西是有真假的，比如"雪是白的"。

其次，"这东西存在着"中的"这东西"是有指向的，与 es 这个泛

1 黑格尔：《精神现象学》，先刚译，第 61 页。

指代词的意思明显不同。这似乎表明，译者可能认识到这里有问题，所以赋予这句德文中的 es 更多含义，努力将它译为一句话，一句有含义，因而有真假的话。抛开这些猜测，仅从字面上看，这句译文与原文的意思肯定是不符的。[1]

应该看到，es ist 虽然非常简单，但这是关于感觉的最开始的说明。这一点翻译有问题，势必会影响到以后的翻译及其理解。我们看接下来的说明：

> **译文 13** 事情**存在着**，仅仅因为它**存在着**。事情**存在着**——这个事实对于感性知识而言就是根本重要的，而这一个纯粹的**存在**或者这一个单纯的直接性构成了事情的**真理**。[2]

这段话通过"事情存在着"来讨论存在。这句话的原文是：die Sache ist.[3] 很清楚，这句话的句式与译文 12 中的 es ist 是一样的，区别仅仅在于那里的 es 变为这里的 die Sache。可以看出，die Sache 的字面意思是"事物"，虽然有泛指的意思，但是由于加了定冠词，因而也就有了确定的意思，表示"这事物"(或"这东西")。所以，它比 es 更多了一层意思，因此，与 es ist 相比，die Sache ist 明显有递进说明的意思。译者将它译为"事情存在着"，在语言转换上明显是不对应的。这大概是因为前面将 es 译为"这东西"，这里就无法将 die Sache 译为"这事物"了。再加上与此相关还谈到真理，所以要取"事情"这一译语。字面上看，"事物"与"这东西"不同，似乎也可以表示一种递进说明。但是，

1 在该书另一个版本中，这句话被译为"它存在着"。主语翻译与原文一致，但是 ist 的翻译一样。参见黑格尔：《精神现象学》上卷，贺麟、王玖兴译，第 63 页。

2 黑格尔：《精神现象学》，先刚译，第 61—62 页。

3 Hegel, G.W.F.: *Phaenomenologie des Geistes, System der Wissenschaft*, Erster Theil, S. 83.

由于语言转换出了问题，因而呈现的思想是有问题的，也就是说，这里即使呈现出递进说明，与原文的递进说明也是不一样的。特别是，黑格尔的论述还在继续：

> **译文 14** 在感觉确定性中，一方被设定为一个单纯的、直接的存在者或本质，亦即**对象**，而另一方则被设定为一个无关本质的而且经历了中介活动的东西，这东西并非**自在地**存在着，而是借助一个他者才存在着。这就是我，一种**知识**，而知识只有当对象存在着才会认知对象，所以它是一种可有可无的东西。但对象**存在着**，它是真相和本质。对象**存在着**，不管有没有被认识到。即使它没有被认识到，也依然存在着；但是如果对象不存在，那么知识也不存在。[1]

非常明显，这段译文出现了“对象存在着”这个表达。“对象”一词的翻译没有问题，它的德文是 der Gegenstand。与“事物”(die Sache)相比，“对象”无疑是更进一步的说明。现在可以看出，黑格尔从 es ist 到 die Sache ist 再到 der Gegenstand ist，明显有一个递进说明过程。在这个过程中，不变的是其中的那个 ist，变化的是主语位置的东西。而这一变化过程是从最宽泛的东西逐渐过渡到“对象”。

表面上看，现有译文也表达了一种递进说明：从“这东西”到“事情”再到“对象”，这一递进过程与原文明显是不同的。“这东西”和“事情”这两个翻译的恰当与否姑且不论，最大的问题是，es ist 的宽泛性没有体现出来。在我看来，这个表达的宽泛性在于，它其实只是体现了其中的 ist，即它相当于“……是……”。所以，这里的 ist 不能译为“存在”，而应该译为“是”。黑格尔之所以加上 es，大概主要是为了强

1 黑格尔：《精神现象学》，先刚译，第 62 页。

调被 ist 所说明的东西，由此过渡到后面所说的“对象”上。

通过以上讨论可以看出，黑格尔所说的 ist，以及通过它所说明的 Sein，乃是具有普遍性的东西。但是将它译为“存在”，就将这种普遍性消除了，至少极大地削弱了。而且从存在出发来翻译，也导致关于其主语部分表达式，比如 es、die Sache 的翻译出现了问题。但是，如前所述，由于没有日常表达，没有完整的句子，这一段翻译中的问题似乎并不明显，字面上名词和动词似乎也是对应的。但是，这不过是表面现象。一旦有了日常表达，即借助举例来讨论 Sein，问题立即就会凸显出来了。比如下面的译文：

译文 15 因此，我们应该对感性确定性本身提问：“‘**这一个**’**是什么**？”如果我们去考察“这一个”的双重存在，亦即“这时”和“这里”，那么它本身包含着的那种辩证法就会获得一个与它自身一样易于理解的形式。比如，对于“**这时是什么**？”这个问题，我们回答道：“**这时是夜晚**。”为了检验这个感性确定性的真理，一个简单的尝试就足够了。我们把这个真理写下来，一个真理既不会因为被写下来，也不会因为被保存下来而丧失。**这时，这一个中午**。然而当我们再来看看那个记录下来的真理，那么必须说，它已经变质了。[1]

这段话接续前面的讨论，字面上也可以看出，它讨论的依然是感觉确定性的问题。与前面不同的是，这里有了举例说明。所举的例子是“这时是夜晚”(das Jetzt ist die Nacht)，它所针对的问题是“‘这一个’是什么？”(Was ist das Diese? Was ist das Jetzt?)。而这个问题则是对感觉

1 黑格尔：《精神现象学》，先刚译，第 63 页。

确定性本身的提问。所以可以看出，这个提问是与前面的讨论直接相关的，因而这里的回答是与前面的讨论直接相关的。

非常明显，例子是自然语言的表达，提问本身也是日常语言的表达。所以，这两句话的意思都是自明的，没有任何理解的问题。但是由此出发，我们立即发现问题，而且这个问题即是我们前面多次谈到的问题：问题和例子中说的乃是“是”，而所讨论的却是“存在”，比如文中所说的“双重存在”，二者显然是不对应的。因为“是”与“存在”没有什么关系，因而用这样的例子无法说明存在。或者我们可以问，用这样的例子如何能够说明存在呢？

从上下文看，这个问题和这个例子都显示出对 es ist 的进一步发展：其中的 es 已经从 die Sache 和 der Gegenstand 变为问题中的 Diese（“这一个”）和例子中的 das Jetzt（这时）；表语所省略的部分也获得补充了：问题中的“什么”和例子中的“夜晚”；没有发生变化的只有其中那个 ist（是）。但是，德文没有变化，中译文却发生了根本性的变化，从此前的“存在着”变为“是”，无论是问句还是例子。这样的语言转换当然是有问题的，所以，语言转换出了问题，所呈现的思想肯定是有问题的。

认识到这一点也就可以更加清楚地看出通过例子所反映出来的问题。原文中动词 ist 和名词 Sein 的对应再次消失了。因此可以问，为什么不将例子中的 ist 译为“存在”呢？回答当然很简单，中文中也是没有这样说话的，也就是说，这样的翻译不行。那么，为什么不能将名词的 Sein 译为“是”呢？或者，为什么就不考虑一下这样的问题呢？回答大概只能是：依据传统认识，Sein 被译为“存在”，或者 Sein 一词有存在含义，因而至少可以译为“存在”。糟糕的是，前一个认识是有问题的，或者，至少这里依据它来翻译导致出现了问题。后一个认识也是有问题的，它是对这个词的认识，导致的结果却是将这样的认识译为语言，即将 Sein 一词的一种含义翻译为一个词，使这种含义以一个词的方式表现出来。

名词Sein与动词ist的对应性，从es ist到die Sache ist再到der Gegenstand ist以及再到最后的具体例子这样的递进层次，都说明了一点，变化的是其中主语位置上的东西，它们都可以是与Diese有关的，与感觉事物有关的；不变的则是其中的ist。而且这样的表述既是与语言相关的，也是与外界的东西相关，还是与普遍性相关的。所以在有关Sein的翻译中，动词与名词的对应性是至关重要的。这个问题，在涉及举例说明的时候就非常明显，而在没有举例说明的时候似乎不太明显。我们再看一段译文：

> **译文16** 此外，我们也把感性事物作为一个普遍者**陈述出来**。我们说：这一个东西（亦即**普遍的“这一个”**）**存在着**，或：**它存在着**。一言以蔽之，我们说的是**一般意义上的存在**。诚然，我们在这里**想象**的并不是普遍的“这一个”或者一般意义上的存在，但是我们**陈述出来**的却是一个普遍者。换言之，我们说出来的根本不是我们在这个感性确定性里面所**意谓**的东西。但正如我们看到的，语言是一种更为真实的东西。我们在语言中亲自直接反驳了我们的**意谓**。既然普遍者是感性确定性的真相，而语言只能表达出真相，所以我们根本不可能说出我们所**意谓**的那种感性存在。[1]

这段话的后半段明确谈到语言、谈到说，还谈到真（相），这就充分说明与Sein相关的问题是与语言相关的，也是与真（相）相关的。认识到这一点就够了，我们只考虑前一部分。

字面上可以看出，这前一部分谈及陈述，这也是与语言相关的。它再次谈到“这一个东西存在着”，“它存在着”。如果不仔细，看不出这里

1 黑格尔：《精神现象学》，先刚译，第63—64页。

有什么问题。但是如果仔细阅读，就会发现，这里明确谈及普遍者，说明涉及普遍的东西。而在涉及普遍的东西时，它谈论的是“它存在着”，这一说法与此前那些说法是不一样的。前面有三种说法，“这东西存在着”“事情存在”“对象存在”，还有由此出发的举例说明，比如“这时是夜晚”。所有这些说法与这里所说的“它存在着”明显是不同的。这似乎表明，这里说的是普遍性的东西，而此前说的不是普遍性的东西。或者，经过前面的讨论，现在总结出来前面那些说法的意义，即前面关于 Sein 的讨论表明，相关讨论是具有普遍性的，是关于普遍的东西的讨论。所以，这些意思似乎还是有些道理的，因而似乎还是可以理解的。

非常遗憾，实际上并不是那么一回事：因为这里存在着错译。“它存在着”这一句的德文是 es ist。[1] 也就是说，这句译文与译文 12 中的“这东西存在着”这句译文是不一样的，但是这两个译文的原文却是一样的。也就是说，同样一句 es ist，在译文 12 被译为“这东西存在着”，而在这里被译为“它存在着”。这样，我们再次看到语言转换出了问题，同样的外文被转换为不同的中文。应该看到的是，这种不同并不是修辞的不同，比如 aber 可以译为“但是”和“然而”。由于译文涉及普遍的东西，因而涉及理论性的说明，涉及与理解相关的至关重要的问题。特别是，这里所说的普遍的东西与 Sein 相关，因而具有不容忽视的意义。

译文 12—16 是一个完整的整体。或者，它们引自一段完整的论述，因而是相互联系的。单看某一段译文，尽管会有一些问题，似乎总还是可以理解的。但是我认为，这样的译文是貌似有道理的。因为如果如上将它们联系起来理解，就会发现其中的问题。问题的原因就在于将其中的 Sein 译为“存在”，并将这一点作为理解的前提和出发点。这样的问

1 这段引文的前几句原文如下：“Als ein Allgemeines *sprechen* wir auch das Sinnliche *aus*; was wir sagen, *ist*: *Dieses*, d.h. *das allgemeine Diese*, oder: *es ist*; d.h. das *Sein ueberhaupt*.”（Hegel, G.W.F.: *Phaenomenologie des Geistes, System der Wissenschaft*, Erster Theil, S. 85）

题，在不出现举例说明的情况下，即没有完整句子的情况下，表现得不是很明显，或者说，表现得不是很充分。但是一旦出现例子，出现完整的句子，它们立即显示出来。需要指出的，形而上学讨论通常是很少举例的，过去关于语言的考虑也不是非常明显，语言和语言所表达的东西的区别也不是特别清楚，不是有意为之，因此识别这样的问题并不是那样容易。但是，尽管不容易，问题却是实实在在地存在的。特别是，这仅仅是《精神现象学》一书的开始部分，如果译文从一开始就出现问题，那么后面的译文肯定也会有问题，因为思想是有延续性的。如果对以上译文做出修正，将 Sein 译为“是”，就不会有上述问题。

译文 12*　事实上，这种**确定性**暴露出自己是一种最抽象、最贫乏的**真**。对于它所知道的东西，它所说出的仅仅是：“它**是**”。它的真仅仅包含着事物的是。[1]

译文 13*　事物**是**，仅仅因为它**是**。事物**是**——这对于感性知识而言就是根本重要的，而这一个纯粹的**是**或者这一个单纯的直接性构成了事物的**真**。[2]

译文 14*　在感觉确定性中所设定的一方是简单的、直接的是的东西或本质，即**对象**。而所设定的另一方便是一种非本质的、间接的东西，这种东西不是**自在**的，而是要通过一个他物的，即自我，一种**认识作用**，它之所以知道对象，只是因为**对象**是，而且这种认识可以是或者也可以不是。但对象**是**，它是真的东西、是本质。它**是**，不论它被知道或者不被知道。即使它不被知道，它依然存在着（bleibt）。但是如果对象不是，认识也不是。[3]

1　参见 Hegel, G.W.F.: *Phaenomenologie des Geistes, System der Wissenschaft*, Erster Theil, S. 82。

2　参见同上书，第 83 页。

3　参见同上书，第 83—84 页。

译文 15* 因此，我们应该对感性确定性本身提问：**“这个（东西）是什么？”**如果我们去考察这个（东西）的是的双重形态，亦即“这时”和“这里”，那么它本身包含着的那种辩证法就会获得一个与它自身一样易于理解的形式。比如，对于**“这时是什么？”**这个问题，我们回答道：**“这时是夜晚”**。为了检验这个感性确定性的真，一个简单的尝试就足够了。我们把这句真话写下来，一句真话既不会因为被写下来，也不会因为被保存下来而丧失。**这时，这一个中午**。然而当我们再来看看那句记录下来的真话，那么必须说，它已经变质了。[1]

译文 16* 此外，我们也把感性事物作为一个普遍者**陈述出来**。我们所说的乃**是：这个（东西）**，亦即那**普遍的这个（东西）**，或者是：**它是，**即那**一般意义上的是**。诚然，我们在这里**想象**的并不是普遍的这个（东西）或者一般意义上的是，但是我们**陈述出来**的却是一个普遍者。换言之，我们说出来的根本不是我们在这个感性确定性里面所**意谓**的东西。但正如我们看到的，语言是一种更为真实的东西。我们在语言中亲自直接反驳了我们的**意谓**。既然普遍者是感性确定性的真的东西，而语言只能表达出这种真的东西，所以我们根本不可能说出我们所**意谓**的一种感性的是。[2]

字面上可以看出，这里的论述有一条清晰的思路：从“它是”开始，经过“事物是”，到“对象是”，再到“这个（东西）是什么？”，并给出具体的例子“这时是夜晚”，最后又回到“它是”。其中每一个表达式中都有“是”（ist）一词，而且是动词。在讨论中，也会相应谈到“是”（Sein），即以名词形式出现的“是”，如“事物的是”“纯粹的

1 Hegel, G.W.F.: *Phaenomenologie des Geistes, System der Wissenschaft*, Erster Theil, S. 84.

2 参见同上书，第 85 页。

是”“直接的是”“是的双重形态”“一般意义上的是”等等。在德文中，动词的 ist 和名词的 Sein 的对应性是清晰而明显的，通过如上语言转换，这种语言中动词和名词的对应性并没有消失，因而可以很好地表达相应的思想。对照之下可以看出，现有中译文只是将例子即完整句子中的 ist 译为“是”，而将其他句子中的 ist 译为“存在”，这样，举例与所谈的东西就失去了对应性。此外，由于将名词 Sein 也译为“存在”，举例与名词也失去了对应性，因而在整个说明过程中，举例就完全失效了。单纯看译文，马虎一些，这些问题似乎并不明显，但是经过以上分析可以看出，这里的翻译是有问题的。最明显的问题是，译文与原文的语言结构，语言方式是不对应的，因而所呈现的思想也是不对应的。现在可以看得非常清楚，这种不对应性主要是语言方面的问题，是语言的转换出现问题，语言转换出现了问题，思想的呈现是一定要出问题的。

字面上还可以看出，整个论证过程是从“它是”开始，转了一圈，又回到“它是”，并说明普遍性，即“它是”中所表述的东西是普遍的东西，其中那个“是”乃是一般性（一般意义上）的。这种一般性与译文 12* 中所说的“确定性”、译文 13* 中所说的“纯粹”性和“直接”性恰恰是相应的、一致的。“是”乃是肯定形式，因而与确定性相关，它自身没有任何含义，因而可以被说成是纯粹的、直接的。正因为有这些性质，所以它才是一般性的。译文 16* 明确谈及语言，因而要在语言的意义上考虑它，或者说，要联系语言来考虑它。一旦这样考虑，“S 是 P”这样的表达方式就会出现，系词的特征就会凸显出来。

反观中译文，将 Sein 译为“存在”，所有这些特征都不见了：存在是一个具有明确含义的词。所以，从一开始，“这东西存在着”就是一句话，其中的“存在着”就有确切含义，译文中所有那些性质与它都是不符的。刚才说了，译文 16 中“它存在着”这句话，与它不符，因而产生翻译问题。现在可以看出，即使译文 12 中也这样翻译，从而使之一致起来，问题仍然会存在。就是说，即使译文12中开始一句译为“它存在着”，依然是有问题的。因为“存在（着）”是有明确含义的表达，因而不会有译文随后所说明的那些性质。

顺便再指出一点：Sein的论述乃是与Wahrheit（真）相关的。这在译文12*看得非常清楚。译文14*指出，与认识相关，人们可以说是，也可以说不是，因而认识就会与真相关。而译文15*则通过一个具体的例子说明，以“是”做出的表达，可以是真的，也可以是假的。因此与是相关，包含着辩证法的思想。将Sein译为“存在”，字面上就会消解与真的联系，至少会严重削弱与真的联系，使它们之间的关系表现得不是那样明显。而将Wahrheit译为“真理”，则更是加重这样的混淆。后面会有与truth相关问题的讨论，这里只是点到为止，不展开讨论。

五、为什么“存在”是错译

以上我们讨论了being的错译问题。现在可以将它们分为两类，一类是明显的，另一类是不明显的，指出前一种情况比较简单，指出后一种情况则不是那样简单。现在可以基于以上讨论做进一步的思考。

直观上可以看出，明显的错译是对was sie ist（相当于英文的what it is）这样的句子改译，比如译为“它作为什么存在着”。我们之所以说这是错译，而且是明显的，乃是因为这句话大概只能有一种翻译：“它是什么。”也就是说，这句话中的“是”一词必须翻译出来，这句话的系词结构必须反映出来，否则意思就会改变。将这句话译为“它作为什么存在着”，结果就改变了这句话的结构，也改变了它的意思。这样做无疑是有意而为的，是为了消除其中的“是”，或者说，是为了将其中的ist一定要译为“存在”。我们之所以能够肯定地说这是错译，是因为可以非常清楚地看出，无论对其中的ist做什么理解，这句话断然没有“作为……”这种意思的。

与明显的错译相比，之所以说其他情况的错译不是那样明显，主要是因为人们会为它们找到各种理由，比如认为being也有存在含义，在不同语境下对being可以有不同理解。经过前面的讨论，我们可以发现一些规律性的东西，这就是直接出现“S ist”这样的或与其相似的句式。这样的表达式的形式是主语加ist，没有表语。比如Seiendes ist（译文5）、to be（译文9）、Gott ist（译文11）、Es ist（译文12）。以上文本讨论的主体不同，语言表达也不完全一样，但是在这些情况下，人们通常会将being译为“存在”，而且看似没有问题。这主要是因为，这些表达式字面上不是“S是P”这样的句式。对S ist这样的句式，人们认为这里的ist是非系词用法，所表达的意思是存在，或者说，这里ist的意思是存在，因为这里的ist不是系词。这样的理解是不错的，但是在语言转换之后，比如将它译为“S存在”，所表达的意思就会出问题。这时我们会看到，翻译之前所理解的“非系词用法”这样的意思现在消失了。“存在”一词与系词没有任何关系，由它根本就不会联想到系词。有人可能会认为，“存在”不是系词，与ist的非系词用法是对应的。问题是，如果不知道系词，如何又会知道非系词用法呢？而从“存在”一词无论如何也不会谈及系词，因而也就不会谈及非系词用法。也就是说，从“是”可以认识到非系词用法，或者，从非系词用法可以认识到这说的是ist一词，即它的S ist这种使用方式。但是从“存在”却认识不到非系词用法，认识不到它是ist的一种用法。所以，这里存在着语言的转换和思想的呈现两个层次的区别。将ist译为“是”或“存在”，这是语言转换的问题，而认为ist有什么样的含义，这是思想呈现的问题。如果认为ist有什么含义，那么在语言转换之后，它也依然应该有那样的含义。这样的翻译才是好的翻译。如果在语言转换之后失去了原有的含义，这样的转换就是有问题的，甚至是错误的。所以，ist通常是系词用法，有系词含义，但是也有非系词用法，这时它可能会有其他意思，比如表示存在。将 ist 译为“是”，就保留了上述理解。而将 ist 译为“存在”，上述理解就看不到了：“存在”不是系词，没有系词含义；由于它不是系词，因而它也不可能有非系词用法，因而它也不会由于是非系词用法而表示存在含义。“存在”一词的存在含义来自它的字面。所以，用“存在”来翻译 ist，充其量我们只能说，这仅仅将 ist 一词的一种含义翻译出来，而在语言转换之后，该词的其他含义消失了，不仅如此，“存在”这种含义的产生方式也消失了。所以将 ist 译为“存在”是错译。

以上讨论是对 S ist 这种句式及其翻译的一般性讨论，适用于以上所说的译文中的情况。但是我们也可以对这些情况做一些具体分析，看一看它们具体错在什么地方。字面上可以看出，以上四种情况可以分为两类，一类是 Seiendes ist（译文 5）和 Gott ist（译文 11），另一类是 to be（译文 9）和 Es ist（译文 12）。前一类是有具体含义的表达，后一类是没有具体含义的表达。

Gott ist 是一个句子，有确切的含义。这是自明的。所以，将其中的 ist 理解为存在，因而将它译为“存在”就是将这种理解的意思直接翻译出来。当我说它是错译的时候，我是说，它只是将 ist 的一种含义呈现出来，而在呈现这种含义的时候将这种含义的来源方式阉割了。所以，这个问题是简单的。

Seiendes ist 是海德格尔的一个表达。（也许是）依据这种表达，人们将“warum ist Seiendes?”这个问句译为“为什么在者在?”，这样的语言与 Gott ist 转换为“上帝存在”有些相似，因此即使有问题，大概也仅仅和前面说明的一样，即将一种含义翻译到字面上，从而失去了这种含义的来源方式。但是由于这个问句后面还跟着一句话，并且由一个联结词 und 联结，因而产生了问题。也就是说，译文 5 应该作系词理解，比如“是这样还是那样”（“是这样而非那样”），还是作存在理解？由此所产生的问题与理解相关，因此是可以讨论的。所以我说这样的错译是不明显的：也许我认为是错译，译者却会认为我的理解是错的。

以上两种情况都是具体的句子，因而与具体句子的含义相关，与具体句子含义的理解相关。后两种情况却不是这样。因为它们所表达的是句式，而不是具体的句子。

非常明显，es ist 这个表达式共有两个词。es 是泛指的，没有具体含义。如果将 ist 也看作泛指，则很明显它省略了通常所带的表语，这时它就是系词，表示系词含义。而将它译为“存在”，则赋予它确切的含义。所以，将这里的 ist 译为“是”还是“存在”，乃是两种完全不同的理解。因此对它的理解必须联系上下文。译文 12 谈到“知道的东西”和“说出”，这说明这里所说的 ist 与我们的认识和表达相关。那里还说到“仅仅”，说明这不是一个具体的表述，而是泛泛地表述，特别是它与真相关，更可以看出这一点。因为说 es ist 是真的，不会有人相信。但是说它与真相关，却是可以的。这是因为当这样表述的时候，它是不是真的，这个问题就会出现。问题是，es ist 所体现的表述是什么？既然与认识相关，与我们的表达相关，就应该从这个方面去理解。比如我们的认识可以与感觉相关：雪是白的，我们将这种感觉表达出来，我们会说“雪是白的”。这样所表达的认识乃是真的。所以，es ist 所表达的不是一个句子，而是一个句式，是我们表达认识的最典型的句式。

如果说以上理解只是围绕译文 12，而那里只有短短两句话，不足以说明它相当于“S 是 P”省略了表语的表达，那么我们还可以联系译文 13 和译文 14 来考虑。在译文 12—14 中，我们看到一种论述的递进：从 es ist 到 die Sache ist，再到 der Gegenstand ist。在这一过程中，原初的 es 逐渐变得越来越明确，“对象”无疑是一个明确的表达。尽管它也是泛指，即指任一对象，而不是某一确定的对象，但是它的含义比“事物”，比“它”无疑更多。对象是可看到的东西，是可把握的东西，是可谈论的东西等等。这种指示代词的变化表明，es ist 乃是一个具有一般性或普遍性的表达。在这样一种表达中，ist 的意思不能是确定的，因而只能是系词。因为系词是起联系作用的，即联系主语和表语，所谓系词含义即指这种联系作用的含义。在这样的联系中，主语和表语是变化的，主语会随着思考对象的不同而不同，表语会随着主语的不同而不同，因而系词随它所联系的表语不同而表示不同含义，最典型的即是亚里士多德说的本质、量、质、关系等十种范畴。所以，系词含义明明是明确的，即系词用法所表达的意思，但是人们却常常说，being 是多义的。系词的多义性，指的不是它自身的多义，而是指它在联系主语和表语的过程中，随着主语和表语的不同而可以表示不同的含义。而在所有这样的不同含义的表述中，being 的系词方式不变，因而系词含义不变。

也许有人会认为，尽管从 es ist 到 die Sache ist 再到 der Gegenstand ist 这一递进过程显示了主语的变化，但是 ist 本身没变，因而这种句子就表达了或者可以表达存在含义。其实联系译文 15 可以很容易看出，这样的看法是根本站不住脚的。在译文 16 中，我们看到了“这时是夜晚”这个句子。与此前所谈相比，相同之处是，主语再次变化，变为一个具体的描述性的表达，也就是说，它再次递进说明，而 ist 依然保持不变。不同之处是，这里加上了表语，因此这是一句话，是一个完整的句子。对照这个完整的句子可以看得非常清楚，此前的论述不是完整的句子，无论主语如何递进，此前说的只是句式。这一点，联系译文 16 所说的真假可以看得更加清楚。由于是一个完整的句子，因此可以谈论它的真假，此时说它，它可能就是真的，而彼时说它，它可能就是假的。

再联系译文 12，问题就更清楚了：从 es ist 出发，说明不断深入，最后给出具体的例子，然后再回过头来做出总结性说明——这里所说的 ist，乃是“那一般意义上的” ist。这是一个完整的论述过程，是关于同一个东西的完整的论述。所论述的东西固然是感觉确定性，整个论述过程却是通过并且围绕着 es ist 而进行的。所以，将 ist 译为“存在”，即使不考虑具体细节上的一些错译，至少可以看出，就这个论述过程而言，这是错译。因为它完全割裂了这个过程。在汉译字面上，人们根本看不出：“这时是夜晚”与“这东西存在着”之间有什么关系，这个例子如何能够说明“这东西存在着”。看不出这样的联系也就认识不到：这个例子的真假与一开始所说的与“这东西存在着”相关的（真理）有什么关系。只有将 ist 译为“是”，因而这里有一个从“它是”到“这东西是”再到“对象是”的递进过程，并最后给出举例说明——“这时是夜晚”，才能够说明，这里所说的“是”乃是“一般意义上的是”，是与真假相关的。例子所涉及的真假乃是具体的，因而会随着时间和场合的不同发生变化，但是“它是”所涉及的真，却是“最抽象的、最贫乏的”。

综上所述，ist 是动词，通常是作系词，也叫系动词。所以，它的动词含义通常是系词含义。有时候它也以非系词的方式出现，这时它所表达的含义就不是系词含义，而是非系词含义。人们可以称这种含义为存在含义，但是应该看到，这种含义是从它的非系词用法得来的。现在我想问，Sein 是名词，它的含义来自它的动词形式。那么 Sein 该如何翻译？或者，如何翻译 Sein 才是正确的？

我认为，应该将 Sein 译为“是”，这样，我们就可以在字面上保留它的系词含义。系词含义来自它的系词用法。有系词用法，当然也可以有非系词用法。因此，“是”一词保留了 Sein 一词的系词含义，自然也就保留了它的非系词含义，即那种来自非系词用法的含义。

我一直说应该将 being 译为“是”，而不是译为“存在”，应该主要在系词的意义上理解它，并且应该将这样的理解贯彻始终。现在我则明确地说，将 being（Sein）译为“存在”是错误的，这是因为，与 being 相关，识别它名词的错译比识别它动词的错译更不容易。比如《存在与时间》这个书名，它只是一个名词 Sein，如果能够说明它是系词含义呢？或者，如何能够认为它表示存在这样的理解乃是错误的呢？其实，只要认识到“存在”一词是名词，它的含义来自动词这一点就够了。这是因为，认识到这一点也就会认识到，Sein 的动词用法主要就是系词，虽然也有非系词用法，但那是很特殊的，因而是一种比较少的用法，即使将那种用法所表达的意思称为存在含义，它也是与系词相关的，至少是间接相关的，因为它是一种非系词用法，认识它的这种用法会参照和涉及有关系词用法的认识。所以翻译 being 这个词，即使翻译它的名词形式，即使在没有上下文的情况下，也应该将它译为“是”：因为要在字面上保留它的系词含义。只有这样的翻译才是正确的，否则就是错误的。

假如认识不到这一点，那就需要仔细阅读文本。在许多情况下，常常会有动词与名词对应的表述，比如前面的引文。在这种情况下，如果没有任何偏见，并且足够仔细，其实是可以看出来动词与名词的对应的。当然，为了讨论的方便，我选择的译文都是名词与动词的对应性比较明显的译文，所以指出错译相对比较容易。有些时候则不是那样容易。即便如此，只要足够仔细，还是可以做出正确翻译的。以海德格尔的《Sein 与时间》为例：字面上即可以看出，Sein 乃是该书的核心概念。关于它，我们当然已经有了许多哲学史上的相关论述和理论做基础，但是就海德格尔本人的论述，我们还是要一句一句阅读的。

这部著作一开始即指出，关于 Sein，从古希腊以来，人们形成了教条，认为它是“最普遍最空洞的概念”，它是“不可定义的概念也并不需要任何定义”，人们“不断用到它”，都懂“用它来指什么”。[1] 但是这个概念的意思并不是那样清楚，需要讨论。在讨论之初，海德格尔就说：“Sein 是‘最普遍的’概念”，“人们要是说：Sein 是最普遍的概

1 参见海德格尔：《存在与时间》，陈嘉映、王庆节译，熊伟校，陈嘉映修订，第 3—4 页；Heidegger, M.: *Sein und Zeit*, S. 2。

念，那可并不就等于说：它是最清楚的概念，再也用不着更进一步的讨论了。Sein这个概念毋宁说是最晦暗的概念”。[1] 在这样的论述中，只有名词出现，没有动词形式出现，因此无法像前面译文那样对照和对比动词和名词的使用方式来理解这里所说的Sein。所以，将它译为“存在”似乎没有什么问题，或者，似乎至少看不出什么有问题。其实不是这样的。关于Sein这个词，海德格尔将传统看法归为三类，这里所说的“Sein是‘最普遍的’概念”，只是其中第一类。后面还有两类。如果这里看不出它是什么意思，就应该继续往下看，然后联系并借助后面的意思来理解这里的意思。随后两种看法如下：

译文17 “Sein”这个概念是不可定义的。这是从它的最高普遍性推论出来的。*[2]

译文18 参见帕斯卡《思想录》（布鲁施维克辑）巴黎1912，第169页：“人无法在试图确定être的同时不陷入这样一种荒谬之中：无论通过直接的解释还是暗示，人都不得不以‘c'est’为开始来确定一个词。因此，要确定être，必须说‘c'est’并且使用这个在其定义中被确定的词”。[3]

译文19 “Sein”是自明的概念。在一切认识中、一切命题中，在对Seiendes的一切关联行止中，在对自己本身的一切关联行止中，都用得着“Sein”。而且这种说法“无需深究”，谁都懂得。谁都懂得“天**是**（ist）蓝的”、“我**是**（bin）快活的”等等。[4]

1 参见海德格尔：《存在与时间》，陈嘉映、王庆节译，熊伟校，陈嘉映修订，第4页；Heidegger, M.: *Sein und Zeit*, S. 3–4。

2 同上译著，第5页；同上原书，第4页。

3 同上译著，第5页脚注；同上原书，第4页脚注。

4 同上译著，第5页；同上原书，第4页。

译文 17 谈及定义，并随后谈及 Sein 的不可定义性。定义与逻辑相关，当然应该联系逻辑来理解，这样，“S 是 P”这种形式的考虑自然就会出现。即使不联系逻辑来理解，这里还有星号处的脚注说明，即译文 18。这里可以非常清楚地看出，其中出现的 être 和 est 这样两种形式的词。它们是法语，前者是名词形式，后者是动词形式，分别相应与德文的 Sein 和 ist。有了这个注释，这里的意思就变得非常清楚。它相当于说，对 Sein 不能定义，因为如果定义它，就会说 Sein ist…，一如“es ist…”乃是通常的定义方式。所谓这样定义会陷入荒谬，海德格尔没有进一步的说明，因为这是常识，也就不必说明了。但是为了这里的讨论，我们倒是不妨说一下这个常识。所谓定义会以 es ist（c’est）这种方式开始，就是说，必须说 ist（est），即“是”，因此完整的定义是“这是如此这般”。如果对 Sein 定义，就会说“Sein ist…”，这样就会陷入循环定义，因为这样就在定义项中包含了被定义项，即你要定义的乃是 Sein，而你在定义它（Sein）的时候又使用了它（ist）。所以，通过海德格尔的说明可以非常清楚地看出，这里的 être 和 est（译文 18），或者隐含地说，这里的 Sein 和 ist，乃是同一个词，意思是一样的。认识到这一点也就可以看出，将 Sein 译为“存在”是错误的，因为“存在是如此这般”并不会陷入荒谬：由于“存在”和“是”乃是不同的词，因此这里不存在循环定义的问题。但是，将 Sein 译文“是”，因而会有“是乃是……”，则会有问题。所以，从译文 17 可以看出，海德格尔所说的 Sein 不是“存在”，而是“是”。

译文 19 谈及 Sein 是自明的概念。这段话里明确有举例说明，因而有 Sein 一词的动词形式，二者相对应，也就是说，借助举例，Sein 的意思应该是明确的。这里我要强调的是，即使没有举例，也可以看出这里所说的 Sein 是什么意思。这一段说的是 Sein 的自明性，除了举例，这里关于它有四个说明，我们仅看其中第二个说明：在一切命题中都用得着

“Sein”。这个说明非常明确。从这个说法就可以看出，它指的是 S ist P 这种句式。因为这个句式是普遍的，而且也是命题的句式，而所谓一切命题自然意味着普遍性。至于说“用”，则将 Sein 这个词在命题中的作用凸显出来：它是被使用的。命题是以语言表达的，其中要使用 Sein，这个 Sein 当然是一个词。以这样的方式谈论命题，谈论语言的使用，所谈的 Sein 当然只能是上述句式中的 ist。而且，这样的论述是为了说明 Sein 这个概念的自明性的：因为它这样的使用方式，所以它是自明的。Sein 是被使用的，因而是一个词，它所表达的东西才是概念；人们使用的是词，理解的是概念。海德格尔知道这里的区别，所以说到用 Sein 的时候对它加了引号。由于到处使用，离不开它，所以它的意思，即概念，是自明的。从这样的说明可以看出，Sein 是一个词，表达的是概念。在德文中，这样一个词只能是系词。所以海德格尔这里所讨论的这个词一定是系词，也只能是系词；而它所表达的概念只能是系词概念，或者，它所表达的意思只能通过系词这种方式来理解。引申一步，认识是由命题表达的，命题与 Sein 有这样的关系，认识也是同样：在一切认识中都用得着 Sein，意思也是一样的。所以，从译文 19 也可以看出，海德格尔所说的 Sein 不是“存在”，而是“是”。

认识到海德格尔关于 Sein 的三种看法是一体的，现在又知道后两种看法所说的 Sein 乃是“是”，再回过头来看第一种看法，就可以认识到，它说的也是“是”。所谓“最普遍的概念”与这里所说的在一切认识中、在一切命题中都要用 Sein，实际上是一致的。Sein 的用法说明它是普遍使用的，因而它所表达的东西是有普遍性的，所以说它是最普遍的概念也就是自然的、容易理解的。

明白了这三种看法所说的意思，再看海德格尔开篇关于 Sein 的说明，也就不会有什么理解的问题。所谓希腊人的教条，其实也都被概括在他指出的这三种看法里了。第一种看法是关于所谓“最普遍最空洞的概念”这一教条的说明，第二种看法是关于所谓“不可定义的概念也并不需要任何定义”这一教条的说明，第三种看法则是关于所谓人们“不断用到它”，都懂“用它来指什么”这一教条的说明。所以，海德格尔一开始所说的 Sein 就应该译为“是”，而不应该译为“存在”。

认识到这一点也就可以看出，海德格尔一开始所说的 Sein 乃是“是”，而不是“存在”，那么后面所说的 Sein 也应该是“是”，而不应该是“存在”，所以该书书名中的 Sein 也应该是“是”，而不应该是“存在”。所以，*Sein und Zeit* 这部著作的汉译应该是《是与时（间）》，而不应该是《存在与时间》。

海德格尔的著作是如此，being 这个词也是同样。即使它仅以名词形式出现，即使没有上下文，即使没有例子等参照理解，也应该译为“是”。因为出现该词的论著本身即是它的上下文，整个西方哲学史即是它的上下文。而在这样的上下文下，系词乃是它的主要用法，系词含义则是它的主要含义。而将它译为“存在”，则消除了它的系词特征，因而从字面上消除了系词理解的可能性。系词含义的缺失，对于理解西方哲学是不利的，无论怎样加以修饰和补充说明，都是没有用的。所以，将 being 译为“存在”是错译。

第三章　为“存在”辩护

将being译为“存在”已经有很长的时间，它已经成为汉译哲学的一部分。随着近年来关于being问题的讨论，“存在”这一译语的问题也暴露并凸显出来。但是在being的翻译过程中，在有关being问题的讨论中，一直有人在为“存在”辩护。这种辩护也构成了关于西方哲学的理解并且形成了汉译哲学的一部分。

如上所述，将being译为“存在”是错译。认识到这一点也就可以看出，为“存在”辩护其实是为错译辩护。直观上这是不可思议的：怎么能够为错译辩护呢？但是这样的辩护又是实实在在存在的。因此我们要思考，人们是如何为“存在”辩护的？人们为什么会做出这样的辩护？

为“存在”辩护的方式多种多样。下面我们只讨论其中几种。我认为它们是比较典型的、有代表性的，基本上可以涵盖学界的相关观点。

一、“存在”的选择

出版一本译著，通常会对其中的一些术语做出解释和说明。在解释和说明中，译者会阐述采用相关译名的理由，简单提及与译名原文相关的一些问题，以及这些问题的重要性。所以这样的解释和说明可以看作对相关译名的辩护。

海德格尔的名著*Sein und Zeit*被译为《存在与时间》，1987年出第一版，2006年出第二版修订版。在这两版中，译者都对将Sein译为“存在”的理由做出说明。我们就从这两版的不同说明展开讨论。第一版的说明如下：

> **引文1** “Sein”是德文中的系词。作为系词，它的用法极多，在中文里没有一个单独的词与西文的系词完全对应。例如：在“Socrates war ein Mensch”（苏格拉底**是**人），“Socrates war in Athens”（苏格拉底**在**雅典）和“Socrates ist”（苏格拉底**存在**）这样三个句子中，同一个“Sein”要分别用“是”、“在”、“存在”来翻译。这里，“是”为系词，“在”或为介词，或为动词（语法学家目前仍在为这些名目争执不休），而“存在”是动词。另外，在哲学讨论中，“Sein”还常常被名词化，作为专门的哲学范畴“das Sein”来使用。在本书翻译中，我们一般使用“存在”这个双声词来译“Sein”和“das Sein”。这一译名在义理上未见得比其他译名（例如“在”、“有”、“是”）更精深，但是考虑到国内目前通用的译法及全篇译文的通畅，选用它似乎更合理一些。当然，“存在”一译一般只适用于作为名词的“das Sein”和上述第三种句子的情况，当遇到第一种和第二种句子中的“sein”时，仍旧分别译为“是”与“在”。[1]

这段话有如下几个意思。其一，Sein是系词，而且用法很多，举例为证。其二，根据这几个例子，同一个Sein取三种不同译法，其中，

1 海德格尔：《存在与时间》，陈嘉映、王庆节译，熊伟校，生活·读书·新知三联书店1987年，第514—515页。

“是”乃是系词，其他为介词和动词。其三，Sein常被名词化，可作专门的哲学范畴。其四，选择“存在”这一译名的理由：（1）这是国内目前通用的译法，（2）为了全篇译文通畅。可以看出，这四点说明简单而明确。其中选择“存在”的两个理由也很简单。一是要遵循传统，二是要使中文表达得好。这两个理由都是有道理的，但正是由于这两个理由，我们也可以看出一些问题来。

首先，“存在”和Sein并不是对应的词。译者明确说Sein是系词，并说“是”是系词，这就说明二者是对应的词，或者，它们至少在系词这一点上是对应的词。但是译者却没有将Sein译为“是”，而只是在一些情况下将它译为“是”，这显然是有问题的。译者的理由大概在于：单独一个“是”字并不能与Sein完全对应。在我看来，这里的问题在于，即便这样的理由成立，为什么不选择“是”来翻译Sein呢？它和Sein毕竟都是系词。所以，从上述理由似乎可以看出，“存在”一词的选择，更多的并不是从Sein这个词本身的用法和含义出发的，并不是从是不是与Sein对应的角度出发的。

其次，译者所举的第二个例子中，war一词也是系词，译为“在雅典”而认为它表示“在”，这主要在于其中介词“in”所表达的意思。也就是说，由于与in Athens相结合，因而其中的Sein表示存在。所以，译者举的三个例子有两个是“S是P”这样的句式，其中的Sein都是系词。这就说明，Sein一词最主要的用法是系词。但是这一点，译者的说明是不明确的。在我看来，这似乎表明，译者对这一点的认识是不充分的。所以，从这三个例子出发来考虑Sein的翻译，选择“存在”一词并不是依据三种不同情况做出的平均选择，而是选择了一种用法最少的情况。所以，这样的选择是有问题的。只不过译者的解释和说明掩盖了这一点。

最后，译者对“存在”的选择做出的说明貌似中允：“似乎更合理”

这一说明无疑为对它的思考留下空间。下面我们看译者在2006年修订版中做出的说明：

> **引文2** [1] sein通常用作系词，和现代汉语的“是”相当。但在某些句型里另有译法，Sokrates ist in Athen，译作“苏格拉底在雅典”。西文还有一些不常见的用法，主要是哲学的用法：Sokrates ist，这时我们译作“苏格拉底存在”。这几种译法都随上下文自然而然，没有什么分歧，分歧在于名词化的das Sein，有人译作“存在”，有人译作“有”或“在”，等等。[2] 按说，大写的Sein既然从小写的sein而来，通常应译作“是”。所谓本体论那些深不可测的问题，在很大程度上，就从西语系词的种种意味生出来，若不把das Sein译作“是”，本体论讨论就会走样。[3] 然而，中文里没有手段把“是”这样的词变成一个抽象名词，硬用“是”来翻译das Sein，字面上先堵住了。Das Ontologisch-sein des Daseins ist... 能译作“此是之是论之是是……”之类吗？这不是我有意刁钻挑出来的例子，熟悉《存在与时间》的读者都知道这样的句子在在皆是。本来，像sein这样的词，不可能有唯一的译法，只能说译作什么比较好些。即使译作“是”，义理也不能保全，因为“是”并非随处和sein对应，例如“意识是”就无法和Bewusstsein对应。[4] 现在，单说技术性的困难，就会迫使我们退而求其次，选用“存在”来翻译名词性的Sein。即使退了这一大步，译文也不好读，但好歹能读。[1]

这段说明的意思明显多了许多。我们可以依据序号所示，将它简单归为四层意思：其一，sein通常用作系词，和“是”相当，但有例外用

1 海德格尔：《存在与时间》，陈嘉映、王庆节译，熊伟校，陈嘉映修订，生活·读书·新知三联书店2006年，第495—496页。序号为引者所加，为了讨论方便。

法。其二，Sein 应该译为“是”；它在本体论讨论中意义重大，若不译作“是”，本体论讨论就会走样。其三，提出不能用“是”翻译 sein 的理由。其四，说明用“存在”翻译 sein 的理由。很明显，这四层意思与引文 1 有些是相似的，有些是不同的。我们之所以完整地引用这段话，并不仅仅是为了探讨它的字面意思，而是还有另一个原因。《存在与时间》第一版出版的时候，国内关于 being 问题的讨论并未开展起来。但是到了 2006 年，即《存在与时间》修订版出版的时候，这方面的讨论已经很多了。所以，上述两段引文有一个重大区别。引文 1 只是单纯考虑关于书中 Sein 一词的翻译，谈论译者自己的翻译选择和理由，但是引文 2 就不是这样简单。它一定是考虑了国内关于 being 的争论，因而在它的说明中，不仅有关于选择“存在”这一译语的理由，而且还会有为这样做法的辩护。而后者恰恰是我们这里所关注的。

非常明显，[1] 与引文 1 的意思大体一致，区别主要在 [2] 至 [4]。首先，它说了许多不能将 Sein 译为“是”的理由。比如它说“是”一词不是抽象名词，人们也没有办法将它变为抽象名词。[1] 比如它提到“硬用‘是’来翻译 das Sein”。比如它还造了一个德文句子，并以此为例说明无法采用“是”一词来翻译。

对照引文 1 可以看出，引文 2 的这些论述不是在解释“存在”这一译语是不是合适，而是在说“是”这一译语如何不合适。如果无法将“是”看作并用作名词，就无法使它成为讨论的对象，当然也就无法用它来翻译那些把 Sein 当作对象来讨论的文献。“硬用”一词意味着不可

1 类似的观点很多，比如，“是”一词“现在主要作为系词使用，将之名词化有违日常的汉语语言习惯，这会带来翻译上的诸多不便和理解上的困难”（海德格尔：《形而上学导论》，王庆节译，“译者后记”，第 243 页）；“单字难以成词，现代汉语已经形成了以双音节词的语言习惯”，所以要采用“存在”这个译语（基尔克等：《前苏格拉底哲学家》，聂敏里译，华东师范大学出版社 2014 年，第 368 页脚注）。它们说明，“是”不能作名词使用，甚至不能是一个词，当然也就不能用来翻译名词性使用的 being。我认为这些理由都是站不住脚的。

为而为之，暗含违背常态、常识的意思。[1] 这些论述无疑含有批评，而且这样的批评是有针对性的，即针对当下有关 being 问题的讨论，特别是针对一“是”到底论的观点。这些内容显然是引文 1 所没有的，无不暗含着为“存在”这一译语的辩护。

通过对“是”这一译语的批评，最后得出的结论是［4］：将 Sein 译为“存在”好歹能读。这大概暗示说，若译为“是”，则根本不能读。所以，这实际上是对一“是”到底论的观点再次提出批评。

我认为，无论引文 2 有什么问题，它有一点是对的，这就是［2］明说应该将 Sein 译为“是”；若不把 Sein 译作“是”，本体论讨论就会走样。这就说明，一定要把它译为“是”，才会原原本本翻译出那些与本体论相关的重大含义。我认为这一看法是非常正确的，遗憾的是译者没有坚持这一认识。正由于译者没有坚持这一认识，因而结果完全不同。确切地说，由于没有将 Sein 译为“是”，译者提供的是一个本体论走样的译本。这样做无疑是有重大问题的。事实如此，解释则可以不同。按照译者的解释，这样的翻译（即便错了）似乎（也）是没有办法的事情。在我看来，这难道不是相当于说，即便错译，也不能将 Sein 译为“是”，而一定要将它译为“存在”吗?

值得注意的是［3］中给出的德文句 Das Ontologisch-sein des Daseins ist... 及其相应译文“此是之是论之是是……”。译者以此为例说明，不能将 Sein 及其相关概念译为“是”，而只能译为“存在”，因为译为“是”就把意思堵住了，根本就读不懂，而译为“存在”，好歹能读。[2] 我曾详细讨论过这个问题 [3]，这里不再重复，与这里的讨论相关，仅指出以

1　类似说法不少，比如“强行翻译”（参见邓晓芒:《Being 的双重含义探源》，载宋继杰主编:《Being 与西方哲学传统》上卷，河北大学出版社 2002 年，第 287 页），意思也是一样的。

2　相似的例子很多，比如倪梁康举过 Seinsglauben、Seinsbewusstsein 为例。我详细讨论过后者举的例子，参见王路:《一“是”到底论》，第 3 章。

3　参见王路:《解读〈存在与时间〉》，第四章。

下问题。字面上可以看出，在汉语中，“是”通常不是我们讨论的对象，这句话不仅讨论它，而且把几个“是”字罗列在一起，所以我们会觉得非常别扭。尽管如此，我们仍然应该看到以下几点。

其一，最后一个“是”与德文中的最后一个 ist 乃是对应的。其二，德文中的动词 ist 与此前的两个不定式 sein 乃是对应的，而中译文中最后一个“是”与此前两个“是”也是对应的。其三，这句中文别扭，德文原文也是别扭的。这三点说明，这句汉译与德文还是对应的。至于说不懂，我认为完全可以翻译得好一些，比如译为“与此是相关的这种本体论之是乃是……”。它仍然别扭，但是看到原文也是别扭的，或者，如果认识到原文也是别扭的，我们就会认为，这不是汉语的问题，不是因为将 Sein 译为“是”所带来的问题。

还特别应该看到的是，采用“存在”这一译语，这句话至少会有两个问题。一个问题是，译文同样是别扭的，这就表明，基于“别扭”的理由是不成立的。另一个问题是，无论对这句德文前面怎么翻译，最后那个动词 ist 都要译为“是”，比如“关于此在的本体论存在乃是……”。这样，最后的那个“是”与前面的“存在”和“在”字面上就不是对应的。也就是说，采用“存在”来翻译，一定会导致在语言转换上出问题。在这种情况下，难道我们还能保证在思想呈现的层面上不出问题吗？

从以上讨论可以看出，引文 1 和引文 2 都认为 sein 是系词，但是没有将它译为“是”，即没有采用汉语中这个可以表示系词的词。它们解释了采用“存在”这一译语的理由。引文 1 直接说理由，引文 2 则谈论了为什么不能将 Sein 译为“是”的理由。这两段话有两点给人留下特别深刻的印象，一是明确说汉语“是”一词乃是系词，或者，即使不提系词，也说“是”这个词与 Sein 对应，二是明确说西方哲学中本体论的重大问题都与这个系词相关，但是即便如此，最后还是要将 Sein 不译为“是”，而译为“存在”。在我看来，这当然是明显有问题的。这样选择

“存在”来进行翻译乃是有问题的，这样为“存在”的选择进行辩护也是有问题的。

为了更好地说明相关问题，我们可以再举一个相似的例子。海德格尔的《形而上学导论》有两个版本，一个是1996年出的，另一个是2015年出的。后一个版本是最近的事情，译者显然熟悉国内近年来关于being的讨论，书中相关的注释也比较多。

在前一个版本中，译者将Sein译为“在”，而在后一个版本中，译者将它修正译为“存在”[1]，并对译名翻译做出解释和说明。首先译者指出：“在海德格尔的用法中，‘Sein’首先是和‘Seiende’相对应。‘Seiende’这个词……说的就是……万事万物……这些都是或者过去曾存在，或者现在正存在，或者将来会存在的存在物，存在者。”[2] 然后译者提及“语言哲学的角度”，由此谈到系词：

> **引文3** 西方的判断语言的基础是一个主谓词结构，在这里，系词起着举足轻重的作用。这个系词在古希腊语言中是einai，在现代西方语言诸如英文中是“to be”，德文中就是“sein”，其名称形式为Sein。正如我们很难想像在西方语言的任何判断型语句中没有“to be”的作用，我们也很难想像任何存在着的事物，即存在者不预先设有Sein。换句话说，任何存在事物的“什么”以及“如何”总同时通过“是什么”或者“如何是”体现出来。在这个意义上，历史上本体论、存在论的存在问题与语言学中的“是”的问题是一而二，二而一的问题，所以后来海德格尔说，语言是存在的家。

1 该译著两个版本分别是：海德格尔：《形而上学导论》，熊伟、王庆节译，商务印书馆1996年；海德格尔：《形而上学导论》，王庆节译，商务印书馆2015年。据王庆节说，前一版他只译了第一章。我们则可以忽略这一点，只考虑后一个版本对前一个版本的译文修正及其理由。

2 参见海德格尔：《形而上学导论》，王庆节译，“译者后记”，第241页。

而海德格尔一生的思想都和这个 Sein 的探究有关。[1]

非常明显，这一段说的是系词，但说的不是关于系词的翻译，而是对系词的使用和理解。由于有了此前关于 Seiende 与 Sein 的关系的说明，并将前者说成是存在物、存在者，因此引文 3 说的系词也就与存在物和存在者联系起来，比如，一方面有存在物的“什么”和“如何”，另一方面有“是什么”和“如何是”。这样的说明产生一个结果：它在使存在物与系词相联系的同时，也使它们彻底分开。比如，一方面有本体论的存在问题，另一方面有语言学的“是”的问题。根据这样的说明，似乎系词的问题是语言学的问题，而存在者的问题是本体论的问题。尽管这里也说到二者的关系是具有一而二，二而一的问题，但是暗含的区别还是可以看出来的，对提及的这两个方面给予的强调，孰轻孰重也是不言而喻的，因而倾向性也是显而易见的。

在我看来，这里谈的是关于海德格尔使用的 Sein 的理解，但是与海德格尔本人关于 Sein 的说明显然是不一样的。前面我们曾引用过海德格尔在该书中关于 Sein 的说明（本书第一章译文 1），关于 Sein 这个词如何来自动名词，他强调，“定出这个语法形式之后，‘Sein’这个词的语言标志就得出来了”，也就是说，无论如何讨论本体论的问题，在谈及 Sein 的时候，它是有语言标志和语法形式的，而从它的语言标志和语法形式看，它是系词。所以，即便是一而二，也是由“是”这一词所体现的两个方面，就算是二而一，也要将两个方面归结到“是”这一词上，因为这是它的语言形式和标志，是谈论相关问题的方式。但是，译者的说明显然没有这样的意思。由于这里谈的不是翻译问题，只是为谈论翻译做准备，因而是一种铺垫，是为了以下说明做准备的：

1　参见海德格尔：《形而上学导论》，王庆节译，“译者后记”，第 242 页。

引文 4 一般来说，现代汉语中有三个词，即“存在”、“是”、“有”与 Sein 这个概念在西方哲学传统中的丰富内涵相近。正因为如此，我们在大多数情况下选用“存在”来翻译海德格尔的 Sein，但某些情形下，尤其是在文中讨论 Sein 一词的语词和文法使用乃至词源时，也不排除用“是”字。甚至在某些不得已的情形下，还采用“存在 / 是”，“在 / 是 / 有”这样的诸词并列连用的办法。为什么主要用“存在”而不是“(存）有”或者“是”呢？关于这个问题，首先我想说，德文 Sein 在汉语语词中并无一一对应的关系，所以（存）在、(存）有、“是”这三个语词都有其局限性，其中任何一个都不足以单独表述 Sein 的丰富涵义。[1]

这里谈到翻译，明确地说以多种方式翻译 Sein 一词，这样做的原因在于汉语中没有与它对应的词，任何一个词都不足以表达 Sein 的丰富含义。至于 Sein 一词的含义如何丰富，这里没有说，似乎前面关于万事万物、存在者、存在物的说明就已经暗含着这一点了，所以海德格尔在书中关于这个词的语法形式和语言标志这么清晰的说明在这里也不必提及。在所提及的几个译语中，译者明确说采用“存在”一词，不排除用“是”一词，不得已而使用为“存在”加修饰的翻译。这样，就需要为这样的做法提供说明，我们只看其中关于采用“存在”而不采用“是”的说明：

引文 5 第一，从语词使用的角度看，“是”在汉语中起初作为代词，现在主要作为系词使用，将之名词化有违日常的汉语语言习惯，这会带来翻译上的诸多不便和理解上的困难。第二，从哲学理解上说，海德格尔发问 Sein 的问题不仅是要探究全部西方哲学

1 海德格尔：《形而上学导论》，王庆节译，“译者后记”，第 242 页。

> 存在论的根基与渊源，而且也是要探究自古以来关于系词在西方语言中的核心地位之形成的渊源。……因此，将海德格尔的Sein问题归结为语言学的系词问题以及由此而来的逻辑学的判断问题，不仅不是海德格尔发问Sein问题的初衷，而且可能误解和曲解海德格尔的全部问题意识。[1]

这个说明清楚地分为两个方面，一个是关于语言使用的，另一个是关于哲学理解的。在语言方面，“是”乃是系词。这里说如果将它名词化，不符合汉语习惯，而且会给理解带来困难。这里的潜台词是，不能将“是”作为谈论的对象。在哲学理解方面，这里说如果将“是”凸显出来，会误解和曲解海德格尔的问题意识。这两个说明很明确，至于为什么会造成这样的结果，译者没有说。但是由于一开始已经有了关于Sein的理解的说明，它是关于万事万物的，与它相关既有本体论的问题，也有语言学的问题，这里当然也就可以说不能将Sein的问题归为语言学的问题。关于逻辑的理解，下一章我们将专门讨论，这里我们仅考虑语言层面的问题。

以上三段引文的意思是清楚的，主要说明有两层，第一层是说，西方语言中Sein这样的系词表达是基础性的，汉语中有多个与它含义相近的词，但是没有一一对应的词，因此翻译Sein时要从中选一个。第二层是说明为什么不选“是”一词。这两个说明层次是清楚，也没有问题，但是它们关于系词的说明却是有问题的。

可以看出，第一层的说明谈及系词，但是恰恰不说汉语中“是”一词是不是系词，因而也就不谈“是”与Sein在系词的意义上是不是对应。所以，表面上看，说Sein在汉语中没有一一对应的词，这似乎不能

1　海德格尔：《形而上学导论》，王庆节译，“译者后记”，第243页。

说是没有道理的，但是既然在系词的意义上谈论 Sein，而在谈论相应的汉语时却只是笼统地说含义，丝毫不谈论系词，这当然是不对的，除非这些词都不是系词，其中没有系词。这样的谈论方式无疑是回避了汉语“是”一词与 Sein 在系词意义上的对应性问题。

第二层的说明谈及“是”乃是系词，却说它不能名词化，即不能用来翻译 Sein，不能反映海德格尔使用该词时的问题意识。无论这样的说明是不是有道理，非常明显，尽管它谈及系词，但是它只谈汉语的理解，同样就回避了“是”一词与 Sein 在系词意义上的对应性问题。

综合以上两点可以看出，引文 3—5 表面谈论了系词，但是实际上却在谈论中将 Sein 与“是”割裂开来。这样谈论系词，肯定是无法说明“是”与 Sein 的对应性的，当然这正是引文所要的结果。但是这样的说明方式是不对的，因而所得结果也是不对的。

引文 1—2 和引文 3—5 分别是关于《存在与时间》和《形而上学导论》中采用“存在”一词的说明。将它们进行比较，可以看出一个共同之处：它们都谈到汉语中“是”一词不容易理解，字面上会带来理解的问题，但是也都谈到“存在”一词并不是理想的翻译。除此之外，还可以看到它们之间也有一些不同之处，其中最显著的一点是关于系词的谈论。

引文 1—2 明确说 Sein 是系词，“是”乃是系词。正因为如此，它们明确地说“是”与 Sein 乃是相当的词，尽管在这一点上，引文 2 比引文 1 的说明有所弱化。但是引文 3—5 没有这样的说明。我们看到，后者关于系词的说明不是在关于 Sein 的翻译时说的，而是在关于 Sein 的理解中说的，即在关于论述 Sein 的翻译的准备工作中说的。在这一过程中，关于系词的说明又是在将 Seiende 理解为万事万物、存在者之后说的，因而在关于 Sein 的理解中，系词说明似乎并不是主要的，而是次要的。所以，到了谈论翻译的时候，尽管谈到 Sein 的文法和词源，“系词”这一术语却消失了，因而看不到它的系词特征和含义。与此相对，在谈论选择“存在”而不选择“是”一词的理由时，尽管谈到“是”这个词有系词含义，但是由于这是独立谈论的，没有提及 Sein 一词，因而也就仅仅限于对“是”一词的理解。两处相加，清晰地显示出译者关于如何翻译 Sein 一词的谈论方式：谈及 Sein 的时候不谈系词，谈及系词的时候却只谈“是”而不谈 Sein。这样的谈论所获得的结果，或者说它所希望获得的结果就是或者只能是，“是”一词与 Sein 压根就没有对应的含义。这样似乎也就可以为译者选择“存在”而不选择“是”一词提供理由。

应该指出，引文 1 是在学界未见大量关于 being 问题讨论的时候出现的，因而是一种自然的认识。引文 2 是二十年后的说明，那虽然是十多年前的事情了，但已经有了关于 being 的讨论。由于是同一译者对同一译著中同一译文的说明，因而既要保持一致性，又要回应学界的相关批评和讨论。引文 2 的做法是提出（构造）那个德文句来说明无法用“是”来翻译，所以只能选“好歹能读”的“存在”一词，似乎表达了一种无奈。相比之下，引文 3—5 则坦然得多。它们是近年来的事情，因而对学界相关讨论应该了解得更多。所以，它们这样谈论关于 Sein 的翻译，在我看来，较之引文 2 乃是退步。它们不提“是”与 Sein 的对应性，以及为什么会有这种对应性，这是不应该的，因为这一点是过去近二十年来一“是”到底论谈论最多的东西，特别是经过这些年的讨论，这一点已经变得非常明确，无可置疑。有人可能会认为，这里并没有不提二者的对应性，只是不那样明确而已。在我看来，这样做比不提更差。这样的论述方式给人感觉是，貌似谈及系词方式，实际上却没有提及，或者，貌似提及系词方式，却将它置于一个不重要的位置。这样做的用意无疑在于弱化 Sein 的系词含义。如果说“用意”一词有猜测的意味，那么我想说，这样做的结果就是极大地削弱了 Sein 的系词含义，甚至将它置于可有可无的境地。这确实是在为选择“存在”一词辩护，但是，这样的辩护在我看来，从方式上说是隐晦的，尤其是在今天，经过那么多关于being的讨论，在系词问题上还这样躲躲闪闪，从理论上说是根本站不住脚的，别的不说，这相当于对引文2“本体论讨论就会走样”一句视而不见。

二、系词的困惑

引文1和引文2阐述了两个看法。其一，Sein是系词，汉语中“是”也是系词，这两个词是相当的或对应的。其二，西方哲学中与本体论相关的重大问题是与系词含义相关的。前者是从语言层面说的，后者是从理解层面说的，而且这样的理解包含着对Sein这个词与它所表达的东西的认识。这样的看法不仅完全正确，而且非常重要。但是，这样的看法在引文3—5反而看不到了，尽管后者是晚出的。在我看来，经过这些年的讨论，为“存在”的辩护不仅没有什么进步，反而大大地退步了。

与引文1和引文2相比，引文3—5提到了语言学和逻辑学，并且明确地将系词的理解归为它们。由此可见，虽然同是一本书的译者，对“是”一词的理解，或者说对系词的理解，也是不一样的。字面上看，“系词”谈的是词，说它是语言学的考虑，或者说它是逻辑的考虑，也不是没有道理。由于谈及学科，引文3—5的看法值得我们认真对待。

首先应该指出，认为系词看法是语言学和逻辑学的看法，在国内学界并非少见，而是一种比较普遍的看法。比如有人认为，以“是”来翻译being会有一个严重的后果，“易于把形而上学的思辨理解为纯逻辑的分析”；“是”可以表达命题中主词和谓词之间的关系，但是“是”的解释“有过于浓重的逻辑学倾向，而我们显然不能把哲学仅仅归结为逻辑学或语言学”。[1]还有人认为，“是”的这种译法隐藏着一种倾向，这就

1 参见周迈：《论亚里士多德哲学中的存在（是）“on”》，载宋继杰编：《Being与西方哲学传统》下卷，河北大学出版社2002年，第809—810页。

是把“existence”（存在）从“being”（是）彻底割裂出去，从而完全从知识论甚或逻辑学的角度去理解哲学[1]，有人甚至明确地说，以“是”来翻译being，这“整个主张都基于一种可以称作逻辑主义的思路，即单纯从逻辑学甚至单纯从谓词逻辑的角度出发来理解西方哲学的基本问题”[2]。还有人认为，可以承认亚里士多德关于being的分析是一种语义学的分析，是关于系词“是”在谓述判断中的谓述功能的分析，丝毫不涉及存在，但是一定要看到，这样的认识是“表浅的”，“实际上，对于亚里士多德来说，语义学的研究同时就是存在论的研究，对系词‘是’的谓述功能的分析同时就是对存在的分析。……与系词‘是’的不同谓述功能相对应的正是不同意义的存在，在这里，‘是’和‘存在’是相通的，‘是’所判断的就是‘存在’，‘是’描述‘存在’”。[3]类似的论述还有很多，不必一一列举。这样的看法无疑是为“存在”的理解提供支持，但是体现在翻译中就给汉译著作带来问题：面对being及其相关概念的时候，译者以直接或间接的方式将“是”一词排除在文本之外，使译文与原文不对应，从而无法呈现原文所表达的思想。这样的情况很多，前面引用的文字无不说明这一点。下面我们要围绕着系词进行讨论。

> **译文1**　在判断中，这个同一还不是建立起来的；系词是作为一般的**有***还不曾规定的关系：A是B；因为概念或端的规定性的独立性，是在判断中的**实在**，概念在判断中具有这个实在。假如系词的“**是**”已经被建立起为主词和宾词被规定的和实现了统一，为

1　参见宋继杰编：《Being与西方哲学传统》下卷，第1172页。

2　倪梁康：《回应王路》，载倪梁康主编：《胡塞尔与意识现象学》，上海译文出版社2009年，第329页。

3　聂敏里：《存在与实体——亚里士多德〈形而上学〉Z卷研究（Z1–9）》，华东师范大学出版社2011年，第46—47页。

> 它们的**概念**，那就已经是**推论**了。[1]

这是黑格尔的《逻辑学》下卷中的一段话。它明显在谈论系词。其中“系词”这个术语就出现两次。不仅如此，这里还出现了“A是B”这样的表达式，这就说明，这里所谈论的being只能在系词的意义上理解，只能翻译为“是”。的确如此，最后一句中“系词的‘是’”就体现了这样的理解和翻译。但是这里仍然谈到了“系词是作为一般的**有**”，即出现了以“有”来翻译being的译文。这样我们就看到，同样谈论系词，同样以黑体标示的两个词，一个是“有”，一个是“是”，二者是不对应的。这样的译文当然是有问题的。“有”字后面的星号是一个译者注：

> **引文6** 黑格尔这里利用“有”和“是”在德语中同是一字来解释系词。[2]

从这个注释可以看出几点：第一，译者知道这里的翻译有问题，因而加注。第二，这里的问题与系词相关。第三，正文用“有”，注释中出现“是”，这说明译者知道系词的表达应该是“是”。第四，译者认为，“有”和“是”在德文中是同一个字。以上四点是清楚的，因而我们可以清楚地知道译者提供译文时的想法。

我们看到，译者将黑格尔《逻辑学》中的Sein译为“有”，译文一路走来。我的问题是，此前并未出现这样的解释，为什么到了下卷这里要做这样一个解释呢？换句话说，在出现“系词”这一术语的地方，为什么要做出这样的专门说明呢？这就表明，译者知道这里有问题了：“有”一词与系词乃是不对应的。因而在系词意义上谈论的不应

1 黑格尔：《逻辑学》下卷，杨一之译，商务印书馆1977年，第300页。

2 同上。

该是“有”，只能是“是”。但是此前一直将Sein译为“有”，这里的译文无法继续，因而要对“有”加注，由此过渡到“是”。这个意思明白了，我们再来看其解释。我的问题是，“有”和“是”是同一个词吗？“有”一词的德文是haben，“是”一词的德文是Sein，这是两个不同的词。它们不仅在中文中是不同的词，在德文中也是不同的词，或者它们在德文中相应地有不同的词。译者的意思大概是想表达，德文Sein一词既有“有”这样的意思，也有“是”这样的意思；由于现在说的是系词，因而是在说“是”，而不是此前所说的“有”，或者这里是通过这样的“是”来说“有”。无论译者是如何想和解释的，事实是：“是”与系词是有联系的，“有”与系词没有关系。因此将谈论系词时的Sein译为“有”无疑是有问题的。对这样的翻译加这样的注释，实际上只是指出译文的问题，而这样的解释充其量是含糊其辞，根本解决不了问题。

在明显出现“系词”这一术语的情况下，认识“有”或“存在”这样的错译及其问题是容易的，因为“系词”一词是明确无误没有歧义的，不会表达“存在”或“有”的意思。但是在“系词”这个术语不出现的情况下，认识这样的问题似乎就不是那样容易。比如在上一章译文11我们讨论过旧译本中的问题，那里的理论性说明中没有提到“系词”这一术语，但是在举例说明的14个例子中，有12个是系词形式。这就说明，Sein一词即使有多种含义，最主要的还是系词含义。但是，由于将Sein译为“在”，因而带来问题。在新译本中，那段译文被重新翻译如下：

译文2　我们无论如何总要以及在根本上要以某种方式去对存在进行某种道说，如果我们现在开始做这件事情，那我们就得就试着去注意那在此道说中所说出的存在自身。我们选的是一种简单而又常用，而且几乎是随口的道说。在这一过程中存在就以某种语词形式被说出，而这种语词形式在使用中变化万千，使我们几乎对之视若无睹。

我们说："上帝在"，"有地球"，"大厅里有讲演"，"这个男人是从斯瓦本地区来的"，"这个杯子是银质的"，"农夫在地里"，"这本书是我的"，"他就是个死人"，"红色是左舷"，"俄国在闹饥荒"，"敌人在退却"，"葡萄根瘤蚜虫在葡萄园里肆虐"，"狗在花园里"，"群峰之巅／是静"。*

每一个例子中的这个"是／在／有"〈ist〉，意思都不一样。我们可以很容易地证明这一点，特别是如果我们照实际出现的情况来说这个"是／在／有"，也就是说，随时从某个特定的境况，任务和情绪情调来说它，而不是将之作为单纯的句子和某种语法书中已经说滥了例句来说它。[1]

与旧译文相比，新译文主要有几个变化：一是将 Sein 译为"存在"，这样，在第一小段的理论性说明中，"存在"被明确说成是一个词，一个日常被说出的词。另一个是举例说明中出现了"在""是"和"有"这样几个译语，德文注释没有了。还有一个是最后一小段的说明中出现"'是／在／有'（ist）"。仅从这几点就可以看出一个非常明显的问题：第二小段的举例说明以及第三小段的总结性说明与第一小段的理论性说明不是对应的。明明讨论的是"存在"，而且明确地指出它是一个词，而且是被说出的词，但是在随后所举的例子中却根本见不到这个词，这无疑是有问题的。也就是说，旧译文的论述大体上还是一致的：三小段基本上是围绕着"在"来说的，而新译文却不是这样，即整体上是完全

1 海德格尔：《形而上学导论》，王庆节译，第 100—101 页。

不一致的：后两小段的说明与第一小段的论述似乎没有什么关系。这当然是有问题的。除此之外，我们还可以看出两个问题。

一个问题是，旧译文中三小段都在说“在”，但是在举例说明中为三个例子中的“是”加注 ist，在总结性说明中两次为“在”加注 ist，而新译文只是在总结性说明中为“是 / 在 / 有”加注一次 ist。加注外文无疑涉及对原文和译文的理解和说明，因而与翻译有关。对照德文，名词 Sein 与动词 ist 的对应性是清楚的。例子中都是动词 ist，所以总结性说明中继续使用动词 ist。这样的说明没有理解的问题。旧译文的加注很容易理解。由于那三个例子中没有“在”一词，造成与上下文有出入，因而加注。在总结性说明中加注，大概是因为其中提到的“每一例”，这当然包括那三个例外例子。加上外文注，正好与例子中的加注相应，做辅助性理解，含有说明的意思。新译文例子不加注似乎也好理解，因为如果加注，需要加注的就不止三个，其中六个“在”，六个“是”，两个“有”。译者对第三小段第一次出现的 ist 加注，这似乎表明，译文“‘在 / 是 / 有’(ist)”涵盖了例子中的情况，一次性加注就说明了例子中的情况。这样的翻译和理解对错姑且不论，但是似乎丝毫没有考虑第一小段的说明，没有考虑“在 / 是 / 有”与“存在”的关系。这无疑是有问题的。

另一个问题是，第一小段最后一句话，新旧译文出入很大：

> **旧译文：** 这个词形又是这样的层出不穷。
>
> **新译文：** 而这种语词形式在使用中变化万千。

“层出不穷”主要表示出现得多，“变化万千”主要表示变化得多，因此二者的意思完全不同。而此前的说明，如“信口随便地说”或“随口的说道”，也只是表示多，而没有变化的意思。面对这样的译文，我们只能阅读原文：

deren Gebrauch so haeufig ist.[1]

这句德文只有两个实意词：Gebrauch 和 haeufig。前者意为使用，后者的意思也很简单，就是经常、频繁的意思。因此，旧译“层出不穷”带有修辞色彩，意思大体还是不差的，但是新译“变化万千”则是错译，因为 haeufig 根本就没有变化的意思。应该看到，这个德文词没有歧义，因此这一错译不是语言水平问题，而是理解和翻译的问题，是为了满足自己的翻译而故意做出的：为了所采用的“存在”“在”“是”“有”以及“在 / 是 / 有”这样的翻译而故意做出的。引文末尾的星号是译者做出的注释：

引文 7 ［1］在德文中，所有上面的短句都有着以系动词〈sein〉的第三人称形式“ist”为系词的句法结构。［2］鉴于汉语缺乏与德文词“ist”正相对应的语词，译者这里根据汉语的说话习惯，将之分别灵活译为“有”，“是”，“在”等等。［3］不仅如此，按照海德格尔自己这里对这些例句的理解和解释，将所有这些用法硬“束缚”在某一个固定的词法结构中也是不适当的，充其量只是不得已而为之罢了。［4］关于这一点，尤其参见下面海德格尔对最后一句歌德诗文的理解和解释。这样也就给了译者一个更充足的理由，在不同情形下将之分别用不同的汉语词译出。［5］至于海德格尔专门

1 Wenn wir jetzt bei einem Sagen des Seins ansetzen, weil wir dazu in gewisser Weise immer und wesensmaessig genoetigt sind, dann versuchen wir auf das darin gesagt Sein selbst zu achten. Wir waehlen ein einfaches und gelaeufiges und beinahe laessiges Sagen, wobei das Sein in einer Wortform gesagt wird, deren Gebrauch so haeufig ist, dass wir dies kaum noch bemerken. (Heidegger, M.: *Einfuehrung in die Metaphysik*, S. 67)

> 讨论“ist”这个词的地方，考虑到他这里主要是从日常语言使用的角度入手讨论，我们暂且选用汉语词“是”或“是什么”来对译。但在某些地方，我们不得已也用“是／在／有”这个译法。[1]

这个注释明确谈及系词，同时说明了译者如上翻译的理由。大致有如下几个意思：［1］引文中14个例子都是系词结构。［2］汉语没有与ist对应的词，所以不做统一翻译。［3］摆脱或超出系词结构，这是符合海德格尔的理解的。［4］和［5］的理由与随后的翻译相关。前三个意思相互联系，既说明了原文的情况，又说明了翻译与原文是不对应的，还说明了译者认为这样的翻译是符合海德格尔思想的。

我认为，除了［1］是对的，译者的其他两个说明都是不对的。首先，汉语没有与Sein对应的词，这话无论是不是有道理，至少与［1］相结合是有问题的。因为［1］谈的是系词结构，那么与Sein的对应就应该考虑系词结构，即汉语是不是有系词，是不是能够显示系词结构，是不是能够以系词结构的方式来翻译德文的系词。译者不谈这样的情况，显然是不对的。结合引文4中的说法可以看出，译者只谈汉语与德语的对应，只谈词的对应，只谈含义的对应，说二者没有一一对应的词，但就是不谈系词及其相关说法，就是不谈系词的对应，这显然是有意为之。谈不谈系词，在这里其实是很简单的事情。谈了，就要考虑系词情况，而在译者所选的三个译语中，显然只有“是”一词是系词，其他两个词不是系词。不谈系词，似乎也就可以不考虑系词情况。但是这样做对吗？既然Sein是系词，举例大部分都是系词结构的表达，当然应该将它译为系词或者具有系词特征的词，举例也应该译为具有系词结构的表达。即使认为Sein有更多的含义，例子中的系词及其结构总还是要

1 海德格尔：《形而上学导论》，王庆节译，第101页脚注。序号为引者所加，为了讨论方便。

翻译出来吧。所以，不翻译出系词结构是错误的，这种回避系词结构而做出的解释也是错误的。

我认为这里的问题其实并不复杂，主要就两个。一个是，“S是P”这样的句式中文是不是不能表达？换句话说，中文有没有系词？另一个是，中文的“S是P”是不是不能翻译德文的“S ist P”这样的句式，是不是不能表达相应的德文句子所表达的意思？这都是显然的问题，而且引文1就表明，这早就是显然的问题。经过这些年的讨论，关于系词的认识，应该是更清楚了，怎么反而如此回避它呢？这样的回避，在我看来，只能称之为闪烁其词，当然是有想法的，但是无论是如何想的，都是没有道理的。

其次，如果说谈论系词涉及的主要是语言的转换，那么是不是符合海德格尔的意思就涉及思想的呈现，即通过翻译是不是把海德格尔想说和想表达的东西呈现出来。[3]表明，译者认为Sein一词的多样化翻译是符合海德格尔的理解和解释的。我的问题是，情况是这样的吗？我们明明看到，14个例子都含ist一词，也就是说，ist这个词的使用并不是多样化的。海德格尔想用它们表明，Sein总是要以词的形式出现，随便而简单地一说，就被说出来。举14个例子，大概是为了说明它的使用的频繁、它的出现的频繁。而在这14个例子中，12个是系词结构，2个是非系词结构。也就是说，海德格尔的表述中是两个词，名词Sein和动词ist，二者是对应的。例子中都是动词ist，是将Sein说出来时的形式，其中12个又都是系词结构。这至少说明，系词结构是Sein被说出时的最主要的形式。无论Sein有多少含义，有什么含义，海德格尔就是想通过这些例子，包括这些例子所具有的结构，特别是借助这样的结构，即借助其中ist出现的方式，来说明Sein。面对这样的说明，又如何能够看出海德格尔会觉得以这样的“固定的语法结构”的方式来说明Sein会是不合适的呢？

还有，这里的“硬‘束缚’”这一表达似乎也是有所指的。字面上看，它与译文似乎没有什么关系。译者说不能将 Sein 束缚在“固定的语法结构”里。虽然没有明说这样的语法结构是什么，但是这显然是指系词结构。也就是说，这里隐晦地说，这里不能将 ist 译为“是”，即不能将它译为系词。翻译出系词就是硬行翻译，而翻译出系词结构，也就把 Sein 的用法束缚住了。我认为这些论述都是不恰当的。可以看出，这句话针对的不是译文本身，而是针对学界关于 being 问题的讨论，也许就是针对一“是”到底论的观点。也就是说，即便在这样的译文注释中，译者也要对一“是”到底论的观点做出批评。[1] 这里我想指出的是，是海德格尔给出的例子中含有 ist，是他给出的这些例子绝大多数具有系词结构，是他要用这些具有系词结构的例子来说明 Sein。这就至少表明，系词结构在他的说明中非常重要。认识到这一点也就应该认识到，应该将这样的结构翻译出来，因为只有这样，才能够呈现他通过这样的例子所想表达的思想。与引文 2 相比，那里认识到 Sein 是系词，与“是”相应，西方哲学中本体论的重大问题都与系词相关，但是它没有将 Sein 及其相关词译为“是”，而这里的说明则连这样的说明和认识都没有了，在我看来，这不仅是错误的，而且是极大的退步。

三、随意性

在《形而上学导论》新译本中，Sein 一词被译为“存在”，其相应的动词 ist 被译为如下中文：“存在”“在”“是”“有”“是什么”“它是”“存在 / 是”“在 / 是”“是 / 在”“是 / 在 / 有”等等。对错姑且不论，字面上即可以看出，对同一个词采取如此多样的翻译，实在是有些太随意了，

1 也许这是下意识的做法。在我看来，在译者序或译后记中这样谈论是可以的，但是在注释中这样做是不恰当的，因为超出了文本需要的范围。

即使不是太随意，至少也是有些随意的。引文7中［5］说采用“在/是/有”这个译法是不得已的，这就说明译者知道这样的翻译是不好的。前面说过，译者将haeufig错译为“变化万千”，而“是/在/有”似乎恰恰可以与它相对应。这里我不想深究，究竟是为了将ist译为“是/在/有”以及如上多样的译语，因而要将海德格尔说的Sein一词使用的“频繁”（haeufig）改为“变化万千”，还是因为要体现“变化万千”这一错译的意思，因而要将ist译为“是/在/有”以及如上多样的译语。我只想指出，仅从翻译的角度说，这样做太过随意，是不对的，至少是不好的。引文7中［4］说是海德格尔的理解和解释给这样的翻译提供了“更充足的理由”，这似乎是在暗示，这样的翻译是有道理的，而且是海德格尔的意思。前面的讨论表明，海德格尔并没有这样的意思，也就是说，［4］的说明是没有道理的。也许一句话不足以说明问题，因此让我们看一看海德格尔随后的论述，即他围绕那14个例子中最后一个例子的讨论，看一看他是不是有这样的意思。

引人注意的是，在“群山之巅/是静”中，“是”一词的系词特征是明显的。也就是说，该句的ist被译为“是”。在随后的译文中，“是”一词大量地反复地出现。按照［5］的说法，这是海德格尔专门讨论ist这个词的地方，而且是从日常语言出发来讨论的，所以译文采用了“是”。这似乎表明，将ist译为“是”至少要有两个条件，一个是专门讨论ist，另一个是从日常语言出发。我觉得这两个条件成立，但是我想问：前面那14个例子难道不是在专门讨论ist吗？它们难道不是从日常语言出发吗？即便认为其中有诗句，但是大部分难道不是日常语言的表述吗？译者怎么就没有将它们都译为“是”呢？反过来，“群山之巅/是静”这个诗句，即这个不是日常语言的句子，倒是采用了“是”这个词，这难道不是有些奇怪吗？前面的问题是明显的，不必多说，我们往后看。

译文 3　……那些个我们通常混杂在日常生活的谈话中不假思索、脱口而出的“是”……[1]

译文 4　上面进行的对“是”之道说清楚地表明了一件事：在这个“是”中，存在以一种纷然杂陈的方式向我们敞开。[2]

这两段译文都在译文 2 之后，其中明显采用了“是”这一译语。按照引文 7［5］的说明，它们是关于译文 2 中 14 个例子的解释，是专门谈论 ist 这个词的地方，是从日常语言出发的，因而将 ist 译为“是”。但是，译文 3 中说的“不假思索、脱口而出”与译文 2 中说的“随口的道说”难道意思会有什么不同吗？同一个 Sein，几乎相同的说明，为什么这里的 Sein 就译为“是”，而那里的 Sein 就译为“存在”呢？这难道不是有些随意吗？此外，译文 3 中“那些个”、译文 4 中的“上面进行的”这两个表达显然不是指最后一个例子，而是指译文 2 中 14 个例子。这就说明，固然这两段话是在举例说明之后，说明也是从最后一个例子开始的，但是说明本身却不局限在最后一个例子，因此这里关于 ist 的说明是涵盖以上讨论的。由此也就表明，这里说的 ist，即是举例中的 ist。那么，为什么例子中译为多个词，甚至译为“是 / 在 / 有”，而这里却译为“是”并且只译为“是”了呢？这难道不是有问题的吗？

此外，译文 4 说，在“是”中，存在以“纷然杂陈”（vielfaeltig）的方式展开。这话字面上是无法理解的。“是”是一个词，存在与它又会有什么关系呢？存在如何在它上面或通过它而展开呢？存在的展开的多重方式又是什么呢？实际上，这里又将原文 Sein 译为“存在”，也就是说，即便将 ist 译为“是”，在相同上下文中，在 ist 与 Sein 完全对应说明的语境下，依然不将 Sein 译为“是”。这种做法，不知是习惯，还是

1　海德格尔：《形而上学导论》，王庆节译，第 102 页。

2　同上。

根深蒂固的认识使然。问题是，这样做如何能够提供准确的翻译呢？这样的译文又如何能够为引文7的［4］做佐证呢？原文很清楚，14个例子表达了不同的含义。其中12个例子为系词结构，它们的句子结构相同而含义不同，结构相同就在于其中都有ist一词，而且该词是系词，含义不同是因为同样是系词结构，ist所连接的表语却不同。所以海德格尔说，在"是"（ist）中，"是"（Sein）以多种多样（纷然杂陈）的方式向我们展开。ist和Sein这两个词的对应性，它们所表达的东西的对应性，它们的含义的对应性，都是清楚的。或者保守地说，至少字面上还是清楚的。所以，译文4尽管将ist译为"是"，但并没有将Sein译为"是"，所以即使只看这一句，也还是有问题的。

以上两段译文很短，译文3甚至不是整句，由此来进行探讨甚至提出批评也许会有断章取义之嫌。所以我们还是引一段完整的话来讨论：

> **译文5** 但是，人们现在会这样反对说，这个"是"当然要以一种纷然杂陈的方式将其意义表征出来。［1］不过，这绝不是"是"本身的事情，而是取决于陈述内容的多种多样，而这些陈述内容又内在地涉及形形色色的存在者：上帝、地球、杯子、农夫、书、饥荒、群峰的静谧。［2］只因为这个"是"始终自在地就是不确定的，而且其含义空空如许，它才能够备有如此杂然纷陈之用，也才可以"随遇而安"地充实自身与确定自身。［3］因此，前面引述的那有着确定含义的多种多样性所证明的正是那所要显示东西的反面。它们仅仅最清晰不过地证明了，为了使这个存在成为可被确定的，它必须是不确定的。[1]

1 海德格尔：《形而上学导论》，王庆节译，第102—103页。序号为引者所加，为了讨论方便。

这段话有三层意思，［1］说明“是”的多样性与内容相关，［2］解释［1］的原因，［3］则再次借助前面关于那14个例子的讨论对［1］和［2］做出进一步的说明。按理说，这三层意思是递进的，其一致性应该非常明显。但是这种本该体现出来的明显的一致性却不是那样明显，或者说不是那样清楚。原因就在于，［1］和［2］说的乃是“是”，而［3］说的是“存在”。“存在”和“是”是两个完全不同的词，意思也完全不同。它们之间的相互说明绝不是自明的，Sein一词的多义性也不是支持它们相互解释的理由。

有人可能会说，［1］和［2］虽然说“是”，但是［1］明确谈及“存在者”，由于“是”与存在者相关，因而会与存在相关，这样一来，从“是”而谈及“存在”似乎也就是自然的了。［1］中提及的“存在者”，原文是Seiendes。它们与陈述内容相关，而ist又是陈述中的用词，因而它们与ist相关。字面上可以看出，Seiende乃是Sein这个词的分词形式，当然与ist相关。所谈到的上帝、地球、杯子、农夫等等，即是14个例子中的主语，可以看作主语所表达的东西，因而是与例子内容相关的东西。它们都是通过ist这个词来表达的，因而被称为Seiende，即可以说ist的东西，可以通过ist而表达的东西，与ist这一表达直接相关的东西。所以，将ist译为“是”，Seiende若是译为“是者”，还是可以看出这种联系的。或者这里先不考虑如何翻译的问题，至少可以看出，译为“存在者”，这种字面的联系就彻底地割裂了，因而看不到了。

在我看来，这段话的［2］非常重要：它对［1］做出解释，其中加引号的方式和“含义”一词表明，“是”乃是一个词。前一句说“是”这个词乃是不确定的，含义是空的；后一句说它可以充实和确定自身，充实的方式是“依情况”(“随遇而安”[je nach dem])。按照这样的说明，“是”之所以可以有多种多样的使用，主要在于它本身是不确定的，它的含义是空的，这样它可以依据不同的情况而显示不同含义。这无疑是关于系词的说明，即如通常所说，“是”这个词一般没有含义，它的含义是通过它所连接的表达式体现的。由于它可以连接各种各样的表达式，因而它的含义可以是多样的。所以，这一句的译文大体上是正确的。认识到这一点也就可以看出，最后一句话是有问题的。它谈及两种情况，一种是确定的，一种是不确定的。这无疑相应于［2］所说这两个意思：“是”自身是不确定的，但是在充实之后就成为确定的，而且因为它是不确定的，所以它可以成为确定的。这说的当然乃是“是”，意思也是一直连贯下来的。但是我们看到，同样还是这两层意思，前面所说的“是”却一下子变成了“存在”，这如何能够理解呢？“存在”的含义怎么会是空的呢？它怎么会是不确定的呢？这样的翻译难道不是有问题的吗？实际上，这里的问题在于最后一句将 Sein 译为“存在”，这样一来，原文中两个对应的词，即动词 ist 和名词 Sein，在译文中变成两个不对应的词，即“是”和“存在”，因而原文中本来相互联系的思想经过翻译就发生了断裂或者产生了联系的问题。这样的语言转换当然无法呈现原文中的思想，最保守地说，这样的转换无疑不利于呈现原文所表达的思想。

译文 5 之后，海德格尔对 14 个例子中 ist 的用法做出进一步说明，然后做出总结性说明，其中谈道：

> **译文 6** 简而言之，［1］这样我们就是从不定式来领会“存在／是”这个动名词，而这个不定式自己又始终关涉着那个“存在／是”，以及它表现出来的杂然纷陈。［2］这个确定的和特定的动词形式“它是”〈ist〉*，即**现在时直陈式的第三人称单数**，在此有着一种优先地位。我们对“存在／是”的领会并不着眼于“你是”〈du bist〉，“你们是”〈ihr seid〉，“我是”〈ich bin〉或者“他们会是”〈sie waeren〉，虽说所有后面这些也完全和这个“它是”一

样，是“是 / 存在”动词变形的表现。[3] 我们把“是 / 存在”视为“它是”的不定式。反过来说，我们从“它是”那儿来说明“是 / 存在”这个不定式也非随意的事情，因为如果不这样做几乎就是不可能的。[1]

这段话和本书第一章译文 4 所说的意思差不多。由此可见，这一总结性说明与此前的说明相呼应。由于这是关于以上论述的总结，因而可以认为，以上论述也与第一章译文 4 的说明相一致。仔细读来，这段译文有如下几个问题。

首先，[1] 中所说的“存在 / 是”与 [3] 中所说的“是 / 存在”，原文都是 Sein。[2] 中的“它是”(ist) 也与前面的“是”不同。这表明，同一个 Sein，甚至在同一段话中，也一会儿译为“存在 / 是”，一会儿译为“是 / 存在”；同一个 ist，前面一直译为“是”，这里却译为“它是”。假如对照第一章译文 4，我们还可以看出，那里的 Sein 译为“是 / 存在”，而这里的 Sein 开始处却被译为“存在 / 是”。在短短一段话中，在大致相同的语境中，对同一词做出这样不同的翻译，真是令人不知所措。我只能说，这样的翻译实在是太过随意了。星号处又是一个译者注：

引文 8 [1] 在德文中，“ist”是系动词“sein”的现在时直陈式第三人称单数变位的形式，相似于英文文法中的“is”的位置。[2] 在前面的讨论中，海德格尔的重点是想说“ist”作为“sein”的变位形式和“sein”的关系，所以变形中的主语是“我”、“你”、“它”就无甚大关系。基于汉语语言习惯，在那里“它是”〈ist〉中

1 海德格尔：《形而上学导论》，王庆节译，第 104 页。序号为引者所加，为了讨论方便。

> 的“它”就未译出，统一译为“是”。(*)[3]但在这里的讨论中，海德格尔想要说“它是”相应于“你是”、“我是”、“你们是”，甚至于作为不定式的“是”〈sein〉等等的优先地位，所以原先略去的“它”必须要出现。[4]基于这一考虑，“ist”在此译为“它是”。[1]

这个注释说明译者意识到这里的译文有问题，需要为对同一个词采用不同译文这种做法做出解释。其中的“重点是想说”[2]和“想要说”[3]表明，这是译者的理解，即译者根据自己对德文的理解做出这样的翻译。当然，这样也就有了一个问题，译者的理解对不对？所谓翻译的“随意性”指的不过是译者按照自己的理解任意地翻译，甚至对同一个词一会儿这样翻译，一会儿那样翻译，结果导致译文与原文形成差异，产生问题。事实是同一个词被译为不同的词，而且是在相同语境下，甚至在同一段话中。我们现在看到的译文就是这样的。面对这样的译文及其产生的问题，我们需要考虑的是，产生这样的问题的理由是不是有道理。

[1]再次说ist是系词，并说明它与sein的关系，但是随后谈及与英语的关系，而不说与汉语的关系。我们已经多次看到译者谈及系词的方式：只谈德文Sein的系词特征和含义，而不谈汉语“是”一词的系词特征和含义，这无疑是有意回避二者之间在系词这一点上相互对应的特征这一问题。因此我们对这里的说明暂且不必多加考虑。[2]是针对本书第一章译文4说的，[3]则是针对这里译文6说的，下面我们重点讨论[3]。

译文6在谈论不定式的前提[1]时明确提到“这个确定的和特定的动词形式‘它是’(ist)”，这就说明两点，其一，它谈的是动词形式，其二，该动词形式与所说的不定式相应。既然是动词形式，“它”一词

1 海德格尔：《形而上学导论》，王庆节译，第104页脚注。序号为引者所加，为了讨论方便。星号处又是一个注释，我们在下一节讨论它。

显然是不应该加上的。因为动词形式指 ist 本身，即“是”，与“它”无关。换句话说，如果不加这个“它”，这个动词形式难道就表达不出来了呢？显然不是这样。

ist 乃是第三人称单数形式，与“你是”(du bist)、“我是”(ich bin)等其他人称形式形成区别。后者是前面第一章译文 4 中谈论不定式时谈到的，这里由于谈及不定式，不过是旧话重提，重点依然在 ist。所以，海德格尔强调说，它们“完全和这个‘ist’一样，是 Sein 动词变形的表现”[1]。这就表明，这个 ist 就是“是”，并且只是“是”，与“它”没有关系。或者，如果不加“它”，“是”这个动词形式，它与 Sein 一词的关系，即与不定式的关系，难道就表达不出来了吗？显然不是这样。

值得注意的是译文 6 中［1］中所说的“杂然纷陈”。它与“存在/是”相关，随即谈到“这个……动词形式‘它是’(ist)”。“这个”这一定冠词表明，这里说的东西与前一句所说的“存在/是”相关，因而与“杂然纷陈”这一相关说明相关。这个词在文中已经多次出现，比如译文 4 和译文 5。而在这两个译文中，“纷然杂陈”一词都是与“是”(ist)相关的，而非与“它是”相关。这样就产生一个问题，难道译文 6 中的“纷然杂陈”与此前两段译文中的“纷然杂陈”会有不同含义吗？也就是说，同样的 ist，同样的与“纷然杂陈”相关，一定要有的加上“它”，有的不加上“它”来做出区别吗？

引文 8［3］说，海德格尔想说 ist 相对于其他动词形式包括不定式的优先地位，意思似乎是说“它是”可以显示出与其他动词形式（比如“你是”）的区别。我的问题是，即便如此，不加“它”难道就不能显示出这种区别了吗？联系“杂然纷陈”这一表达，这个“是”自然指前面 14 个例子中出现的那个“是”。在这样的论述中，不加“它”就显示不出其间的联系了吗？

---

1 译文有修正，参见 Heidegger, M.: *Einfuehrung in die Metaphysik*, S. 70。

对照旧译本也许可以更好地说明这里的问题。本书第二章译文 11 表明，在所举的 14 个例子以及前后关于它们的说明中，Sein 和 ist 基本上被译为“在”，只有 3 个例子中的 ist 被为译为“‘是’(ist)”，这样就产生译文的不统一。其第三小段中的两个译语加注了原文“‘在’(ist)”。在随后的译文，即与新译本译者上述讨论相应的译文中，“‘在’(ist)”这样的表达反复出现近 20 次。这大概表明，旧译本译者认识到译文中出现了这种不统一，认为需要给予说明。

与旧译本形成对照的是，新译本不仅将例子中附加的原文去除，而且将其随后加注的德文绝大部分去除，取而代之的，除了上述多样的译语，还有如上两个注释（引文 7、8）。

这种不同做法所得结果是：旧译本将 Sein 译为“在”，将例子中的 ist 大部分译为“在”，只将三处译为“‘是’(ist)”。在这以后，“‘在’(ist)”这一译语就多处出现。而新译本则将 Sein 译为“存在”，将例子中的 ist 译为“在”“有”“是”，在随后的译文中将 Sein 和 ist 译为“存在”“存在/是”“是/存在”“是”“是什么”等等，并且统统不加注外文，而只加了两个脚注做说明。

对照之下字面上即可以看出，旧译本比新译本严谨，或者至少旧译本努力做到严谨，而新译本则很不严谨，而且似乎也看不出它想做出这样的努力。中允地说，新译本对译文的处理比较随意，而旧译本则不是这样。

对照两个译本还可以看出，它们都采用了“杂然纷陈”“形形色色”“随遇而安”这样的译语。字面上即可以看出，这些表达都具有修辞的特征。这三个词原文的字面意思分别是：“多种多样”(vielfaeltig)、“不同的”(verschieden)、“随情况”(je nach dem)。我不想讨论具有修辞方式的译文的利弊，这几个具有修辞式的表达是不是正确。我想说的是，在这些具有修辞性表述的译文上，我们看不出新旧译文的区别，相比之下，我们却在 Sein 和 ist 这个主要用语上看到新旧译文如此巨大的区别，这说明新旧译本对这个词的理解及其翻译上存在着巨大的差异。加上前面说的新译本与此相关的错译，即将相关讨论中原文 Gebrauch ist so haeufig 译为具有修辞色彩的“变化万千”，而不是随旧译本的修辞译文“层出不穷”，就可以看出，新译本的改动，即采用与旧译文不同的译文，乃是有想法的。而这样造成的结果，简单说来是译文比较随意；而我们前面的讨论则表明，译者这样做是有想法的，只不过这想法是有问题的。

四、翻译原则

引文 8 中星号处提示该注释的说明还要参考如下注释：

引文 9　[1]“Sein”是德文系词“sein”的名词或动名词形式，既是日常语言中最常用的系词（就语法句法方面说），又是哲学存在论中的最核心概念。[2]在中文中我们很难或者说完全不可能找到一个相应的字词和其严格对应。我们在译文中主要据上下文分别使用“存在”，“在”，“是”，“有”，有时甚至使用“存在 / 是”或者“是 / 在”，“是 / 在 / 有”来进行翻译。[3]一般来说，当此语词主要是在一般概念层面和哲学存在论的语境中使用时，我们译为“存在”；在语法和句法意义上使用或对之讨论时，我们译为“是”或“是 / 在”甚至“是 / 在 / 有”；在两个层面混合使用或者暗示其多重层面意义时，我们译为“存在 / 是”，或者“是 / 存在”。[4]鉴于汉语与主要西方语言的这个在语言和思想深层次上的区别，我们采用这般译法也是不得已而为之。希望读者能够明白这在德文中实际就是同一个词。[1]

1　海德格尔：《形而上学导论》，王庆节译，第 32 页脚注。序号为引者所加，为了讨论方便。

这段话有四个层次。[1]是关于词语和用法的说明，[2]是关于汉语和翻译用词的说明，[3]是关于如何用词的说明，[4]是提供的理由。[2]再次谈及德文与汉语语词的对应，对于这个问题我们已经说过多次，这里不必多说。[4]与[1]相关，其中所涉及的问题将到后面的章节讨论，这里仅指出，Sein 这个词既然是系词，又是哲学中的核心概念，那么哲学的相关讨论，包括语言和思想深层次的问题，难道会与系词没有关系吗？在这样的说明下，为什么只将 Sein 译为“存在”，而不像其他两种情况那样译为“存在 / 是”或“是 / 存在”呢？

引人注意的是这里所说的“哲学存在论”一词。这样的表述使“哲学”与“存在论”相加，这样似乎自然就赋予“存在”这一译语一种在哲学文本中天然的合法性。问题是，它的德文是什么？从译文来理解，“存在论”似乎应该是 die Lehre des Seins，后者在黑格尔的著作中是明确可见的。如果是这样，所谓“存在论”就是关于 Sein 的理论，因而对它我们依然可以问以上同样的问题。比如为什么不见系词含义的说明了呢？为什么不是“存在 / 是论”或“是 / 存在论”呢？如果是 Ontologie（或英文 ontology），对应的汉译则是“本体论”，或者过去一直译为“本体论”。认识到这一点也就可以看出，Ontologie 的词根是希腊文 on，即与 being（einai）相关，因而与系词相关，所以我们仍然可以问以上相同的问题。

在《形而上学导论》中，海德格尔有一段文字专门讨论了“本体论”（Ontologie）这个词，包括它的出现、使用、表达的含义以及含义的演变，甚至指出：“将来最好还是放弃使用‘本体论’、‘本体论的’这样的名称。……两种发问方式迥然不同的东西，不宜采用相同的名称。”[1] 在这段话末，译者加注说，海德格尔的论述提供了对 Ontologie 和

1 海德格尔：《形而上学导论》，王庆节译，第 46 页。

ontologisch 等词采用不同译法的理由：在传统的狭义的理解时，将其译为“本体论”或“本体论的”，而在广义的海德格尔意义上使用时，将其译为“存在论”和“存在论（层面上）的”。[1] 这似乎表明，引文 7 中的“存在论”不是 die Lehre des Seins，而是 Ontologie，这样就产生几个问题。一个问题是，海德格尔说放弃 Ontologie 这样的名称，并说采用不同的名称，二者是不是一回事？另一个问题是，[1] 中所说的“存在论”究竟是哪种意义上的？

字面上即可以看出，海德格尔在 Ontologie 一词区别出两种含义，大致相应于他所说的两种发问的方式以及与它们相应的东西。他说放弃该名称，指的是放弃 Ontologie 这个词。他说采用不同的名称，意思是采用不同的词，即与 Ontologie 不同的词。也就是说，当他使用 Ontologie 这个词的时候，他讨论出两种不同的含义，而它们都是 Ontologie 这同一个词的含义。在这种情况下，即便该词有两种不同含义，也只能将它翻译为一个词，而不能译为两个不同的词。而当他放弃这个名称或采用不同名称的时候，他就不用 Ontologie 这个词了，而用了另一个与它不同的词，比如 Sein's Fragen，或 die Lehre des Seins。这时采用不同的翻译，则不是针对 Ontologie 这个词，而是针对海德格尔用来解释该词的两种不同含义时所使用的两个不同的词。所以，将海德格尔所说的 Ontologie 译为“本体论”和“存在论”，这是有问题的，至少是随意的。而说这样做是依据海德格尔提供的理由，则是没有什么道理的。

认识到这一点也就可以看出，[1] 中所说的“存在论”是有问题的。它显然不能是海德格尔所说的 Ontologie 一词的翻译，字面上已经排除了传统所说 ontology 的含义。如果它指海德格尔所说的 Ontologie 中的一种含义，就会涉及以上所说问题。也就是说，无论它是怎么想的，意

1　参见海德格尔：《形而上学导论》，王庆节译，第 47 页脚注。

图是什么，字面上已经远离了海德格尔所说的 Ontologie 的意思。

既然这里涉及海德格尔所说的 Ontologie 的第二种含义，我们不妨看一看海德格尔究竟说的是什么：

> **译文 7** 在这种情况下，"本体论"指的是那种要将存在诉诸言词的努力，而且这种努力通过对"存在（而不仅只是存在者本身）所处的情形如何"这个问题的发问来付诸实施。[1]

用不着深入讨论，即便随汉译"存在"一词的理解，字面上也立即可以看出，海德格尔所区别出并予以强调的"本体论"一词的这种含义是与言词相关的，因为其中明确谈到"将存在（Sein）诉诸言词"。所以，"本体论"这个词没有变，变的是这里所指出的不同于以往的含义。既然如此，这样一种意义下的本体论如何能够会与系词没有关系呢？引人注意的是，这里的变化指与言词相关的，即诉诸言词的努力。因此，如果对这种含义下所说的东西采用新的名称，即不再称它为本体论，当然应该凸显或强调与言词的关系。既然如此，Sein 这个名称如何能够会不显示出与系词的关系呢？所以，海德格尔所说的 Ontologie 是没有问题的，他希望和努力想讨论的 Sein's Fragen 或 Sein's Problem 也没有问题，因为 Sein 本身就是系词，字面上就有系词含义。但是"存在论"这一译语却在字面上就将系词及其含义消除了。

现在我们来看引文 9 中的［3］。它谈的是关于 Sein 的翻译，但是与其他几个注释的谈法有所不同。它说的是在什么情况下 Sein 这个词该如何翻译，类似于对翻译的要求，近乎原则性的、规定性的说明。虽然我们现在才来谈它，在译文注释中它却是最先出现的。这也说明，它很像

1 海德格尔：《形而上学导论》，王庆节译，第 46 页。

是原则性的。

［3］主要区别了三种情况：其一是概念层面和哲学讨论，其二是语法和句法的讨论，其三是前两种情况交织在一起的情况。简单地说，一是涉及 Sein 的含义的情况，二是涉及 Sein 的语法的情况，三是涉及二者交织在一起的情况。如果把［3］看作翻译原则，这三种情况则类似于三条原则：其一，在涉及 Sein 的内容的讨论中，将它译为“存在”；在涉及语法的讨论中，将它译为“是”或“是 / 在”甚至“是 / 在 / 有”；在涉及语法与内容交织的讨论中，将它译为“存在 / 是”，或者“是 / 存在”。

从这三条原则看，“存在”一词显然是翻译首选，而“是”一词不是，因为三种情况都有“存在”的出现，“在”似乎字面上即与它相关，而“是”一词只在后两条出现。

从前面的讨论可以看出，这样的原则与［1］似乎是相悖的，因为那里说明 Sein 是系词，是最常用的词，又是“存在论”中最核心的概念。无论是不是有意，如上所述，这里的“存在论”是有歧义的。假定它没有歧义，则它的德文大概应该是 die Lehre des Seins 或 Sein's Problem。换句话说，Sein 是系词，它也是“哲学存在论”中的核心概念。所谓“哲学存在论”，如海德格尔所说，要么是与传统本体论讨论方式不同的另一种方式，要么就是换了一个名称来称谓这种不同的方式。但是无论如何，它都与言词相关，与诉诸言词的努力相关，因而会与系词相关。所以，无论是说“本体论”还是说“存在论”，都会与语言相关，会与系词相关。

这里，我们终于看出外文和译文的区别。Ontologie 与 on 相关，因而与言词相关，与系词相关。die Lehre des Seins 或 Sein's Problem 则与 Sein 相关，因而与言词相关，与系词相关。换句话说，Sein 是系词，即使字面上也是如此，一如前面引文 2 所说，本体论所有重大问题都与系词含义相关。但是，“存在论”一词字面上却与 Sein 没有关系，因而与言词没有关系，与系词没有关系。认识到这一点也就可以看出，即便后两条原则成立，第一条原则也是不成立的。或者，假如后两条原则成立，那么第一条原则应该如下：在所说情况下，应该将 Sein 译为“存在 / 是”或“是 / 存在”。但是这样一来，第一种情况就与第三种情况重合了。而且，即便可以有这样的情况，我们依然要问，Sein 究竟应该译为“存在 / 是”，还是译为“是 / 存在”呢？综上所述，作为翻译原则，引文 9 是有问题的。

有人可能会认为，引文 9 并没有提及原则，而只是一般性地谈及翻译，因此不应该把［3］当作原则来讨论。确实如此。但是应该看到，在有关 being 的讨论中，确实有人提到和探讨翻译原则。因此让我们以引文 9 为引子，来探讨一下有关翻译原则的论述。

> **引文 10** 一个译词的适恰性应当尽可能满足以下两条要求：其一，要符合原词词义，力争对应，至少可以通过阐释获得意义上的对应性；其二，要符合母语语感，能够在母语（译文）上下文中构造出可理解的语句。一个译名若不能满足这两条要求，那就不能算是一个合格的译词。我们认为，“存在 / 是”（on/einai, Sein/sein）的译法能够满足这两条，而主张不加区分地把名词和系动词统统译为“是”的所谓“是”派，不能满足和对应上述两条要求。[1]

这里明确提出译名的两条要求，我们可以将它们看作原则，分别简称为对应性原则和符合母语语感原则。字面上看，这两条原则是合理的，也可以是合理的。它们与我们所说的语言转换是一致的。如果没有

1 孙周兴：《存在与超越：西方哲学汉译的困境及其语言哲学意蕴》，《中国社会科学》2012 年第 9 期，第 30 页。

对应性，语言的转换就会出问题，如果不符合汉语语感，就不会有助于对原文所表达的思想的理解。所以我认为它们是合理的，所以我前面非常强调翻译中 Sein 与“是”的对应性。但是为什么说它们可以是合理的呢？这是因为，它们固然是合理的，但是对它们还要做出合理的解释，并且加以合理的运用才行。否则就会有问题。比如引文中说“‘存在 / 是’（on/einai, Sein/sein）”这样的译法能够满足这两条原则，而“是”的译法不能满足这两个原则，这就是有问题的。

从对应性的角度说，引文 10 隐含着如下意思：being 的名词形式应该译为“存在”，动词形式应该译为“是”。这种关于对应性的说明，显然没有考虑 being 一词的系词含义，就好像这个词作动词时有系词含义，而以名词形式出现时就没有系词含义。也就是说，这里的说明字面上好像体现了系词含义，因为“存在 / 是”中已经有了“是”这个词，因而也就有了与系词含义的对应。问题是，在外文中，being 就是一个词，每次出现也是一个词，而不是两个词，只不过形式不同。它以名词出现时是 being（Sein），而以动词出现时不同，比如 is（ist）。它们是同一个词的不同形式。将 being 译为“存在 / 是”，这肯定就错了，因为后者不是一个词，而是两个词，而且这也不是同一个词的两种不同形式。所以，“存在 / 是”既不是与 being 对应的，也不是与 being/is（Sein/ist）对应的，它只是一个含糊的表达，一个有问题的表达，既说明不了 being 本身的多义性，也说明不了汉译自身的合理性。

从符合母语的角度说，人们通常会考虑一些具体的例子，比如“狗在花园里”这个例子。这是海德格尔举的 14 个例子之一。这个句子被认为是符合汉语语感的，即其中系词不能出现；而一旦出现了系词，比如“狗是在花园里”，就是不符合汉语语感的。[1] 也就是说，不能将句子中的 ist 译

1　参见孙周兴：《存在与超越：西方哲学汉译的困境及其语言哲学意蕴》，《中国社会科学》2012 年第 9 期，第 30 页。

为“是”，即便该德文句子中的动词 ist 在这里也是不能译为“是”的。

我认为，“狗是在花园里”是不是不符合汉语语感，至少是可以讨论的。[1] 但是这并不是问题的关键所在。应该看到，海德格尔是想通过这样的例子来说明，Sein 随便就被说成是一个词，因而例子中的 ist 与所讨论的 Sein 的对应性就是至关重要的。所以翻译这些例子时要把其中的 ist 这个词翻译出来，并且要将它与所谈的 Sein 这个词的对应性翻译出来。认识到这一点也就看出，汉译中对 Sein 和 ist 这两个词的翻译是至关重要的，二者之间的对应性的翻译也是至关重要的。而“存在”一词的翻译使它与许多例子不是对应的，甚至与比如“狗在花园里”也是不对应的，因为后者不含“存在”一词。所以，从翻译的对应性的角度看，无论如何“存在”一词也是不行的。相反，“是”一词的翻译使它与所有例子都是对应的，因为所有例子中都有“是”一词，包括“狗是在花园里”。

也有人说：

> **引文 11** 究竟选择“是”或“不是”、还是“存在”或“不存在”、还是“有”或“无”来翻译“esti”或“ouk esti”及其相关派生词，完全应当视乎语境和作者本人的意指而定。但是，另一方面，考虑到对于汉语而言，单字难以成词，现代汉语已经形成了以双音节成词的习惯，因此，以“存在”来翻译“esti”系列的词，就应当是一个基本的选择。[2]

这里大致说了两个意思，“完全应当”和“基本”这样的表达相当于原则性的要求。前者可称为语境原则，和通常所说的语境论的观点差

1 我曾详细讨论过这个问题，参见王路：《一“是”到底论》，第 3 章 3.3 节。

2 基尔克等：《前苏格拉底哲学家：原文精选的批评史》，聂敏里译，第 368 页脚注。译者明确地说：“一以贯之地把凡是出现‘is’和‘is not’的地方都翻译成‘存在’和‘不存在’，而非‘是’和‘不是’。”

不多。后者可称为双音节原则。这两个要求，前一个大约还是有道理的，后一个则没有什么道理，因为汉语中单音节的词并不是没有，而且似乎也不是少数。比如真、善、美，比如前面所说的信、达、雅，包括人们常说的字、词、句等等。

还有人说：

> **引文 12**　一个译名原则上应该能够在翻译所有哲学著作乃至翻译所有原文的重合都通行。[1]

这是一条有关翻译用语的基本原则。它不是针对 being 一词提出的翻译，但是显然应该涵盖对 being 一词的翻译。如果这条原则是有道理的，那么关于 being 的翻译也应该符合它的要求。但是字面上即可以看出，以上所提各种翻译原则，似乎都是为了说明，这一点是做不到的。而且，以上那些关于原则的说明，明显都在违背这条原则，实际上最终也确实违背了这条原则。与此相反，一“是”到底论倒是符合这条原则的，其实字面上即可以看出，一“是”到底论注定是符合这条原则的，因为它要求将“是”这一理解和翻译贯穿始终。而且，这样做出的翻译也是好的。比如前面第二章讨论过海德格尔的 14 个例子，我们指出，那里的译文 11 和译文 11′ 是有问题的，原因主要在于没有将“是”的翻译贯彻始终，因而无法体现 Sein 与 ist 的相互对应。而译文 11* 则没有这样的问题，所要说明的乃是 Sein，举例的 14 个例子都含 ist，因而 Sein 与 ist 是完全对应的，最后的总结性说明再次强调了二者的对应性，从而形成一段完整的关于 Sein 的说明。对照那里给出的译文 11、11′、11* 这三种译文，我们可以看出，坚持一“是”到底论是有道理的，这样做

1　海德格尔：《存在与时间》，陈嘉映、王庆节译，熊伟校，陈嘉映修订，“附录一”，第 501 页。

出的翻译不必加注德文，而且符合译文对应性原则，也符合译名统一的原则。在我看来，这样的翻译也是符合母语语感的。有人可能会觉得，“上帝是”“地球是”这样的句子有些怪。确实如此，但是应该看到，德文 Gott ist、Erde ist 这两个句子本身也是怪异的。前者不是日常表达，后者甚至根本就不会有人说。[1]

五、辩护的实质

以上讨论主体上基于译者关于译文中用语的解释和说明，主要包括海德格尔的《存在与时间》和《形而上学导论》的译者后记和译文中的译者脚注。所以，以上讨论都是基于一线译者对应该如何翻译 being 一词的理解和说明。[2] 从以上讨论可以大致看出三个事实。一个是，在 being 一词的翻译中，人们通常选择“存在”一词。另一个是，人们为选择这一汉译做出辩护。还有一个是，无论是选择“存在”这一汉译，还是为这一选择辩护，都涉及系词的问题，因而都涉及有关“是”一词的讨论。如果进一步分析，则还可以看出，在涉及系词和“是”一词的问题上，以上讨论还是有不小区别的。

众所周知，自 20 世纪 90 年代，特别是 21 世纪以来，国内学界关于 being 问题有比较广泛而热烈的讨论。在这一讨论中，产生并形成了两种不同的看法，一种是“存在论”，一种是“一‘是’到底论”。二者争论的焦点和分歧主要就在 being 的系词含义，或者说主要与 being 的系词含义相关。所以，为“存在”辩护，就一定会涉及系词问题，涉及与系词

1 我曾详细讨论过这个问题，参见王路：《读不懂的西方哲学》，第 4 章；《一“是”到底论》，第 3 章，第 4 章 4.1.3 节。

2 以上讨论还引用了杨一之在黑格尔《逻辑学》一书中的译者脚注。在关于翻译原则的讨论中，我们引用了聂敏里和孙周兴的话。前者的文字依然是译文中的脚注，后者的文字虽然来自论文，但是由于其本人译著等身，因此也体现出其对相关问题长期反复而深入的思考。

相关的讨论，从而涉及“是”一词及其相关的讨论。正是在这一点上，我们可以看到以上引文的一些区别。确切地说，引文1和引文6是早先的讨论，属于20世纪90年代以前，而其他引文则是后来的文字，而且引文3、4、5和引文7、8、9还是最近的文字。对照一下可以看出，它们关于being的讨论，特别是关于系词的讨论，明显是不同的。

可以看到，引文1非常自然地谈及系词，谈及“是”，并且谈及“‘是’为系词”。引文2也自然地谈及系词，并且说“sein通常用作系词，和现代汉语的‘是’相当”，甚至还说，本体论的问题与西方语言中的系词相关，“若不把das Sein译作‘是’，本体论讨论就会走样”。这表明，尽管引文1和引文2都选择了“存在”这一汉译，并都为这样的选择进行了辩护，但是它们的讨论都谈及Sein是系词，“是”是系词。也就是说，它们都没有回避关于汉语系词的讨论，关于汉语中“是”乃是系词的讨论。引文2虽然属于后来的讨论，但是由于与引文1是同一译者，因而延续了引文1的认识。

相比之下，引文3、4、5和引文7、8、9则不是这样。看得出来，它们谈及系词，但只在引文5中明确提了一句“是”乃是系词，而这样谈论的目的还是为了说明“将之名词化有违日常的汉语语言习惯”。也就是说，这里仅仅旨在说明，“是”乃是系词，无法名词化，暗指该词无法对应有关Sein的讨论中大量名词形式，所以不能采用它来翻译Sein。而在有关与Sein的系词用法和含义的理解和解释中，在与Sein这种系词用法和含义的对应及其翻译的讨论中，引文基本不谈“是”一词是不是系词，是不是有系词含义。这样的讨论方式，无疑是在刻意回避“是”一词的系词用法和含义，从而弱化甚至消除它的这种用法和含义。这与引文1和引文2是明显不同的。

应该指出，Sein的系词用法和含义是客观的。在有关Sein一词的理解和翻译以及相关讨论中，这一点是首先应该认识到的，是应该承认的，也是应该强调的。

“是”一词的主要用法是系词，它的主要含义是系词含义。这一点也是客观的。这一点从引文1和引文2，以及引文5可以看得很清楚。在有关Sein的翻译中，这一点无论如何也是应该承认的。

看到以上两点也就可以认识到，在有关Sein的翻译的讨论中，系词的用法和含义是无论如何要讨论的，因而，“是”一词的系词用法和含义无论如何也是要讨论的。引文1和引文2的讨论是非常自然的。尽管没有采用“是”一词来翻译，但是对它的系词用法和含义却是要首先指出的并予以强调的，因为这不仅是客观的认识，也是直观的认识。但是引文3、4、5的讨论就不是那样自然。它们承认并强调Sein的系词结构和重要性，但都是谈论德文中这个词及其结构，或者西文中与它相应的词和结构，而不是谈论中文中“是”这个词是不是系词，是不是有这样的结构，这实际上相当于不承认“是”乃是系词，不承认它的系词用法，因而不涉及它与德文Sein这个词之间的对应性。比如，它们也谈及“是”一词，但是将它归为语言学中的东西（引文3），这样就将它与本体论、存在论的问题割裂开来，划分成两回事，消除了对应性。又比如，它们也谈及“是”，但是只是将它与“存在”和“有”并列，说这三个词与Sein的丰富含义相近（引文4），这样就说明它们与Sein一词没有一一对应的关系。再比如，它们也谈到“是”乃是系词（引文5），却不是谈论对Sein的含义的理解，不是谈论“是”与Sein的含义是不是对应和匹配，而是谈论汉语的表达习惯，这样就以汉语表达习惯为由来说明不能将Sein译为“是”。所有这些谈论方式都表明，论者没有把“是”看作与Sein对应的词，只不过谈论的方式不同，表达就不同罢了。而所有这些不同的论述及其表达和隐含的观点，在“德文Sein在汉语语词中并无一一对应的关系”（引文4）和“汉语缺乏与德文‘ist’正相对应的语词”（引文7）这两句话中充分地显示出来。这一观点与引文1和引文 2 的观点无疑是相悖的。在我看来，这样的观点倒在其次，重要的是为这样的观点做出论证的方式是有严重问题的。假如说这只是在不同情况下以不同的方式为“存在”这一汉译做出辩护，那么我认为，这样的辩护是有问题的。它的实质就是不承认汉语中“是”一词与 Sein 的对应性，它的辩护方式则是模糊并弱化“是”一词的系词含义。这样的做法，尤其是在有了关于 being 问题诸多讨论的今天，肯定是不对的。

值得注意的是，引文 4 和引文 7 中这两句话都谈到“对应”，而这也是我们一直在谈论的。我们一直在讨论“是”与 Sein 的对应问题，前面谈到的翻译原则也提及语词的对应性，所以这两句话与我们讨论的主题直接相关。这两句话的意思大体一样，也很简单，直言汉语没有与 Sein 对应的词，可以说是以上观点的集中体现。但是它们的表述却不简单。一个是“一一对应”，另一个是“正相对应”，就是说，它们都在“对应”一词前面加了修饰，而且是强化性的修饰。“一一”对应是非常明确的表达，“正”相对应的意思也差不多。在人们都承认 Sein 有系词含义和存在含义的情况下，这样的说法似乎字面上就可以排除“是”的翻译，当然也可以排除“存在”的翻译。也就是说，这样的说明只是提供了不采用或可以不采用“是”一词的理由，并没有提供可以采用或应该采用“存在”一词的理由。所以对选择“存在”一词要做出说明，比如延续传统，比如根据存在论的意义，对不选择“是”一词也要做出说明，比如说它不是名词，无法作名词，比如说它属于语言学等等。这样的论述是不是有道理姑且不论，但是有一个问题却是明显的：Sein 是系词，“是”也是系词，二者难道就没有对应性吗？如果有，它们就不是对应的吗？与此相关的问题是，Sein 的系词用法和表述与哲学含义真的没有关系吗？或者，其语言学和逻辑学的含义与哲学的含义真的可以区分开吗？真的可以分得那样清楚吗？这样的询问和回答似乎会使我们又进入如何理解 Sein 的讨论，似乎会使我们远离这里关于汉语翻译的讨论。所以我们还是换一种方式来考虑这里的问题。

既然 Sein 是系词，“是”也是系词，二者自然就是对应的。因此将 Sein 译为“是”就是正确的，至少在系词含义这一点是正确的。

人们说，Sein 除了有系词含义，还有其他含义。因此在翻译中不仅应该译出系词含义，而且也应该译出其他含义。这样的说法是不错的，问题是，Sein 的系词含义是通过其系词方式体现出来的，它的其他含义是通过什么方式体现出来的呢？如前所述，后者是通过非系词方式体现出来的。所以，Sein 的系词含义是至关重要的，或者说是最主要的。

从翻译的角度说，首先应该将 Sein 翻译为一个词，这个词应该能够表达它的系词含义，也应该能够表达它的其他含义，比如存在含义。“是”恰恰是这样一个词，它是系词，当然可以表达 Sein 的系词含义。由于它是系词，因而也可以表达 Sein 一词的非系词用法，因而可以表达它的非系词含义，比如存在含义。即使从对应的角度说，我认为，“是”与 Sein 乃是一一对应的。假如认为这样的说法过强，我认为，二者大体上是对应的。这种对应性就体现在系词用法及其含义上。退一万步说，既然 Sein 是系词，它在字面上就有系词含义。将它译为汉语时，至少字面上应该保留这样的含义，而不保留这种含义就是不对的。这大概是翻译 Sein 的底线。认识到这一点也就认识到，“是”一词是恰当的汉译，也是与 Sein 对应的汉译，因为它字面上体现了 Sein 一词的系词含义。也就是说，经过语言转换，它可以呈现而不会消除 Sein 的系词含义，因而可以呈现而不会消除西文中通过 Sein 所表达的思想。这一点是“存在”一词无论如何也做不到的。至于说“是”一词是不是就不能表达哲学含义，比如存在含义，这又涉及理解的问题。学界比较普遍的观点认为不能，我则认为能[1]，后面我们还会讨论这一点。

---

1 参见王路：《一“是”到底论》，第 4 章。

对照引文1和引文2与引文3、4、5和引文7、8、9，可以清楚地看出，承认还是不承认“是”乃是系词，它与Sein相对应，区别还是很大的。承认这一点，就必须对系词做出解释和说明，从而对不采用“是”一词来翻译Sein做出解释和说明，而这一点又是比较困难的事情。原因很简单，既然二者都是系词，它们在系词这一点上就是对应的。那么至少从系词的角度看，将Sein译为“是”而且认为应该将Sein译为“是”乃是不错的。同时恰恰也是在这一点上，将Sein译为“存在”而且认为应该将Sein译为“存在”乃是有问题的。因此，Sein不应该译为“存在”，而应该译为“是”。所以，谈论系词，就不得不谈论“是”一词的恰当性和“存在”一词的不恰当性。还可以看出，引文1和引文2没有回避“是”与系词的对应性，结果在谈论中出了问题，即一方面承认本体论的问题与系词含义相关，另一方面表明自己提供的译本字面上缺少这样的含义。引文3等回避了“是”与系词的对应性，结果在谈论中也出了问题，即并没有说明所提供的译文是有道理的。抛开二者的结果不论，至少从回避还是不回避“是”与系词的对应性这一点看，引文1和引文2的做法是正确的，因为它们至少态度是客观的、科学的。而引文3等是有问题的，因为它们的态度是不客观的，做法也是不科学的。

基于以上对照还可以看出，无论是不是谈论系词以及“是”与系词的对应，最终“是”一词都被从汉译中排斥了，即使保留，也仅仅是局部、部分的，没有被当作与Sein对应的词。“存在”这一汉译的选择实际上表明，它被看作与Sein对应的词，尽管没有明说，尽管有时还加上“好歹能读”之类的说明。既然这样做，就一定要寻找理由。可以看出，它们提供了各自不同的理由，但是有一点是共同的，这就是要从汉语的表达出发。而且这样的观点在学界是比较有代表性的。

比如引文说到，中文无法将“是”这个词变为抽象名词（引文2），将它名词化违反日常表达习惯（引文5），所以，应该将Sein/sein译为

"存在／是"（引文10），即要区别Sein的名词形式和动词形式，将其名词形式译为"存在"，将其动词形式译为"是"。不仅如此，这样的看法还上升到翻译原则的高度，认为这样的翻译才符合汉语语感。与此相关还有一种说法，"是"乃是单音词，而"存在"是双音节词，使用双音节词才符合汉语表达的习惯（引文11）。这样的论述无非是表明，用"是"来做Sein的对应译语乃是不合适的，因为不符合汉语表达习惯和方式。所以，从汉语表达习惯出发，应该将Sein译为"存在"，而不能译为"是"。

字面上可以看出，这样的看法和论述是有问题的。由于只是从汉语自身考虑，比如是单音字表达合适还是双音字表达合适，比如"是"一词是不是抽象名词，是不是可以成为抽象名词，等等，因此这样的考虑似乎都假定了一个前提："存在"一词是恰当的，它是双音字，它是抽象名词，它可以作抽象名词。这种考虑方式的问题在于，它不是关于两种语言转换的考虑，而是仅仅关于汉语本身的考虑。若是借助信达雅的说法，它所考虑的并不是信和达，而是雅，只是属于修辞的层面。不仅如此，它似乎不仅是关于汉语中"是"这个词的用法和表达的考虑，而且还是关于汉语能力的考虑。它似乎表明，汉语没有能力将"是"变为名词。我认为这样的看法无疑是有问题的。对于这样的考虑，我们至少可以问，即便过去"是"一词不是名词，从未被我们当作谈论的对象考虑，难道今天依然还是这样吗？难道今后也依然还会是这样吗？即便"是"一词在日常表达中只是系动词，将它变为名词很困难，因而将它变为哲学讨论的对象有困难，但是汉语真的没有能力将它变为名词吗？难道汉语真的不能将它变为哲学讨论的对象吗？而将它变为名词并成为哲学讨论的对象之后，它真的就无法理解了吗？

非常明显，以上从汉语表达出发的论述即使有道理，充其量也只是说明将Sein译为"是"不合适或者说不能将它译为"是"，但是并没有说明将它译为"存在"就合适或者说应该将它译为"存在"。只要考虑系词，就无法说明“存在”这一汉译的确定性。但是，由于不考虑系词，或者弱化甚至消除关于系词的考虑，那些关于“存在”的说明似乎振振有词，而且所说的还貌似有理。但是这样的说明在我看来都是有问题的。这是因为，即便它考虑了语言的转换，它也没有考虑思想的呈现。因为在考虑思想的呈现的过程中，不考虑系词是根本不行的，一如引文 2 的提示。

我强调引文中有关 being 讨论中的问题，实际上是强调指出近年来在相关讨论中的问题。我之所以强调这一点，原因是多重的。首先，早在 2003 年的相关讨论中我就指出了这方面的问题：

> 我主张应该以“是”来翻译“to be”，用“真”来翻译“truth”，并不是认为这样的翻译就没有任何问题。我反对以“存在”来翻译“to be”，以“真理”来翻译“truth”，也不是说这样的翻译在任何地方、任何场合、任何情况下不通。在我看来，无论主张什么或反对什么，都应该从理解西方哲学出发。而从这一点出发，我们应该时时刻刻意识到不同语言和思想之间的差异，意识到由不同语言和思想之间的差异所造成的历史文化之间的差异。在这种意义上，我认为，我们解释西方的形而上学，应该尽量保留一个比较大的空间。einai、esse、to be、Sein、être 等词的系词作用虽然只有语法意义，而没有语义涵义，却是西方语言中最主要的一种用法。作为一个中文概念，“是”虽然不如“存在”那样来得具体实在，但是，它至少从字面上对应了西方语言中 einai、esse、to be、Sein、être 等等语词，因而使人们可以对这个词做系词的含义的理解。保留这个空间，不仅保留了更多的可能性，而且也不会妨碍我们对它做“存在”的理解。而“存在”根本从字面上消除了系词的涵义，因而取消了系词意义上的理解空间。这是一个很大的空间，涉及到对

> 语言的理解，对思想的理解，对逻辑的理解。“是”与“存在”虽然仅仅一字之差，结果却有天壤之别。[1]

我指出 being 的系词含义，并不是因为我们过去对它没有认识。实际上，对 being 的系词含义，人们是有认识的，如同引文 1 所说。但是人们对于要在翻译中将 being 的这种系词特征翻译出来认识不足或者缺乏认识。过去我指出这一点实际上是为了说明，从理解西方哲学的角度说，系词的含义和理解是至关重要的。今天我强调这一点是为了说明，从翻译的角度说，保留系词特征是语言转换的必要条件，也是思想呈现的必要条件。至于说它是不是思想呈现的充分条件，是不是我们理解西方哲学的充分条件，则是需要进一步讨论的问题。

其次，在过去的讨论中，我从各种角度，多次讨论过一“是”到底论的观点，讨论了应该在系词的意义上理解 being，并且应该将这样的理解贯穿始终。我认为，人们当然可以坚持认为“存在”的翻译和理解是有道理的，也可以坚持这样做。但是在这样做的过程中，特别是在对这样做的说明和论证过程中，应该直接面对现有的那些说明。那种不提系词及其含义的做法，那种将系词及其含义归于语言学，从而将系词及其含义归为关于语言的考虑的做法，那种随意解释 being 的含义，从而随意翻译 being 一词，或者随意翻译 being 一词并随意做出解释的做法，那种割裂汉语与西文在系词的对应性，仅考虑汉语表达习惯的做法，都是不对的，在相关讨论中，也是不得要领的。在经过这么多年讨论的今天，若是还这样做，在我看来，不仅是有问题的，而且实际上是不求进取的，所产生的结果则是无意义的。从学术研究的角度说，这不是进步，而是倒退。

---

1 王路：《“是”与“真”——形而上学的基石》，第 431—432 页。

第四章 “是”还是“存在”

亚里士多德是逻辑的创始人，也是形而上学的奠基人。一方面，他的逻辑基于“S是P”这样的句式，另一方面，他明确地说形而上学要研究“是本身”。所以，“是”不仅是他的逻辑的核心概念，也是他的形而上学的核心概念。因此，即使仅仅是在字面上，他的逻辑和形而上学也是相通的。亚里士多德的逻辑和形而上学是西方哲学史主线上的东西，影响极大。在西方哲学中，这种逻辑与哲学的相互交织，不仅是传统，也是普遍情况。上一章引文2所说本体论的重大问题都与“是”相关，谈的虽然是系词，却也与逻辑相关，因为逻辑的基本句式“S是P”所体现的恰恰就是系词形式。前面曾提到学界有一种看法，认为将Sein译为“是”隐含着一种逻辑倾向，将相关问题归为逻辑学，大概主要也与这种句式相关。所以，讨论Sein的问题，即便是仅仅讨论它的翻译，不涉及它与逻辑的关系也是不可能的。下面我们专门探讨这个问题，而且延续前面的谈论方式，我们通过分析文本来探讨相关问题。哲学史上涉及being与逻辑关系的文本很多，为了使讨论集中，也为了不至于断章取义，我们以黑格尔的逻辑著作为例，集中讨论其中一些主要的相关章节。

一、译著与术语

黑格尔有两部逻辑著作，都有中译文。一部是《逻辑学》，俗称大逻辑，一部是《小逻辑》。它们体现了黑格尔对逻辑的看法和认识。这两部著作的思想大体差不多，主要区别是在规模上，后者一般被看作前者的简写本。即便如此，研究黑格尔逻辑，主要还是从《逻辑学》入手。

1950年，贺麟的译著《小逻辑》出版。1976年，杨一之的译著《逻辑学》出版。2002年，梁志学的译著《逻辑学・哲学全书・第一部分》出版。此后不久于2007年，薛华的译著《哲学科学全书纲要》出版，其第一部分即"逻辑学"。这样，关于黑格尔的逻辑著作我们已有多个译本。确切地说，关于通常所说的《大逻辑》，有杨一之译的《逻辑学》[1]；关于通常所说的《小逻辑》，至少有贺译[2]、梁译[3]和薛译[4]等三个译本。这些译著成为国人学习和研究黑格尔的逻辑学的基本文献。

阅读译著可以清楚地看到，Sein一词的译语是有变化的。贺麟的译著在国内影响很大，它还使汉语"有"一词成为西方哲学中being一词的译名，虽然他后来改用"存在"一词，但是在他之后，杨译《逻辑学》依然采用了这一译名。这一译名直接影响国内学界对西方哲学being这一概念的理解。比如如前所述，有人甚至认为，就being的理解和翻译而言，亚里士多德和海德格尔那里应该用"是"和"存在"，而黑格尔那里应该用"有"。[5]梳理这一过程我们发现，贺译《小逻辑》最初将

1 黑格尔：《逻辑学》上下卷，杨一之译，商务印书馆1977年。

2 黑格尔：《小逻辑》，贺麟译，商务印书馆1954年、1980年（以下分别简称《贺译1》《贺译2》）。

3 黑格尔：《逻辑学・哲学全书・第一部分》，梁志学译，人民出版社2002年，以下简称梁译《逻辑学》。

4 黑格尔：《哲学科学全书纲要》，薛华译，人民出版社2007年，以下简称薛译《全书》。

5 参见赵敦华：《"是"、"在"、"有"的形而上学之辨》，载《学人》第四辑。

它译为“有”，后来将它修正为“存在”，但是依然保留了“有”一词，二者兼用。梁译《逻辑学》则将它译为“存在”，薛译《全书》同梁译。所以，单从译本来看，可以明显看出译语从“有”到“存在”的变化。假如将杨译《逻辑学》也考虑进来，则可以看到这些译本依时间顺序有一个变化：从“有”到“存在”，从“存在”再到“有”，再从“有”到“存在”并在“存在”定格。

《贺译1》对“有”这一译名没有说明，《贺译2》则对修正译文做出说明：由于包含“本体论与逻辑学统一的思想”，所以“把旧译本的‘有论’改为‘存在论’，有些地方，根据上下文具体情况，特别在谈到有与无的对立和统一时，仍保留‘有’字”[1]。梁译《逻辑学》继承并沿用《贺译2》的“存在”这一译语，并谈及关于它的改进，表示关于它的理解和翻译乃是“牵一发而动全身的，看来还得继续加以研讨”[2]。由此可以看出，现在译者们关于如何翻译Sein的看法是有变化的，而这一变化是从“有”变为“存在”。

在国内学界关于黑格尔逻辑学的讨论中，“有”与“存在”这两个译名是交替使用的，最终还是以“存在”为主，这不仅体现在译著的译名使用上，在相关讨论中也是如此。比如张世英的专著《黑格尔〈小逻辑〉绎注》就采用了“存在”一词。[3]

字面上可以看出，“某物存在”或“存在某物”，与“有某物”意思差不多，至少有相同或近似的意思，也就是说，“存在”和“有”是有相似含义的。因此可以说，从“有”到“存在”这种译名的变化并不是一种根本性的变化。这与逻辑的考虑完全不同。如前所述，逻辑的基本句式乃是“S是P”。如果从逻辑出发，将Sein无疑应该译为“是”，而

1 《贺译2》，第xvii页。

2 梁译《逻辑学》，第407—408页。

3 张世英：《黑格尔〈小逻辑〉绎注》，《张世英文集》第三卷，北京大学出版社2016年。

不是译为“存在”或“有”。“是”与“存在”和“有”显然具有根本不同的含义。因此将 Sein 译为“是”注定会带来完全不同的理解。

这里的问题在于：翻译的基础是理解。因此，将 Sein 译为“是”固然会带来完全不同的理解，这却不是问题的关键。只有这样的翻译是正确的，这样做才是重要的，产生的不同理解才是有意义的。所以，这里的问题实质在于：为什么应该在是的意义上理解 Sein，而非在存在的意义上理解 Sein？或者，为什么将 Sein 译为“是”才是正确的，而译为“存在”或“有”乃是错误的？

关于“是”与“存在”的区别已经有很多讨论了，关于它们的区别也有基本的共识。最简单地说，“是”有系词含义，“存在”(和“有”)则没有系词含义。基于这一认识，考虑黑格尔逻辑学中 Sein 一词的翻译问题也就可以转换为考虑：其中这个 Sein 是不是系词含义，或者它是不是存在含义？或者它有没有系词含义，或者它有没有存在含义？它主要是系词含义，抑或主要是存在含义？假如 Sein 是系词含义或主要是系词含义，那么译为“是”乃是正确的，而译为“存在”则是错误的；即使它仅仅是有系词含义，将它译为“存在”也是有问题的，因为“存在”一词根本就没有系词含义。相反，假如 Sein 是存在含义或主要是存在含义，那么译为“存在”是正确的，而译为“是”乃是错误的；但是，假如它仅仅是有存在含义，那么就不能说译为“是”乃是错误的，因为需要认真考虑，“是”一词是不是有存在含义。

有了以上几点区别，下面我们进入汉译文本讨论。

二、“存在”与《小逻辑》

Sein 是黑格尔逻辑学的核心概念。在《小逻辑》中，它最初被译为“有”，后来被改译为“存在”。“有”和“存在”是两个不同的用语，表达两个不同的概念，因而这一变化也带来译文上的一些变化。我们先来看一下译文中的变化。

> **译文 1**　“有”只是潜在的概念。[1] 凡具有“有”的性质的事物都可用“是”去指谓。[2] 将这具“有”性的事物分别开来看，它们是彼此互相**对立**的。[3] 从较广的观点或辩证法来看，它们的特性是互相**过渡到对方**。[4] 这种特性一方面是一种进展，因此可说是潜在存在的概念之展开，同时也可以说是“有”之**向内回复**或“有”之深入于其自身。[5] 因此在“有”论的范围内去解释概念固然要发挥“有”的全部性质，同时也就是要扬弃“有”的直接性或扬弃“有”的原来形式。[1]
>
> **译文 2**　存在只是**潜在**的概念。[1] 存在的各个规定或范畴都可用**是**去指谓。[2] 把存在的这些规定分别开来看，它们是**彼此**互相对立的。[3] 从它们进一步的规定（或辩证法的形式）来看，它们是互相**过渡到对方**。[4] 这种向对方过渡的进程，一方面是一种**向外**的**设定**，因而是**潜在**存在着的概念的开展，并且同时也是存在的**向内回复**或深入于其自己本身。[5] 因此在存在论的范围内去解释概念，固然要发挥存在的全部内容，同时也要扬弃存在的直接性或扬弃存在本来的形式。[2]

这是《小逻辑》在概论后第一篇的开场语，是正文中关于 Sein 开门见山的论述，因此对以后的论述至关重要。很明显，《贺译 1》将它译为“有”，《贺译 2》将它译为“存在”，因而形成不同的译文。除了这两个译语的区别，字面上还可以看到另外两个区别，一个是译文 1 中的引号

1 《贺译 1》，第 197 页。序号为引者所加，为了讨论方便。

2 《贺译 2》，第 187 页。序号为引者所加，为了讨论方便。

在译文 2 中没有了。这似乎表明，“有”一词需要借助引号来表达，而“存在”一词不需要。另一个是，“规定”一词在译文 2 中多次出现，在译文 1 却没有出现。这些区别当然会造成对译文的不同理解。

就 Sein 这个概念而言，译文 2 中“规定”一词的多次出现表明，它与 Sein 这个概念相关，而且重要。“规定”或“规定性”（Bestimmung 或 Betimmtheit）一词没有什么理解的问题，它表达的意思大概有：说明、描述、约定、制约等等。也就是说，它大体上是一种说明性的东西，有了它，与它相关的东西的意思就清楚了，或者至少比没有它的时候清楚了。所以，在谈论 Sein 的时候，通过“规定”来说明，还是有意义的，或者，至少不是随意的。因此，从译文的角度说，将这个词译出来还是不译出来，区别还是很大的。[1] 预设存在有规定，[2] 和 [3] 从存在的规定和进一步规定谈及它们的相互对立以及相互向对方的过渡。[4] 虽然没有使用这个词，但是从前面所说的过渡谈起，因而也会与它相关。[5] 是总结性说明，当然也就离不开它的意思。所以，在这段说明中，“规定”这一概念是非常重要的。认识到这一点我们就要考虑，“规定”一词的出现对译文 2 带来什么样的说明，而它的不出现对译文 1 造成什么样的影响。

在 [1] 中，译文 1 和译文 2 将它分别译为“性质”和“规定或范畴”，二者是不同的。因而“凡具有‘有’的性质的事物”与“存在的各个规定或范畴”无疑是有区别的。“性质”与“规定”多少还是有一些区别的，而 Bestimmung 无疑没有“范畴”的意思，所以这两个译文与原文都有些距离。值得注意的是它们所跟的补充说明：“可用‘是’去指谓。”这一说明似乎表明，“是”乃是更根本的东西。这样一来，“性质”与“规定”的区别似乎也就不是那样重要了，译文无论与“有”的性质相关，还是与“存在”的规定相关，都要依赖于“是”。当然，这里又涉及翻译的问题，比如梁译本将这句话译为：“这个概念的各个规定是**存在着的**规定。”[1] 这样，“是”这个词不见了，因而看不到“是”乃是更根本的东西了，根本的东西还是“存在”。但是这样一来，意思就有了很大的出入，而“性质”与“规定”的区别似乎又变得非常重要。

张世英对这段话有三段简要的说明。我们看其中第一段，即关于译文 2 第一句的说明：

> **引文 1**　“存在”(Das Sein，亦可译作“是”或“有”)是一切事物的最普遍、最抽象的特征。世界上的事物千差万别，但它们都是“存在”。所以，“存在”是具体概念、绝对真理(亦即无限的统一性整体)的最一般的规定，在“存在”中，它只是“自在的概念”，只是概念的潜在状态。[2]

这段话是在 20 世纪 80 年代初说的，那时国内尚无关于 Sein 的问题的讨论，所以这里关于 Sein 的说明乃是自然的，它体现出学界一种比较普遍的也是自然的关于 Sein 的看法。直观上即可以看出，这里主要表达了两个意思，一个是关于 Sein 一词的翻译：采用“存在”一词，同时说明它也可以译为“是”和“有”。由于没有做进一步的解释，这似乎表明，这是学界的共识。另一个意思是关于这个词的解释。

从引文的解释可以看出，它使“存在”与事物直接联系起来。换句话说，它认为，“存在”是事物的特征，因而指事物的存在，或者至少首先指事物的存在。这与前面讨论海德格尔时提及的一种观点差不多是一

1　与译文 2 相应的完整译文如下：

存在只是仅仅**潜在**的概念；这个概念的各个规定是**存在着的**规定，它们在它们的区别中互为**他物**，它们的不断规定(辩证过程的形式)就是**向他物的过渡**。这种不断的规定既是**潜在地**存在着的概念的向外设定，因而是这种概念的展开，同时也是存在**向自身之内的潜入**，是存在向其自身的深化。概念在存在范围内的阐发既会扬其存在的直接性或存在本身的形式，也同样会成为存在的总体。(梁译《逻辑学》，第 165 页)

2　张世英：《黑格尔〈小逻辑〉绎注》，第 136 页。

样的：Sein 首先与 Seiende 相对应，后者指万物，因而存在着的事物首先预设了存在。或者，那里的观点和这里的论述差不多是一致的。所以这样的观点在国内学界是有代表性的。但是字面上可以看出，译文 2 的第一句话只是说 Sein 是潜在的概念。即使将其中的 Sein 译为"存在"，它也只是说存在是潜在的概念。也就是说，它丝毫也没有提及"事物"，因而它所说的"存在"根本就不涉及事物，与事物没有什么关系。

顺便说一下第一句中的"潜在"一词，它的德文是 an sich。不知为什么这里要这样翻译，而不采用"自在的"这一通常译语。[1] 也许从"潜在"一词可以联想到存在与事物的关系，或者甚至不必如此，即使字面上也可以想到存在与事物的关系，所以这里的解释似乎是自然的，似乎也是有道理的。我的问题是，既然这句话没有谈及事物，而只谈及 Sein，难道我们不借助事物就不能对它做出说明吗？离开事物，离开与事物的关系，离开与事物的相关考虑，我们就不能对这句话做出解释和说明吗？我不这样认为，所以我认为这样的解释是有问题的，当然我们也可以看得非常清楚，它采用了"存在"这一译语，因而是与这一译语相关的。

前面说过，《小逻辑》中关于 Sein 一词的翻译有一个从"有"到"存在"的变化，并最终在"存在"一词上确定下来，因此，我们要重点考虑"存在"，即这里只结合"存在"来考虑"规定"。首先，存在这一概念的规定是存在着的规定，这句话好像是同义反复。"存在"的意思是有。存在着的规定就是现有或即有的规定。那么，存在的规定为什么相互之间会是对立的呢？为什么对立的存在的规定会向对方过渡呢？这些意思如果不清楚，进一步的那些说明，包括向内的回复和向外的设定，都不会是清楚的。由于这是开始的论述，有不太清楚的地方似乎也是可以理解的，我们看接下来的说明。

1 薛译本译为"自在地"，参见薛译《全书》，第 69 页；我认为，译为"依自身"会更好一些。

译文3　附释：逻辑理念的每一范围或阶段，皆可证明其自身为许多思想范畴的全体，或者为绝对理念的一种表述。譬如在“存在”的范围内，就包含有**质**、**量**、和**尺度**三个阶段。[1] **质**首先就具有与存在相同一的性质，两者的性质相同到这样程度，如果某物失掉它的质，则这物便失其所以为这物的存在。反之，[2] **量**的性质便与存在相外在，量之多少并不影响到存在。譬如，一所房子，仍然是一所房子，无论大一点或小一点。同样，红色仍然是红色，无论深一点或浅一点。[3] **尺度**第三阶段的存在，是前两个阶段的统一，是有质的量。一切事物莫不有“尺度”，这就是说，一切事物都是有量的，但量的大小并不影响它们的存在。不过这种“不影响”同时也是有限度的。通过更加增多，或更加减少，就会超出此种限度，从而那些事物就会停止其为那些事物。于是从尺度出发，就可进展到理念的第二个大范围，**本质**。[1]

这里谈论与“存在”相关的三个划分：质、量和尺度。简单说，质与存在具有同一的性质，量与质没有同一的性质，而尺度则是质和量的统一。这些说明看似清楚，仔细思考却不是没有问题的。

首先，[1] 中对质与存在的同一是这样说明的：如果某物失掉它的质，则这物便失其所以为这物的存在。既然质与存在同一，一事物若失去了质，也就失去了存在，这似乎是容易理解的。换句话说，由于质与存在同一，所以一事物失去了质，也就不存在了。但是这里却不是这样说的，而是在存在这里加了一个修饰说明：所以为这物。这样一个说明难道不是有些多余吗？它难道会有什么特别的意思吗？

1 《贺译2》，第188页。序号为引者所加，为了讨论方便。梁译《逻辑学》与译文3差不多，都采用了“存在”译名（参见梁译《逻辑学》，第166页）；《贺译1》采用的译文是“有”（参见《贺译1》，第198页）。

梁译《逻辑学》这句话是这样翻译的："质首先是与存在同一的规定性，两者相同到这样的程度，以致某物如果失去其质，就不再是某物。"[1] 这句话容易理解多了。它的意思是说，一事物若还是某物，则它不能失去它的质。这样，这里说的"质"与这里说的"是"就是同一的。但是这样一来也有问题。这里说的质相当于引文中说的"规定性"，这里说的乃是它与"是"的同一，怎么在引文中说的却是它与存在的同一呢？这里明明在谈论是某物抑或不是某物，这与存在又有什么关系呢？

对照德文[2] 可以看出，后半句的意思是说：当某物失去它的质时，它就不再是（aufhoert…, das zu sein）它所是的东西了（was es ist）。而这半句所使用的两个动词 sein 和 ist，恰恰是与前半句中的名词 Sein 对应的词，意思也应该是对应的。现在可以看出，译文 3 中这句话，即"失其所以为这物的存在"，是错译。德文中的两个动词都是系词。第一个系词是以不定式 sein 的方式表示的，它的表语是 das，意思是"是这个（东西）"，逗号后面的从句是对这个 das 的补充说明。第二个系词是以第三人称单数 ist 表示的，它的表语是句首的 was，即该从句所说明的"这个（东西）"。所以，这两个动词虽然形式不同，但都是系词，因而没有存在含义。在我看来，译文 3 的错译和前面我们讨论过的错译是相

1 与引文 3 相应的完整译文如下：

［**附释**］逻辑理念的每一范围都证明自身是各个规定组成的一个总体，是绝对的一个表现。存在也是如此，它在自身包含**质**、**量**、**和尺度**三个阶段。质首先是与存在同一的规定性，两者相同到这样的程度，以致某物如果失去其质，就不再是某物。反之，**量**则是对存在外在的、与存在漠不相关的规定性。例如，一所房子无论大一点或小一点，仍然是一所房子，红色无论浅一些或深一些，仍然是红色。存在发展的第三阶段，即**尺度**，是前两个阶段的统一，是有质的量。一切事物都有它们的尺度，这就是说，它们是在量上得到规定的，它们的存在无论怎么大，都与它们的性质漠不相关。但这种漠不相关也有其界限，如果由于再更大一点或再更小一点而超出这个界限，那些事物就不再是那些事物。于是就从尺度产生了向第二个主要范围，即向**本质**的进展。（梁译《逻辑学》，第 166 页）

2 这句话的德文是：Die Qualitaet ist zunaechst die mit dem Sein identische Bestimmtheit, dergerstalt, dass etwas aufhoert, das zu sein, was es ist, wenn es seine Qualitaet verliert. (Hegel, G.W.F.: *Enzyklopaedie der philosophischen Wissenschaften im Grundrisse*, Suhrkamp Verlag Frankfurt am Main 1986, S. 182)

似的，这不是语言水平问题，而是因为它要与这里所考虑的“存在”相一致。

梁译文也是有问题的。它只译出一个“是”(sein)，而没有译出另一个“是”(ist)。这无疑是有问题的，至少是不严谨的。面对 was es ist 这样的句式，出现这样的错译和问题，实在是不应该的。译文中总是在与 Sein 相关的翻译上出错或出问题，而且是在其最简单的句式上出现错译，这就说明，在相关问题的理解上，确实是有严重问题的。当然，译文中有这样的问题，也就不可能不带来理解上的问题。

[2]中有举例，以此说明量与存在无关。字面上即可以看出，大房子是房子，小房子也是房子，大小是量，所以，大小并不影响是房子。如此看来，量与是不是房子相关，与存在不相关。[3]说的是尺度，却涉及质和量的统一，即结合。这样即可以看出，举例虽然在[2]，我们却也可以借用它们来理解[1]。大房子是房子，大是量，与是不是房子无关，那么房子是什么，一定是质。它是关于一事物的规定，而这种规定又与是同一，所以，缺少了质，比如这里所说的房子，也就不再是房子了，因而如上所说，不再是它所是的东西了。而如果它要是它所是的东西，比如房子，则它就要有它所是的这种质，即它是房子。所以，无论是质，还是量，都与是什么相关。或者，二者与存在无关。认识到这一点也就可以看出，[3]中的尺度是容易理解的，一事物有质，质有量，而量有（尺）度。量的变化会改变事物。基于前面的讨论，又有与梁译《逻辑学》译文的对照，现在我们可以看出，其靠后结论性的一句“那些事物就会停止其为那些事物”一定是有问题的。它的德文是：

die Dinge aufhoeren, das zu sein, was sie waren.[1]

1 Hegel, G.W.F.: *Enzyklopaedie der philosophischen Wissenschaften im Grundrisse*, S. 182.

这句话与此前的德文差不多是一样的，区别仅仅有两个，一个是单复数，另一个是时态。也就是说，这里的 das zu sein 和 was sie waren 和前面的 das zu sein 和 was es ist 是一样的，其中的 sein 和 waren 也是系词。而这两个系词，译文 3 同样没有翻译出来。梁译《逻辑学》的“那些事物就不再是那些事物”同样只译出前一个系词，而没有译出后一个系词。对照梁译两处译文还可以看出，同样的句式，其翻译却不同：前一句没有译出前一个 sein，后一句没有译出后一个 waren。这里所说的 sein 和 waren，和前面所说的 sein 和 ist 一样，都是与 Sein 对应的表达，不翻译出来是不对的，因为这样就没有翻译出黑格尔的表达方式，因而通过这样的语言转换无法呈现他所表达的思想。

除了以上问题，还有一个问题，即最后所说的向本质的进展。字面上即可以看出，本质与是什么相关，而与存在不相关。这也就说明，质、量和尺度的区别是至关重要的，因为通过它们的区别会最终导致与本质相关。既然与本质相关，它们就一定或者应该与是什么相关，因而它们不是与存在相关的。限于篇幅，这个问题就不展开讨论了。我们仅给出以上译文的修正译文如下：

译文 1* 是乃是仅仅依自身的概念；它的规定乃是是（如何的），由此与其他不同情况形成区别，而且它的进一步规定（辩证法的形式）乃是**向其他不同情况的过渡**。这种递进规定既是那依自身而是的概念的向外设定并因而展开，并且同时也是那是**向自身的回归**。这种在是的范围内进行概念解释正是那是的整体，以此将扬弃是的直接性或者是本身的形式。

译文 3* 附释：逻辑理念的每一范围或阶段皆证明是一种与规定相关的整体，并且是关于绝对的东西的表述。“是”也是如此，它自身包含**质**、**量**、和**尺度**三个阶段（层次）。**质**首先是那（种）

与是同一的规定性，使得如果某物失掉它的质，它便再也不是它所是之物了。而**量**乃是那（种）对是而言外在的、对该事物无关紧要的规定性。譬如，一所房子可能会更大一些或更小一些，但它仍然是一所房子，而且它可能会是浅红色的或深红色的，但红色仍然是红色。是的第三个阶段，即**尺度**，乃是前两个阶段的统一，即有质的量。一切事物都有其尺度，这就是说，它们是有量的规定的，而且一事物是如此这般大小的，这一点对该事物乃是无关紧要的；不过这种无关紧要同时也是有限度的，通过更加增多或更加减少而超出这种限度，一事物就会不再是它过去所是的东西了。于是从尺度出发，就可进展到理念的第二个大范围，即进展到**本质**。[1]

众所周知，黑格尔的逻辑学是从逻辑出发的，他从逻辑中选择了两个概念，一个是Sein，另一个是Nichts，他再加上一个概念Werden，通过对这三个概念的讨论，他最终建立起他的逻辑体系。前面关于Sein的讨论只是开始部分，下面我们看一看他关于这三个概念的说明的译文。

译文4 纯存在或**纯有**之所以当成逻辑学的开端，是因为纯有既是纯思，又是无规定性的单纯的直接性，而最初的开端不能是任何间接性的东西，也不能是得到了进一步规定的东西。[2]

译文5 但这种纯有是**纯粹的抽象**，因此是**绝对的否定**。这种否定，直接地说来，也就是无。[3]

译文6 如果说，**无**是这种自身等同的直接性，那么反过来说，**有**正是同样的东西。因此“有”与“无”的真理，就是两者的**统一**。

1 Hegel, G.W.F.: *Enzyklopaedie der philosophischen Wissenschaften im Grundrisse*, S. 189.

2 《贺译2》，第189页。

3 《贺译2》，第192页。

这种统一就是**变易**（Das Werden）。[1]

很明显，这里将Sein译为“有”（译文4、5、6）和“存在或有”（译文4）。这说明，前面关于“存在”的翻译在这里并没有坚持下来。字面上似乎也容易理解：由于这是在旧译稿基础上做出的修正译文，因而保留原有的一些译法似乎也在情理之中。但是这样的译文难免显示出我们在前面所说的随意性问题。

字面上可以看出，译文4中的“纯存在或纯有”似乎有承上启下的作用，“存在”接续译文2中的“存在”，“有”引出译文5中的“有”。由此看来，这样的不同译名似乎又不是随意的，而是有意为之。取“存在”的译法大概与学界的普遍认识有关，但是这里取“有”的译法，在我看来，大概与Nichts的翻译有关。由于将Nichts译为“无”，因而将Sein译为“有”。当然，也有可能正相反：由于将Sein译为“有”，因而将Nichts译为“无”。原因也很简单，黑格尔在谈对立的情况，在谈相互否定的情况。“有”和“无”恰恰是一对表达对立、相互否定的用语，字面上即是反义词，而且是我国自古以来的用语，是我们都熟悉的自明的用语。就对立性和相互否定性而言，“有”和“无”显然强于“存在”和“无”，因为后者不是反义词，不表示对立的情况。关于这一点，我们可以借助张世英的相关说明进行讨论：

引文2 这一节讲“非存在”（“无”）的范畴。

“纯存在”（“纯是”“纯有”）只说出了“x是——”，至于是什么，则毫无所说，换言之，对x除了说它“是”之外，未做任何进一步的规定，所以，这样的纯粹的“是”，是“绝对的否定”，即什么也

1 《贺译2》，第195页。

不是；从正面来直接地看它，也可以说它就是“无”(das Nichts)。[1]

“这一节”即指译文5及其随后的文字。这里提到“存在”和“非存在”，分别指译文4的“存在或有”和译文5的“无”。字面上可以看出，张世英采用了“非存在”这一译语，为的是与“存在”形成对立，不仅是含义上的对立，而且是句法上的对立，这说明他知道黑格尔所说的意思。但是他不久即过渡到“有”和“无”的讨论，这似乎又表明，他认为黑格尔说的就是有和无，或者，他认为以有和无同样能够表达黑格尔的思想，或者也许他甚至认为唯独以有和无才能表达黑格尔的思想，比如他的如下明确的论述：

> **引文3** “有”与“无”两范畴，彼此孤立开来，都是“同样的空虚”。逻辑的推演就是要通过“后思”。“对‘有’和‘无’加以进一步的发挥”，发现它们的更深一层的“必然性”，这样才能对于“绝对”有一个“更确切的规定和更真实的界说”，这就是“变易”。“变易”以“有”和“无”为自身的构成环节，是一个“具体的东西”。[2]

我们不必对这段译文展开讨论。我只想指出，从这里可以看得非常清楚，即便解释中将黑格尔所说的Sein和Nichts改译为“存在”和“非存在”，但是在内心深处还是认为，他说的其实是“有”和“无”，而且后者似乎更能说明他的思想，特别是说明相互的对立，以及相互向对方的过渡和转变。

值得注意的是引文2中关于“纯存在”的说明。短短几句话，却表

1 张世英：《黑格尔〈小逻辑〉绎注》，第141页。
2 同上。

达了许多意思。一个意思是说，“纯存在”只说出了“x是——”，而没有说出它是什么。另一个意思是对这一说明的解释：对x只说出“是”，没有做出任何规定。最后一个意思是关于“无”的说明：这个“x是——”，这个纯粹的“是”，即是“否定”，因为它什么也不是。这样的情况，可以称之为“无”。

我提请注意这段说明，是因为这段说明很有意思。它的方式是从“纯存在”出发，达到“无”。所以，“存在”和“无”这两个概念分别是这段说明的开始和结束。这一点非常清楚，也与这段说明的地位相符合：这里在解释“无”，借助了此前所说过的“存在”，因而从“存在”到“无”似乎是一个非常自然的说明过程。但是在这个说明过程中，也就是说，在引出“存在”这个概念之后，在达到“无”这个概念之前，所说的东西与它们却似乎没有任何关系：所说的显然是系词结构或系词结构式的东西。“x是——”无疑是系词结构，其中“x”和“——”所表示的空位将“是”一词的联系特征凸显出来。“未做任何进一步的规定”，无疑是对破折号处空位的说明，因而是对这种系词结构的说明。而“说它‘是’”则更是直截了当将其中的系词说出。至于“什么也不是”显然也是关于系词及其表达方式的说明，只不过是关于否定的说明。所以，整个过程说的都是系词及其结构，包括出现两个带引号的“是”。也就是说，整个过程说的既不是“存在”，也不是“无”。说明的过程与所要说的东西不一致，不符合，甚至没有关系，这样的说明难道不是有些奇怪吗？

在我看来，这段说明是非常正确的，是对Sein和Nichts以及黑格尔对它们的说明的正确理解。假如将开始的“存在”改为“是”，将最后的“无”改为“不者”，就没有上述问题。这一点我们将在下一节展开说明，这里不再讨论。我仅想指出，在强大的“存在”认识背景下，引文2中的认识似乎仅仅是灵光一现，而且，这样的认识实在是太少了。在关于黑格尔思想的解释中，它们充其量只是时隐时现，随即就被淹没了。也许在论者看来这没有什么，因为“‘存在’（Das Sein，亦可译作‘是’或‘有’）是一切事物的最普遍、最抽象的特征”（引文1）。但是在我看来，问题显然不是这样，至少不会是这样简单。

还值得注意的是，译文6在关于变易的说明时借助了“真理”这一概念：“有”与“无”的真理，就是两者的统一。在我看来，这句话至少字面上是读不懂的。“有”和“真理”有什么关系？“无”和“真理”有什么关系？它们的统一是什么？这和“真理”又有什么关系？还有，谈论有和无的“变易”，为什么要与“真理”发生关系呢？张世英认为这个说明“很晦涩难懂”，其基本意思是：

> **引文4** 单纯的“有”和单纯的“无”皆不真实。“有”的真实性在“有”与“无”的统一，“无”的真实性在“无”与“有”的统一。一句话，“有”与“无”双方，分则俱伤，合则两全。说“变易”（二者的合与统一性）是“‘有’与‘无’的真理”，就是这个意思。[1]

这个解释显然不能令人满意。虽然它在说明中使用了“真实”和“真实性”，但是依然没有说明白，什么是“有”的真实性，什么是“无”的真实性。换句话说，“真实（性）”与“真理”之间是什么关系？它怎么就会与有和无的统一相关了呢？引文4的结尾有一个注释说，“‘真理’一词在这里系指根据、基础、说明、具体、成果等意”[2]。这个注释无疑是为了说明引文4的，但是很明显，它无助于引文4的解释。难道“有”与“无”的真理说的就是它们的根据、基础等等吗？难道“变易”说的就是它们的根据、基础等等吗？至于说由这里的“真理”谈及“有”与“无”的分与合、伤与全，似乎就更加离谱了。

---

1 张世英：《黑格尔〈小逻辑〉绎注》，第142页。

2 同上书，第144页。

三、“有”与《大逻辑》

以上讨论了汉译《小逻辑》的一些情况，其中的核心用语 Sein 一词，最初被译为“有”，后来改为“存在”，但是依然保留了“有”一词。字面上可以看出，“存在”与“无”的相互对立与否定并不是自明的，至少不如“有”和“无”那样自然。所以，人们虽然使用译文中“存在”和“无”这样的译语，但是在讨论中人们还是谈论“有”和“无”。这说明人们还是认为，黑格尔在其逻辑中所说的 Sein 乃是“有”，而不是“存在”；或者，表面上说的是有，实际上说的是存在。但是，既然将 Sein 译为“存在”，与“有”就形成差异，因而至少字面上是有差异的。

前面说过，汉译黑格尔《大逻辑》延续了最初关于 Sein 的翻译，将它译为“有”。下面我们就看一看，这样的翻译会给我们带来什么样的理解。

基于前面的讨论，我们可以知道，黑格尔的逻辑学有三个初始概念 Sein、Nichts 和“变易”。在汉译《大逻辑》中，这三个概念被译为“有”“无”和“变”。限于篇幅，我们主要讨论《大逻辑》中关于这三个概念的定义性说明，再围绕它们做一些引申讨论。

> **译文 7　有、纯有，**——没有任何更进一步的规定。有在无规定的直接性中，只是与它自身相同，而且也不是与他物不同，对内对外都没有差异。有假如由于任何规定或内容而使它在自身有了区别，或者由于任何规定或内容而被建立为与一个他物有了区别，那么，有就不再保持纯粹了。有是纯粹的无规定性和空。——即使这里可以谈到直观，在有中，也没有什么可以直观的；或者说，有只是这种纯粹的、空的直观本身。在有中，也同样没有什么可以思维的；或者说，有同样只是这种空的思维。有、这个无规定的直接的

东西，实际上就是无，比无恰恰不多也不少。[1]

译文 8 无、纯无；无是与它自身单纯的同一，是完全的空，没有规定。没有内容，在它自身中并没有区别。——假如这里还能谈到直观或思维，那么，有某个东西或**没有东西**被直观或被思维，那是被当作有区别的。于是对无的直观或思维便有了意义；直观或思维某个东西与没有直观或思维什么，两者是有区别的，所以无是（存在）在我们的直观或思维中：或者不如说无是空的直观和思维本身，而那个空的直观或思维也就是纯有。——所以，无与纯有是同一的规定，或不如就是同一的无规定，因而一般说来，无与纯有是同一的东西。[2]

译文 9 所以**纯有与纯无是同一的东西**。这里的真理既不是有，也不是无，而是已走进了——不是走向——无中之有和已走进了——不是走向——有中之无。但是这里的真理，同样也不是两者的无区别，而是两者并**不同一**，两者**绝对有区别**，但又同样绝对**不曾分离**，**不可分离**，并且**每一方**都直接**消失于它的对方之中**。所以，它们的真理是一方直接消失于另一方之中的**运动**，即变（Werden）；在这一运动中，两者有了区别，但这区别是通过同样也立刻把自身消解掉的区别而发生的。[3]

这三段译文分别相应于译文 4、5、6。非常明显，《大逻辑》比《小逻辑》说得多，因此更有助于我们对这三个概念的理解。但是，既然是关于相同概念的说明，因此无论多么简要，《小逻辑》大概也不会遗漏重要的东西。或者说，它说出的一定是最主要的东西。所以，二者相结

1 黑格尔:《逻辑学》上卷，杨一之译，第 69 页。
2 同上书，第 69—70 页。
3 同上书，第 70 页。

合，会有助于我们更好地理解黑格尔的论述。基于这样的认识，就可以看出，《小逻辑》说的是：有乃是无规定性的单纯的直接性（译文 4）；纯有是绝对的否定，即是无（译文 5）；“有”和“无”相同，它们的真理即是二者的统一，即是变（译文 6）。而在《大逻辑》中，这些东西差不多都谈到了，但是“否定”或“绝对的否定”这一说法在译文 7、8、9 中却没有出现，这是两著相同论述部分中比较显眼的差异。我们可以基于这一点来展开讨论。

字面上看，“无”是否定，这很容易理解。但是译文 5 却说“有”是否定。这似乎有些难以理解。但是由于说“有”是否定，因而说它乃是“无”也就容易理解了，因此重要的是理解黑格尔关于“有”（译文 7）的论述。

从译文 4 可以看出，“有”的最主要的特征是无规定性的直接性，这一点在译文 7 也说得非常清楚：没有任何进一步的规定。没有规定性，即是直接性，而借助直接性，“有”得到两点说明，一是与自身相同，二是与它物并非不同。在进一步说明中与规定性并列还谈到“内容”，说“有”没有规定性和内容。这些说明看似清楚，其实却不是这样。

说“有”与自身相同，大体上还是可以理解的，因为一事物与自身相同，总还是不错的。但是说它与它物并非不同，难道不是说它与它物也相同吗？这难免令人产生疑惑，“有”若是一个确定的东西，如何能够与它物没有区别呢？在我看来，基于黑格尔的辩证法，大概也可以认为这样说的意思总还是可以得到解释的。但是有一点却是无论如何无法理解的。根据这样的论述，这里明确地说：“有”是无规定性和空。无规定性之说来自没有进一步的规定，因而可以理解，但是，这个空是哪里来的呢？从上下文看，似乎来自此前所说的没有内容。但是不管怎样，“有”是空，这话总是有问题的：“有”一词的意思即是不空。或者，“空”的意思是没有东西，与“有”的意思正好相反。所以，我要问的是，“有”怎么会是“空”呢？在随后的说明中我们看到，“有”被直接说成是“无”。这一说明显然来自“有”是空这一句。所以，这一句实在是关键。正因为如此，我更要问：“有”肯定是不空，怎么会是“空”呢？即便有如上那些说明，即便假定黑格尔的辩证法为前提，“有”一词的字面意思即是不空，那么它怎么会是空呢？若是就内容而言，则“有”当然是有内容的，而“空”也是有内容的，只不过它表示没有内容而已。所以，“有”怎么会是“空”呢？

有人可能会认为，我这里的提问有些夸张了，甚至有些吹毛求疵。我不这样看。这几段译文与前面援引的译文不同，即它们完全是理论性说明，没有举例说明，没有关于语言的考虑，所以我们无法借助例子和语言特征来帮助理解，而只能就它们自身来理解。当然，我们也可以援引其他译文来帮助理解，就像前面借助译文 3 来理解译文 2 一样。但是，由于译文 7、8、9 本身都是独立的说明，而且这样的说明在西方形而上学著作又是常见的方式，因而我强调要对它们本身做出理解，所以才有了我们这里对“有是纯粹的无规定性和空”的讨论。

这里我要指出的是，以上问题在德文中是没有的：Sein 乃是无规定性和空。这里的 Sein 乃是“是”。“是”（Sein）字面上是系词，系词所联系的东西起规定说明作用，因而它所联系的东西起着规定性的作用，可以说是它的规定性。所以，在这种意义上可以谈论“是”的规定性。而谈“是”本身，特别是说纯粹的“是”，因而也可以看作与它所联系的东西没有关系，这样就可以说它是没有任何规定性的，因而是无规定性。在这种意义上，系词字面上没有含义，只是起联系作用，或者说，它的含义来自它的起联系作用的那种句法结构，也就可以说它是空。但是，这样的意思。或者说，所有这样的意思，经过汉译，即经过“有”一词就都消失了。

译文 6 谈及有与无的真理，这在译文 9 中也谈到了，而且谈得更多。因此有些地方比较容易理解。但是也可以看到，尽管谈得更加详细了，许多地方仍然是不容易理解的。容易理解的地方是其说明方式，这里明显是借助真理来说明变，借助它来说明“有”和“无”之间的关系。特别是，这里借助真理说明，“有”和“无”并不同一，而是有区别的。这一点至关重要。译文 7 和译文 8 的说明给人的感觉是，“有”即是“无”，“无”即是“有”，二者没有区别。但是这里借助“真理”使它们获得了区别。不仅如此，借助“真理”，它们还被说成是一方向另一方的过渡。

不容易理解的地方是其所说明的内容，什么叫真理走进了无中之有，走进了有中之无？“真理”这个概念是自明的，没有理解的问题，即指正确的道理、认识或判断。这样的东西如何能够走进无中之有和有中之无呢？果真如此，这样的东西还能称之为真理吗？这一点如果不清楚，那么，真理是“有”和“无”一方消失在另一方中的运动，这一说法也是不清楚的，即由此所说的“变”也是不清楚的。换句话说，有消失在无中，或者无消失在有中，这样的运动被称之为变，这似乎是容易理解的，但是，这样的运动与真理有什么关系呢？真理怎么会是这两方的相互彼此消失于对方的运动呢？

与“真理”相应的德文是 Wahrheit。这个词是形容词 wahr 的名词形式，后者的基本意思乃是“真的”，而且主要是在 ist wahr 这种意义上使用的，即其最主要意思乃是“是真的”。所以，Wahrheit 这个词的字面意思应该是“真”，而不是“真理”。一个命题或判断，一种认识、理论或道理，可以是真的，也可以是假的。“真理”大致相当于真命题、真判断、真认识等等。所以，真与真理乃是不同的，二者还是有不小区别的。假即是不真，所以“真”这个概念在这些讨论中非常重要。黑格尔在这里谈论真，并借助真来谈论 Sein 和 Nichts，也不是随意的。字面上即可以看出，Sein 与 Nichts 不是同一的，但是一开始黑格尔把它们说成同一的，然后又对它们进行区别。恰恰在进行区别的过程中，他谈到真，这也就说明，不仅通过真可以说明 Sein 与 Nichts 的区别，而且 Sein 与 Nichts 乃是与真相关的。如果可以认识到，这里所说的 Sein 乃是“是”，这里所说的 Nichts 乃是“不者”，含有对“是”的否定，或者就是对“是”的否定，我们就可以看出，这里引入“真”的说明乃是自明的。如果说“是”乃是真的，那么说它的否定，即说“不是”就是假的，并且反之亦然。这不恰恰是黑格尔所说的“是”向“不者”的过渡，“不者”向“是”的过渡吗？“是”与“不者”的对立乃是显然的，而它们之间的对立乃是与真假相关的，即与真相关的，这才是至关重要的。当然，实际上这是自明的，所以黑格尔才会有如上论述。

有人可能会说，“有”与“无”也是对立的，它们的对立也是显然的，而且它们的对立也可以产生真理与谬误，因而通过“真理”也可以对“有”和“无”做出区别。假定这样的说法是有道理的，那么我们仍然可以问：即便如此，从有和无的对立，从借助真理对有和无的对立做出的区别，能够达到普遍性吗？比如，借助这样的考虑能够探讨语言的表述吗？能够以此探讨与语言的表达相关的东西，比如思维吗？能够以此探讨语言所表达的东西吗？能够谈论认识吗？我认为不能。原因其实很简单，“有”和“无”并不是普遍使用的语词，因而不利于表达普遍性，而“是”乃是系词，它是一种联系主谓的结构表达，因而具有普遍性。对于这个问题，我们分两步来讨论。首先，我们将以上译文中的“有”“无”和“真理”修正为“是”“不”和“真”，这样就可以消除以上译文中的问题。然后我们再基于修正译文，对相关论述做进一步的讨论。我们先看修正译文：

译文 7* 是，纯是，——没有进一步的规定。在它无规定的直接性中，它仅仅等于自己，而且针对其他东西也不是不相等，在它的内部没有差异，根据外界也没有差异。[1] 通过任何规定或内容，在它规定的内容或通过这种内容把它规定为与另一个东西不同，它就不会保持它的纯粹性。[2]它是纯无规定性和空，在它看不到任何东西，即使这里可以谈论观看；或者它仅仅是这种纯粹的空的观看本身。[3]在它同样很少可以思考某物，或者它仅仅只是这种空思考。这种是，这个无规定的直接的东西实际上就是不者，而且比不者既不多，也不少。[1]

译文8[*] 不者，纯不者；它就是与自身相等，完全的空，没有规定和没有内容，在它没有区别。就这里可以谈论观看或思考而言，[1]它被看作一种区别，表示看到或思考到某种东西或没有看到或思考到任何东西。[2]因此没有看到或思考到任何东西也有一种意义；[3]不者乃是（存在）在我们的观看或思考中的；或者它就是空的观看和思考本身；并且与纯是一样乃是空的观看或思考。因此，[4]不者乃是相同的规定，或者说乃是没有规定，因而一般而言，纯是是什么，不者就是什么。[2]

---

1 或者修正如下：

译文7[**] 是、纯是，——没有任何更进一步的规定。在其无规定的直接性中，是只是与自身相同，而且也不是与他物不同，对内对外都没有差异。[1]假如由于任何规定或内容而使它在自身有了区别，或者由于任何规定或内容它被确立为与他物有了区别，那么，它就不会再保持纯粹了。[2]它是纯粹的无规定性和空。——即使这里可以谈到直观，在它也没有任何东西可以直观的；或者说，它只是这种纯粹的、空的直观本身。[3]在它也同样没有什么可以思考的；或者说，它同样只是这种空的思考活动。这个是，即这个无规定的直接的东西，实际上乃是不者，比不者恰恰既不多也不少。（参见 Hegel, G.W.F.: *Wissenschaft der Logik*, Surekamp Verlag Frankfurt am Main 1969, S. 82–83。序号为引者所加，为了讨论方便。）

2 或者修正如下：

译文8[**] 不者、纯不者；它是与它自身单纯的相同，完全的空，没有规定和没有内容；即在它自身中没有区别。——[1]假如这里还能谈到直观或思维，那么，某物或无物被直观或被思维，就被当作有区别的。[2]于是对不者的直观或思维便有了意义；直观或思维某物与没有直观或思维任何东西，两者是有区别的，[3]所以不者在我们的直观或思维中也是这样的（存在）；或者不如说不者乃是空的直观和思维本身，并且就是那作为纯是的空的直观或思维。——所以，[4]不者乃是那相同的规定或不如说是那无规定性，并因而一般说来，纯是乃是什么，它就是什么。（参见 Hegel, G.W.F.: *Wissenschaft der Logik*, S. 83。序号为引者所加，为了讨论方便。）

译文 9* 纯是和纯不者乃是同一的。[1] 真之所是，既不是是，也不是不者，[2] 而是这样的：（不是（那）是向不者并且不者向是的转变）而是（那）是转变成了不者，不者转变成了是。但是，真也不是它们的没有区别，而是这样的：[3] 它们是绝对不同的，只是一方同样直接在其对立面消失。因此它们的真是这种一方向另一方直接消失的运动：[4] 变，即这样一种运动，在这个运动中，是与不者乃是通过一种区别而不同的，但是这种区别本身同样也已直接消失。[1]

这里分别提供了两个修正译文，正文中比注释中的修正还要更多一些。字面上即可以看出，主要的修正就在于将“有”“无”和“真理”修正为“是”“不者”和“真”。除此之外，加序号处的文字也做出相应修正。我们结合这几处文字来探讨这几段译文的思想。

先看译文 7*。其中的 [1] 做了假设的讨论：为“是”加上规定或内容来考虑。通过这样的讨论来说明，现在所考虑的“是”，乃是不加规定和内容的，所以是纯粹的，是直接的，是空的。在我看来，这一点是清楚的，也是黑格尔所要说的，因而是没有问题的。但是对我们的理解而言，它却还有字面以外的意义。它说明，对“是”乃是可以增加规定和内容的，否则这样的假设讨论就没有意义。那么，这所谓的增加规定和内容是什么意思？这里虽然没有说，但是也可以明白，这就是对它

1 或者修正如下：

译文 9** 所以纯是与纯不者乃是同一的东西。[1] 真所是之物，既不是这个是，也不是这个不者，[2] 而是那已走进了——而不是走向——不者中之是和是中之不者。但是这里的真，同样也不是两者的无区别，而是这样的：[3] 它们不是同一的，它们绝对有区别，但又同样是绝对不分离和不可分离的，并且每一方都直接消失于其对立方中。所以，它们的真乃是一方直接消失于另一方之中的运动，即变（Werden）；[4] 即这样一种运动，其中两者是相互区别的，但使它们得以区别的这种区别同样也业已消解。（参见 Hegel, G.W.F.: *Wissenschaft der Logik*, S. 83。序号为引者所加，为了讨论方便。）

加东西。现在可以看出，这一点是显然的。“是”在字面上具有系词含义，因而是可以联系主谓的，即可以给它加东西。反过来，如果不加东西，它本身就没有含义。现在可以看出，“有”字面上不具备这样的意思，它字面上乃是有意义的，因而前面译文 7 中相应的表达说的就不是特别清楚。

有了［1］的补充性说明，［2］所说的“观看”(或“直观”)，［3］说的“思考”，也是容易理解的。既然“是”本身乃是空的，在它当然看不到也思考不到什么东西。但是和前面一样，对我们的理解而言，探讨一下相关的译文是有益的。表面上看，修正译文“在它看不到任何东西”和“在它同样很少可以思考（维）某物”与原译文“没有什么可以直观的”和“也同样没有什么可以思维的”的意思差不多，并没有什么太大的区别。但是仔细阅读可以看出，“看（直观）不到任何东西”与“没有什么可以直观（看）的”大致差不多，但是“同样很少可以思考某物”与“同样没有什么可以思维的”实际上却是有区别的。这里的区别就在于其表达方式上：虽然都是否定式的表达，却还是不同的。它们的德文分别是

> Es ist *nichts* in ihm anzuschauen.
> Es ist ebensowenig etwas in ihm zu denken.[1]

也就是说，［2］中的表达是 *nichts* in ihm，而［3］中的表达是 etwas in ihm。这里的区别在于，nichts 自身带有否定，表示没有东西，不是任何东西，而 etwas 自身没有否定，表示某物，某种东西或某些东西。所以，关于后者的否定需要加其他表达式，比如这里所加的 ebensowenig。这一

1 Hegel, G.W.F.: *Wissenschaft der Logik*, S. 82–83.

区别之所以重要，乃是因为nichts和etwas是反义词，它们是对立的表达式，表示相反的含义。译文7将两处都译为“没有什么”，混淆了这里的区别。这是有问题的。特别需要指出的是，这里所说的nichts与这三段引文所说的Nichts乃是相同的，区别只是第一个字母大小写不同。德文中nichts以斜体的方式出现，显然是有意提醒读者注意它。

刚才说了，etwas自身没有否定的意思，如果表示与nichts同样的否定，需要加否定词，比如文中的ebensowenig，也可以加其他否定词，比如加nicht（或kein）。这样就可以看出，Es ist etwas和Es ist nicht etwas是对立的表达，表达相反的意思。这里的nicht etwas取代了nichts这一表达，意思差不多是一样的。这样也就看出，这里的对立，即ist和ist nicht乃是在系词上表现出来的，或者说它可以转换为系词的对立。所以，nichts具有否定作用，具有否定含义，至少相当于或者包含着对系词的否定，这才是它最主要的意思。所以，nichts与etwas的区别在这里并不是不重要的，而翻译出这里的区别乃是至关重要的。

“是”和“不者”无论如何也是不同的，黑格尔要把它们说成是同一的，理由是无规定性。“是”被说成是无规定的东西，“不是”当然也就是无规定性的东西：它只不过是对“是”的否定。反过来看，“不”乃是否定，“是”当然就是肯定。但是黑格尔在这里没有谈及肯定，因而我们也不必考虑。但是可以看出，尽管由“是”谈及“不者”，并且将它们说成是同一的，二者其实却是不同的，所以黑格尔还是要对“不者”专门做出说明。

在译文8*中，黑格尔强调了“不者”与“是”的同一性之后，就说到了二者的区别，即［1］说的看到某种东西（etwas）或没有看到任何东西（nichts），即原译文说的有东西或没有东西被直观。非常明显，这是接着修正译文7*中［2］和［3］的论述方式和区别做出的说明。正是由于有这样的区别，因此这里的［2］明确地说没有看到任何东西

（nichts）也是有意义的，这样就进入关于“不者”的论述。

值得注意的是［3］，它先说“不者”是观看（直观）或思考中的，后说“不者”就是观看和思考本身。考虑到前一句是从前面延续下来的说明，后一句大概才是黑格尔关于“不者”的认识。“不者”是观看和思考本身，这说明，它不是观看和思考之物。在这一论述中，至少包含着关于思考本身与思考的东西的区别。在我看来，这一点是非常重要的。它说明，这里所说的“不者”乃是属于思考本身的东西。从这里的论述反观“是”，则可以对“是”得到相同的结论，即后者也是属于思考本身的东西。其实这一点也没有什么奇怪的，黑格尔是在论述逻辑，或者至少他自己认为在论述逻辑，而且他还是从逻辑寻找出发概念。因此他将所探讨的“是”和“不者”看作属于思考本身的东西，这是丝毫不令人感到意外的。

还值得注意的是［4］，“纯是是什么，不者就是什么”这一句与原译文“无与纯有是同一的东西”出入较大。它的德文是：

Nichts ist…dasselbe, was das rein *Sein* ist.[1]

这句话的字面意思是：“不者乃是……（那）与这个纯**是**所是之物相同的东西。”应该看到，这个句子是由一个主句和一个从句构成的：主句是主系表式的句式，从句也是主系表式的句式。在与“是”相关的论述中，说出并重复这样的句式，不知作者是有意还是无意。从翻译的角度说，还是将这样的句式翻译出来为好。如果作者是无意这样说的，这样的翻译也没有什么不妥。假如作者是有意而为，这样的翻译就有意义了。它至少使人们看到，系词表达方式无处不在，即使是关于系词本身

1 Hegel, G.W.F.: *Wissenschaft der Logik*, S. 83.

的讨论，也是必不可少的。相比之下，原译文是错译，它没有译出原文的句式，因而没有使原文所表达的思想或可能会表达的思想呈现出来。

最后我们看译文 9*。它谈的是“变”，然而谈论的方式不是直接的，而是间接的，即它直接谈论的乃是“真”这一概念，并借助它的说明而谈及“变”。

除了“是”“不者”和“真”这几个译名与原译文不同，[1]的译文与原译文差异较大。“真之所是”这一表达式的德文是 Was die Wahrheit ist[1]，字面含义是“(这个)真所是之物”(译文 9**)，句式同样相当于是主系表结构。这与“真理”的意思显然相距甚远。值得注意的是，Wahrheit 在这里是用来做事的，是被当作自明概念使用的，因此它的含义只能是它最基本的含义。在我看来，这种含义即是来自其 ist wahr 这种最日常最简单的用法。所以它的意思乃是“是真的”，它的正确翻译应该是“真”。前面说过，“是”和“不者”都与思考相关，因而它们与真假相关也是自然的。所以，这里通过“真”来对它们做出说明，也是再自然不过的事情。

[1]说明“真”与“是”和“不者”的区别，但是没有说明“真”是什么。[2]说明真乃是是与不者的相互转换。[3]是对[2]的进一步说明。基于[2]和[3]的说明，就得到“变”的说明([4])。这里的说明其实是容易理解的。“是”与“不者”乃是对立的，因而一方若是真的，另一方就是假的。“变”就是二者的相互转换。“是”与“不者”乃是有区别的，所以[4]说它们是不同的。但是由于它们可以相互转换，因而[4]又说它们的不同在转换中消失了。

现在可以看出，[2]的翻译与原译文的差距也比较大。这句的德文是：

1 Hegel, G.W.F.: *Wissenschaft der Logik*, S. 83.

> （dass）das Sein in Nichts und das Nichts in Sein…uebergegangen ist.[1]

即便从字面上看，etw. in etw. uebergehen，这一动词表达式说的也是“某物向某物的转换（变）”，所以，这里说的是 Sein 和 Nichts 的相互转换。所以，这里说的乃是“是转变成了不者，不者转变成了是”，而不是“走进了……无中之有”和“走进了……有中之无”。别的且不说，走进无中之有，这一译文与真假没有关系，与 Sein 和 Nichts 的相互转换也没有关系，至于说与通过这样的转换所说明的东西，那就更没有关系了。

有人可能会以为，即使译文 9 中相应于［2］的译文有问题，修改过来就是了。问题在于，［2］的问题是不是足以说明将 Sein 和 Nichts 译为“有”和“无”乃是有问题的。因为至少字面上看，“是”和“不是”可以表达对立，但是“是”和“不者”并不是对立的表达，或者至少不如“有”和“无”那样可以明确的表达对立。或者最保守地说，毕竟“有”与“无”的对立是自然的，而“是”与“不者”的对立不是自然的。

在我看来，这样的看法是不是有道理，就要涉及黑格尔本身的表述问题了，即涉及 Sein 与 Nichts 相互关系的问题。为了可以比较清楚地说明这个问题，我们看一看黑格尔关于 Nichts 的一段说明：

> **译文 10***［1］不者乃是经常要与某物对立的；但某物已经是一个规定了的是者，后者与别的某物有区别；所以，［2］这个与某物对立的不者，即任何某物的不者，也就是一个规定了的不者。但在这里，不者应该被认作是在无规定的单纯性之中的。——［3］如果人们以为，与是对立的不会是（那）不者，而会是（那）不是，这才是更正确的，那么就结果来看，这似乎无可反对，因为

1 Hegel, G.W.F.: *Wissenschaft der Logik*, S. 83.

> 不是中已包含了与是的关系；[4]这是用一个词，即不者，来说出是和是的否定这二者，一如它在变中。但是，[5]问题首先并不在于与对立的形式相关，也就是并不在于与这种关系的形式相关，而在于与这种抽象的和直接的否定相关，即与这种纯粹自为的不者、这种没有关系的否定相关：——[6]如果人们愿意，也可以用这个单纯的“不”字来表示它。[1]

我们可以按照所加的序号顺序讨论这段话的几层意思。[1]中明确提到“不者”与“某物”的对立，后者即是前面讨论所提到的 Etwas（修正译文 7*[2]）。所以前面我们说过，译出这个“某物”是必要的。现在可以看出，这里借助这个“某物”说到“不者”与它的对立。“某物”乃是“规定了的是者”。这一句很重要，因为这虽然是在谈论“不者”，我们却获得了关于“是”的认识。“是”乃是未规定的，如前所述，所谓规定是加上去的，这个某物也是可以加上去的，即 ist etwas。这样，它就成为规定性的、确定的，它就成为“是者”。所谓“是者”（Seiende）即是如此这般的东西，即 ist etwas 这样的东西或某物。很容易理解，某物可以是这样的，也可以是那样的，一旦成为这样的，就不会是那样的，所以此某物与彼某物乃是有区别的。

[2]没有太多的意思，无非是说，“不者”与“某物”相对立，某物是规定了的东西，所以这个“不者”也是规定了的东西。由于要谈论无规定性的“不者”，因此这里有了差异，或者说似乎有了矛盾。[3]是以假定的方式提出质疑，[4]则通过回答[3]而对“不者”做出进一步说明。所以，这两步非常重要。

[3]的假设提问是，与“是”对立的应该是（那）“不是”，而不应

1　黑格尔：《逻辑学》上卷，杨一之译，第 70—71 页；译文有修正，参见 Hegel, G.W.F.: *Wissenschaft der Logik*, S. 84。序号为引者所加，为了讨论方便。

该是“不者”。字面上可以看出，“不是”乃是“是”加否定“不”，乃是“是”的否定，与后者是对立的。所以［3］说它本身就已经“包含了与是的关系”。这样的对立，这样的否定情况与关系，“不者”显然是不具备的，或者说，“不者”与“是”的对立，对“是”的否定，不如“不是”那样明显。所以［3］说，这一点“无可反对”。这样看来，“不者”一词似乎就有问题了。

由于有［3］的问题，现在［4］对它做出说明。“不者”是一个词，黑格尔要用这一个词表达两个东西，即“是和是的否定这二者，一如它在变中”。无论这种说法是不是有道理，它至少说明，“不是”一词是明确的关于是的否定，“不者”则不是这样。前面说过，它与“是”既同一又不同，含有关于这二者的说明。从这一说明可以看出，“不者”与“不是”确实是有区别的。

［5］是关于［3］和［4］的进一步说明。值得注意的是这里提到“对立的形式”和“抽象的直接的否定”，以及二者的区别。形式是可以看见的东西，这大概是指“是”与“不是”这样的对立。抽象的否定大概指“不者”与“是”这样的对立。也就是说，“不者”与“是”尽管没有形式上的对立，却是抽象的直接的否定，而这才是黑格尔所要的结果，或者说，这才是他所要表达的东西。因为他要谈的乃是否定，而且是纯粹自为的、没有关系的否定。“不者”字面上即有否定的含义，能够达到这一目的，或者，借助黑格尔的说明可以达到这一目的，这就够了。

［6］在我看来，乃是点睛之笔：也可以用“不”字来替代“不者”。“不”一词同样不含“是”，因而与后者不构成形式上的对立，但是它表示否定，这一点却是实实在在的。这就说明，“不者”中的“不”才是最重要的。也就是说，这里所要表达的乃是否定。基于这里所说的否定来看，“是”所要表达的则是肯定。是与不者的相互对立、依存和转换，形成了“变”。

从翻译的角度说[1]，这段译文十分富于启示。首先，Nichts 是 nichts 的名词形式，后者与 etwas 表示相反的意思，因而［1］说它们是对立的，这表明，译文 7 的翻译的确是有问题的，因为它掩盖了这种对立的情况。其次，字面上看，Nichts 含有 nicht，因而［6］说也可以用后者表示前者。这说明，就 Nichts 而言，nicht 乃是最重要的，无论是字面上，还是所表达的意思。第三，［3］谈到 Nichts 和 Nichtsein 与 Sein 的对立，并由此说到 Nichtsein 和 Sein 的关系，［5］还就此谈到对立的形式，这就说明，这里所说的 Nicht 乃是与 Sein 的否定和对立相关的。即便是 Nichts，也是与 Sein 的否定和对立相关的。说明中出现的是名词形式，其相应的动词形式则是：ist 和 ist nicht。所以，这里的论述其实是非常清楚的。第四，［1］从 Nichts 谈及 etwas，并由此谈及 Seiende。Seiende 乃是 Sein 的分词形式，因而也与 Sein 相关。［1］说 etwas 是一个规定了的 Seiende。这话可以借助 ist etwas 来理解。由于可说或者说出来了 ist etwas，因而这是可以说 ist 的东西，所以是 Seiende。这说明，这样的东西都是与 Sein 相关的。第五，［2］从 etwas 提及 Nichts，谈及对立，谈及规定了的 Nichts。如上所述，Nichts 的核心是否定。从 etwas 来理解，这就是或者至少可以是 ist nicht（kein）etwas。这当然也是规定了的东西。最后，在所有以上说明中，最重要的就是否定，不是形式上的否定，而是纯粹的直接的否定，因而只用 Nicht 来表示也可以，换句话

1　这段译文的原文如下：Nichts pflegt dem Etwas entgegengesetzt zu werden; Etwas aber ist schon ein bestimmtes Seiendes, das sich von anderem Etwas unterscheidet; so ist also auch das dem Etwas entgegengesetzt Nichts, das Nichts von irgend Etwas, ein betimmtes Nichts. Hier aber ist das Nichts in seiner unbestimmten Einfachheit zu nehmen.–Wollte men es fuer richtiger halten, dass statt des Nichts dem Sein das *Nichtsein* entgegengesetzt wuerde, so waere in Ruecksicht auf das Resultat nichts dawider zu haben，denn im *Nichtsein* ist die Beziehung auf das *Sein* enthalten; es ist beides, Sein und die Negation desselben, in *einem* ausgesprochen, das Nichts, wie es im Werden ist. Aber es ist zunaechst nicht um die Form der Entgegensetzung, d. i. zugleich der *Beziehung* zu tun, sondern um die abstrakte, unmittebare Negation, das Nichts rein fuer sich, die bezihunglose Verneinung,–was man, wenn man will, auch durch das blosse *Nicht* ausdruecken koennte. (Hegel, G.W.F.: *Wissenschaft der Logik*, S. 84)

说，无论如何，这个 Nicht 乃是不可或缺的。

基于以上说明可以看出，将 Nichts 译为“不者”乃是有道理的。它字面上含有“不”这个词，因而保持了德文中应有的否定之义。这样，它满足了以上所说的那些情况，或者说满足了其中最主要的情况。比如，它可以加在“是”上形成“不是”。是与不是，不仅是形式上的对立，而且实际上也是对立的。不是某物与是某物，当然也是对立的。而且一如是某物乃是规定了的东西，不是某物当然也是规定了的东西。可说是的东西被称为是者，可说不是的东西被称为不是者，这都没有问题。后者如果简称为“不者”，实际上也不会有什么问题，就是说，从意思上说，就内容的理解而言不会有什么问题。如果说会有什么问题，大概就在于我们中国人似乎有些不大习惯这样表达。无论如何，这只是中文表达本身的问题。在我看来，这里最大的问题是，字面上看，“不者”不是与“某物”对应的对立表达，不像 Nichts 与 etwas 是对应的对立表达。在我看来，这一点并不重要。因为 etwas 一词是在解释 Nichts 的文字中出现的，而且通过这一解释可以看出，其最主要的目的是说明 Nichts 的否定含义，说明其中的那个 Nicht。而从 Nichts 和 Sein 的对应性来看，它们也不在字面上形成对立的否定。所以，加虚词“者”在“不”上，以“不者”翻译 Nichts 乃是恰当的。或者在我看来，这大概是比较合适的翻译。

对照原中译文可以看出[1]，将 Sein 和 Nichts 译为“有”和“无”乃是

---

1 原中译文如下：

译文 10 无是经常要与某物对立的：但某物已经是一个规定了的有之物，与别的某物有区别；所以，与某物对立的无，即某一个东西的无，也就是一个规定了的无。但在这里，须把无认作是在无规定的单纯性之中的。——[3] 有人以为不用无而用**非有**与有对立，会更为正确；就结果来看，这似乎无可反对，因为**非有**中已包含了对有的关系；[4] 把有和有之否定两者，用一个字说出，即无，正和无是在变中那样。但是，问题并不首先在于对立的形式，也就是并不在于关系的形式，而在于抽象的和直接的否定，纯粹自为的无，无关系的否定：——[6] 假如有人愿意，也可以用单纯的“不”字来表示它。（黑格尔：《逻辑学》上卷，杨一之译，第 70—71 页）

有问题的。这里我们不对原译文展开讨论，仅围绕［3］［4］［6］指出以下三点。其一，［3］中“非有”的“非”即是 Nicht，通过这样的语言转换，我们看不到 Nichtsein 与 Nichts 字面上的联系。其二，［4］中所说的“Sein 的否定”即 Nichtsein，因而这里隐含谈及 Nichtsein 与 Nichts 的关系。由于“非有”的翻译，这里的“有之否定”只能被理解为“非有”，因而通过这样的语言转换，我们看不到这里所隐含的 Nichtsein 与 Nichts 的关系。其三，［6］中所说的“不”即 Nicht，由于将 Nichts 译为“无”，因而通过这样的语言转换，换句话说，即使将这里的 Nicht 译为“不”，我们仍然看不到 Nicht 与 Nichts 之间字面上的关系。这样的中文翻译，如何呈现原文所表达的思想呢？

四、“不”与“不是”

以上讨论表明，将 Sein 译为“有”乃是有问题的，在我看来，这实际上是错译。当然，人们可以说，这是理解的不同，由不同理解而导致的不同翻译。我不这样看。字面上即可以看出，将 Sein 和 Nichts 译为“有”和“无”，许多地方是不通的，也是读不懂的。前面的讨论表明，将它们译为“是”和“不者”，则可以消除原有中译文所带来的问题。但是，像译文 7—10 纯粹是理论性论述，即完全是从概念到概念，因此我们理解起来有困难，对理解和翻译的理由进行说明也不是那样容易。我说过，关于 Sein 的讨论，要注意关于语言方面的考虑，注意相关的举例说明。换句话说，如果有这两个方面的东西做参照物，理解和说明黑格尔的论述就会容易许多。对照译文 1—3 与译文 7—10 可以看出，前者的理解要容易些，因为译文 3 中有一些近似举例的说明，因而有助于理解。这样的情况在黑格尔的著作中，即使是在《大逻辑》中，也是不难找到的。下面我们就来看一下黑格尔有关这两个方面的论述。

在概念论部分，黑格尔对判断展开论述，其中明确地、多次地、反复地谈到“系词”，也有许多举例说明，既有“玫瑰花是香的”这样的日常表达，也有“个别的东西是普遍的”和“甲是乙”等等这样的关于判断方式的说明。甚至还有如下论述：

> **译文 11***　“这个行为**是**好的”，这个系词指出了宾词属于主词的**是**。[1]

非常清楚，这句话是借助一个例子来说明 Sein，而在说明中明确提到“系词”，这样就不是单独举例或者单独谈论系词，而是将举例和“系词”结合起来，通过系词在例子中的用法来谈论的。在这句话中，例子中的“是”（ist）与被谈及的“是”（Sein）都被重点强调，这说明二者是对应的、同一的，也是相关的，而“系词”这一术语在二者之间起到了相互联系的说明作用。在出现这些例子的地方，将 ist 译为“是”就很顺畅，理解也很自然。在出现“系词”这一术语的地方，将 Sein 译为“是”也很顺畅，理解也很自然。因为“是”与系词乃是相对应的。在这样的地方，如果将 Sein 译为“有”，比如现有译文：

> **译文 11**　“这行为**是**好的”，这个系词指出了宾词属于主词的**有**。[2]

问题就非常明显：例子中的“是”与所说明的“有”是根本对不上号

1　黑格尔：《逻辑学》下卷，杨一之译，第 296 页；译文有修正，参见 Hegel, G.W.F.: *Wissenschaft der Logik*, Band 2, S. 305。这句话的德文是：diese Handlung ist gut; die Kopula zeigt an, dass das Praedikat zum *Sein* des Subjekts gehoert.

2　黑格尔：《逻辑学》下卷，杨一之译，第 296 页。

的。这样的译文是读不懂的。

在我看来，译文 11* 的意义并不在它本身，而是超出其自身的。我想指出的是，当结合举例和“系词”一起考虑的时候，我们固然可以明显看出所谈的 Sein 乃是“是”，或者应该译为“是”，但是我们更应该看到，当不是这样谈论的时候，比如单独举例或谈论“系词”的时候，所谈的 Sein 也是“是”，也应该译为“是”。甚至在没有例子、不谈系词的时候，而只是一般性地谈论语言的时候，所谈的 Sein 同样还是“是”，还是应该译为“是”。不仅如此，即使连语言也没有涉及，比如前面译文 7*—10*，这时谈论的 Sein 也依然还是“是”，依然还是应该译为“是”。黑格尔谈论系词及其相关句式的地方很多，举的例子也不少。限于篇幅，我们不必一一列举。为了可以更好地说明这一问题，也为了更好地说明黑格尔的思想，我们完整引用一段译文来讨论：

> **译文 12***　这种过渡根据端项的关系及其在一般判断中的关系。[1] 肯定判断是**直接的**个别的和普遍的东西的关系，所以这两者中一个同时**不**是另一个所是的东西；[2] 这种关系因此在本质上也同时是**分离的**或**否定的**；肯定判断因此就可以设定为否定的。[3] 因此对于把否定判断的“**不**”连到**系词**上去，逻辑学家也不会大惊小怪。[4] 那在判断中是端项的**规定**的东西，同时也正是**规定的关系**。[5] 这种判断规定或这个端项并不是直接的“是”的纯粹的质的规定，后者只应和一个**在它之外他物**相对立。[6] 它也不是反思的规定，后者按照其普遍形式而表现为肯定的或否定的，共各种情况都设定为排他的，仅仅是**依自身**才与他方同一。[7] 判断规定作为概念规定，在本身中就是一个普遍的东西，被设定为自身向他物**连续运动**的东西。反之，[8] 判断的关系也是和端项所具有的规定同样的规定，因为它正是这种普遍性和端项相互间的连续；

［9］只要端项是相区别的，判断的关系自身也就有了否定性。[1]

这是一段黑格尔谈论否定判断的论述，主要谈论的乃是判断中两端项之间的关系，以及否定词给判断所带来的否定性。从字面上可以看出，这段话没有举例，只有其中一个地方提到“系词”。否定判断也是判断，谈论否定判断也会涉及或涵盖肯定判断，因而从这段话可以看出黑格尔关于判断的论述。我们希望通过对这段话的分析和讨论可以说明，在没有举例和不涉及系词的情况下，黑格尔所谈的 Sein 依然乃是“是”，而不是“有”(或“存在”)。

“个别的东西是普遍的”和“个别的东西是一般的”是黑格尔谈论肯定判断时常用的命题。［1］由此出发论述判断中的关系，并且从此前关于肯定判断的论述过渡到关于否定判断的论述，而且还要论述这样的过渡，因而论述到判断中端项之间的关系。从“个别的东西是普遍的”这一命题可以看出，它所说的乃是“S 是 P”这样的命题，并将其中的“S”称为“个别的东西”，将其中的“P”称为“普遍的”，将二者称为“端项”。“个别”和“普遍”也许是黑格尔自己的表述，但是“端项”却是逻辑的通常表达方式。自亚里士多德创建逻辑以来，经过中世纪的发展，到了黑格尔这里，逻辑的表达方式已经固定下来。“S 是 P”是基本句式。其中“S”是主项，“P”是谓项，主项和谓项由于处于判断的两端，因而也叫端项。“是”由于处于中间，被称为联项或系词。所以，黑格尔谈论判断，包括否定判断，谈及端项乃是自然的，谈及系词也是自然的。或者，即使不谈系词而只谈端项，人们自然会想到系词或应该想到系词，因为端项乃是处于系词两端的词，是借助系词联系起来的词。

传统逻辑中谈论“S 是 P”这样的判断有两种方式，一种是从质的

1 黑格尔：《逻辑学》下卷，杨一之译，第 309—310 页；译文有修正，参见 Hegel, G.W.F.: *Wissenschaft der Logik*, Band 2, S. 319–320。序号为引者所加，为了讨论方便。

方式，一种是从量的方式。这样的谈论方式也一直延续下来，这一点从康德的范畴表可以看得非常清楚。从质的方式谈论，判断一般分为肯定判断和否定判断，即S是P和S不是P。这也即是黑格尔所说的肯定判断和否定判断的基本形式。但是，黑格尔的谈论方式却不是这样。他谈论肯定判断时谈论“个别的东西是普遍的”和“普遍的东西是个别的”这样的东西，现在谈论否定判断了，他不是直接谈论在肯定判断上加否定词“不”，而是谈论从肯定判断向否定判断的过渡。[1]非常典型地显示了这样的谈论方式，它说肯定判断是个别的东西与普遍的东西的关系，指的即是“S是P”中的S和P的关系。个别的东西与普遍的东西当然是不同的，所以黑格尔说，前者不是后者所是之物。这当然也是容易理解的。值得注意的是[1]中后一句的表达方式：以“所以”引导该句，对“不”一词加标重点符。加标重点起提示作用，即让我们注意“不”一词，当然包括它的用法。这里的用法乃是“不是”：将“不”加到“是”上，与后面说的“‘是’的东西”的“是”形成对照，即否定和肯定的对照。“所以”一词表明后面的结论是从前面的论述推论出来的。因此后面所考虑的东西要基于前面的相关讨论。这样，前面关于肯定判断的论述在这里依然有效，依然可以起作用，作为讨论的基础和参照。

需要指出的是，这里的“不是”乃是正常的表达，只不过对它给以提示。其意思是说，肯定判断中包含着区别，包含着不同，因而隐含着否定。这大致相应于译文7*所说的“是”与“不者”的同一，区别只是那里论述的只是“是”一词本身，是纯粹的“是”，而这里论述的乃是句子中的表达，因而有了主项和谓项的附加。所以，这里只是从“S是P”推论出S与P的不同，换句话说，人们看到的只是“S是P”，是肯定。但是这里却隐含着否定，即S**不**是那P所是的东西。甚至在这个推论中，我们只看到“不”一词加了重点符，即获得了一个提示：我们应该注意这个词及其含义，但是也仅此而已，我们甚至连“否定”这一表达都没有看到。紧接着，[2]和[3]中三个“因此”又连续引出三个推论。第一个“因此”引出了“否定的”一词。这显然是对[1]的“不”做出说明，由此我们获得了否定这一概念。第二个“因此”引出了否定判断。第三个“因此”虽然说到逻辑学家，但是实际上却涉及关于否定判断的说明：将“不”连到系词上。这显然是在说，将“不”一词加到“是”一词上，从而形成“不是”这一表达。当然，加上逻辑学家的看法，就更加清楚地说明，这里说的乃是“S不是P”这样的表达。现在可以看出，即使没有第三个“因此”，因而没有关于系词的说明，我们依然可以看出，这里所说的否定乃是“S不是P”这样的东西。所谓否定乃是以“不是”这样的表达式表达的。这个“不是”，确切地说，“S不是P”中的“不是”乃是系词或否定性的系词，或者说，这个“不”乃是一个否定词，它是对系词的否定，即对“是”一词的否定。

接下来的[4]至[9]是对判断中端项之间关系的说明，有的提到否定，有的没有提到否定，但是我们看到，其中明确提到“是”，而没有明确提到“不”。所以，这些论述，若是看作关于判断的论述，大概是不错的。但是，它们是不是可以看作关于否定判断的论述，则似乎是有疑问的。

引人注意的是[4]至[8]都用到“规定”一词，这也是译文7*提及和使用的概念，因而这里的论述可以与那里的论述联系起来，同时也可以与自那以后的所有相关论述联系起来，当然这里的论述也可以为理解那里和此前的相关论述提供帮助。[4]说“端项是规定的东西”，也是“规定的关系”。现在我们知道，端项是谓项，由此可见，所谓规定的东西乃是与端项相关的。所以，前面译文7*说“是”及“纯是”乃是没有规定的东西，当然是可以理解的。那里谈的“是”只是单独一个概念，与主项和谓项没有联系，因而是没有规定的。而这里谈的端项，指的是判断中的东西，即与系词相联系的东西，因而是与系词不同的东西。有了这一说明，尽管［5］关于“是”的纯粹的质的规定说得不是很明白，但至少有一点还是容易理解的：判断的规定与“是”的纯粹的质的规定，乃是两种不同的规定。判断的规定即端项，而端项是判断中与“是”相联系着的东西，纯粹的质的规定则属于“是”自身的东西。二者无疑是不同的，是有区别的。［6］说明判断的规定与反思的规定的区别，这里涉及判断和反思的区别，因而也是可以理解的。［7］和［8］讲概念的一种性质，即自身向他物的连续运动。所谓他物，即与自身不同的东西。所以，所谓向他物的连续运动包含着或隐含着变化。所以，无论［7］和［8］说的是不是有道理，至少得出［9］却似乎是自然的。端项的区别是显然的，所以，由于这里隐含着变化，即向他物的运动，因而可以说，判断自身是含有否定性的。

译文12*中的多层含义，除了［3］明确谈到把“不”加到系词上，因而谈及否定判断及其形式以外，其他几层意思似乎都是关于肯定判断的论述，尽管其间有时也谈到否定，包括［6］在涉及反思时谈到其肯定或否定的规定。所以，这一段虽然是在论述否定判断一节中，总体上却是关于肯定判断的论述，是关于肯定判断与否定判断的关系，关于肯定判断向否定判断的过渡的论述。［5］中关于“是”的明确说明，各层关于端项的说明，借助“规定”进行的说明等等，所有这些都清楚地表明，这里所谈论的是“S是P”这样的东西。这样也就说明，［3］所说明的乃是“S不是P”这样的东西。这样，实际上也就有了关于否定判断的形式的说明。如果说这一点在这里只是提及，而还没有说清楚，因而看得还不是那样清楚，那么让我们一起来看一看黑格尔接下来的论述：

译文13*［1］上述从**关系**的形式到**规定**的形式的过渡，造成

> 以下的**直接后果**：必须把系词的“**不**”加到宾词上去，同样也必须把宾词规定为**不-普遍的东西**。[2]但不-普遍的东西也由于一个同样直接的后果而是**特殊的东西**。——[3]假如**否定的东西**按照这个直接的**不是**的完全抽象的规定而固定下来，那么，宾词便只是**完全无规定的**不-普遍的东西。关于这种规定，在逻辑中将在**矛盾**概念那里加以讨论，并且作为某种重要的东西加以强调，即：就一个概念的**否定物**而论，应该仅仅在**否定物**上固定下来，并且应该认为它是肯定概念的**他物**的纯粹**无规定**的外延。所以，[4]单纯的**不-白物**既可以是红物、黄物、蓝物等，也可以是黑物。[5]但这个**白物**本身却是无概念的直观规定；于是这个白物的“不”也同样是那无概念的**不是**，后者的抽象在逻辑一开始就被考虑了，而且**变**被认为是离它最近的真。[1]

这段话紧接上一段话，[1]承上启下，其中所说的“过渡”即指上一段话的论述，所谓“后果”包含两点。一点是对否定判断的谓词（宾词）的说明，一点是将这样的说明移植到黑格尔自己的说明上。前者说的是“S不是P”，后者说的则是“个别的东西不是普遍的东西”。从这一说明可以看出，这实际上是重复并强调译文12*的[3]，并由此结合前面的论述做出了进一步的说明。但是，这里的表达与译文12*[3]是有区别的。那里说的是将“不”加到系词上，而这里说的是将“不”加到宾词上。正是由于这一区别说明，因而随后使用了“不-普遍的”这一表达方式。因此我们首先需要理解，黑格尔这里所说的究竟是“S不是P”，还是“S是不-P”。因而，他说的究竟是“个别的东西不是普遍的”，还是“个别的东西是不-普遍的”。

---

1 黑格尔：《逻辑学》下卷，杨一之译，第310页；译文有修正，参见Hegel, G.W.F.: *Wissenschaft der Logik*, Band 2, S. 320。序号为引者所加，为了讨论方便。

在我看来，尽管“不-普遍的”这一表达式字面上看是将“不”加在谓词上，但是实际上说的却是将“不”加在系词上。首先，[1]将“不”称为系词。这说明它本身已经是系词。这就说明，这里所说的“不”乃是已经加到“是”一词上了，即“不是”。“是”乃是系词，因而这里把“不”也看作系词。所以，这里所说的“不-普遍的”实际上是对“不是P”的说明。“是P”中的P本来是普遍的，由于加了否定“不”，因而形成“不是P”，所以变成不-普遍的了。中间的连线大概是为了表明“加”上去的意思，也可以看作系词与谓词的联系。我强调这一点，主要是因为，“S不是P”和“S是不-P”虽然都有否定的意思，但是从句子形式看却有区别：前者是否定形式，后者是肯定形式。黑格尔这里是在谈论否定判断，所以，他谈的应该是前者而不是后者。或者，假如他这里谈的是后者，那么他将后者也看作否定判断。这样就有了问题。比如二者是不是有区别？如果有区别，那么区别是什么？此外，前面黑格尔曾谈到形式的否定和抽象的否定，因此这里的谈论是不是也有这样的意思，或者说，由于有前面的讨论，这里不区别得非常清楚也没有什么关系。总之，黑格尔的谈论方式不是那样清楚，我们应该尽量对他的表述做出分析，努力将他所表达的意思呈现出来。

[2]说不普遍的东西也是特殊的东西，[3]则对[2]做出说明，其中又借用了“规定”这一概念。前面说过，在“S是P”这样的判断中，单独看“是”，它是纯粹的、无规定的。加上P，它就是含有规定的，因而P是概念，是端项，是规定的东西。这里谈论否定判断，“不是”乃是将“不”加到“是”上，因而也可以形成与前面相同的看法，区别只是那里说的乃是“是”，而这个说的是这个“不是”。所以，这里说到“不是”的完全抽象的规定，乃是可以理解的。如果“不是”乃是抽象的，它所联系的谓词也就是没有规定的。可以看出，黑格尔这里说

的似乎是（那个）“不是P”。因为他由此谈及逻辑中的矛盾概念，而后者首先就是“是（P）”与“不是（P）”之间的关系。[3]的话较多，仅加重点的表达就有：否定的东西、不是、完全无规定的、矛盾、否定物、他物、无规定等等。字面上即可以看出，这些表达都与否定相关。所以，对[3]不必做更多的考虑，看到这些否定的表达也就可以看出，对[2]的说明涉及否定，而在这些否定中，既然已经明确提及“不是”，我们也就可以按照或围绕它来理解，或者至少可以主要按照或围绕它来理解黑格尔所说的否定。

[4]是举例说明，为的是说明以上观点。也许是为了与“不-普遍的”这一表达式相对应，这里的举例没有以句子的方式。[1]但是我们依然可以按照形成句子的方式来理解它们。“单纯的不-白物”可以理解为“不是白的”。一物不是白的，当然可以是红的、黄的或黑的。注意其中的“是红的”，这一表达看似随意，也很自然，而且确实是常识性的表达。但是，它却是对“不-白物”的说明。既然它可以说明不-白物，我们当然也就可以借助它来思考“不-白物”。是红的，是白的，是黑的，或者不是红的，不是白的，不是黑的等等，乃是最自然的表达，因而便于用来做举例说明。说的是不同颜色事物的不同，表达的方式却很简单，即“是”与“不是”，一个是肯定，另一个是否定。二者形成对立，形成矛盾。

[5]是依据[4]做出的说明。非常清楚，这里是将“白物”与“不”分开论述的，而且在论述中谈及“不是”。由于有例子在前，所以理解起来也就比较容易，我们也就不用多说什么。值得注意的是最后一句，其中谈到变和真。还值得注意的是，关于变与真的谈论乃是与（那个）“不是”联系在一起的。仅按照前面的说明，不考虑其他地方的说

---

1 在谈论判断的部分，黑格尔的举例说明还是不少的。比如“玫瑰花**不是**红的”（黑格尔：《逻辑学》下卷，杨一之译，第312页），就是关于否定判断的说明。

明，我们可以看出，所谓变，指的是将"不"加到"是"上，由此形成"不是"。这样的变当然是清楚的，即从"是"过渡到"不是"，或者，从肯定判断转变为否定判断。这样的变与真相关，也是可以理解的，"是"与"不是"可以与真相关，但是会有区别。随着是与不是的变化，真也是会变化的。

即使按照黑格尔的表述，普遍的东西也是可以有变化的，随着"不"的增加，因而会形成不–普遍的东西，这样也就会形成变，因而产生真假的变化。

综上所述，"不"乃是表示否定的标志。它可以加在系词上，也可以加在谓词上，但是从判断的角度说，包括判断的形式和判断的质，它都是加在系词上，构成"不是"这一表达，从而形成否定判断，形成与肯定判断的区别。所以黑格尔也称它为系词。译文 12* 和译文 13* 虽然没有明确地区别句法和语义，没有非常明确地从表达形式方面来论述"S 不是 P"，但是从其使用的术语我们依然可以看出，它们还是有这方面考虑的，比如其中谈及规定、端项，甚至明确说到系词等等。虽然译文 12* 没有例子，但是译文 13* 给出了例子，可以帮助我们理解译文 12* 的论述。虽然译文 13* 中的例子不是完整的句子，但是我们可以依据它们构造出完整的句子，从而帮助我们来理解借助例子所要说明的问题，帮助我们理解相关的论述。这就给我们一个很好的启示：在与 Sein 相关的文本中，其给出的例子，其关于语言的考虑等等，对于我们的理解乃是十分重要的。在没有举例说明，好像也没有关于语言考虑的文本中，我们也可以想办法借助例子、借助关于语言的考虑来理解相关文献。这样就需要我们对关于语言的考虑给予重视，因为在有关 Sein 的讨论中，丝毫不考虑语言的情况乃是非常少的。在我看来，即使在某一处文本看不到关于语言的考虑，我们也可以多看一下，借助其他文本来帮助理解。特别是，在有关文本中，无论是有例子还是没有例子，无论是谈及系词还是没有谈及系词，一定要认识到，所谈的东西与谈论中所借助的东西一定是相应的或对应的。所谓对应性或相应性，简单而言就是：原文谈到系词，所谈的Sein就应该是“是”，原文举“S是P”这种句式的例子做说明，所谈的Sein就应该是“是”。关于否定也是同样，即所谈的乃是（那个）“不是”。如果在这一点出了问题，即使文本说得再明确，译文也是要出问题的，比如与译文11*相应的原中译文。假如文本说得不是那样清楚，我们也应该基于那些论述清晰的文本来理解，努力使中译文表达清楚，比如译文12*和译文13*，否则，形成的汉语翻译是无法理解的，至少是无法清晰地理解的。[1] 这是因为，“有”与系词，与例子中作系词的“是”乃是不对应的，也是无法对应的。“无”与作否定词的“不”以及作系词的“不是”也是不对应的。所以，以“有”和

1 原中译文如下：

译文12 这种过渡根据两端的对比及其在一般判断中的关系。肯定判断是**直接的**个别的和普遍的东西的关系，所以这两者中一个同时**不**是另一个所是的东西；关系因此在本质上也同时是**分离**或**否定的**；肯定判断因此就必须建立为否定的。因此逻辑学家也不曾起来抗议把否定判断的“**不**”连到**系词**上去。那在判断中是端的**规定**的东西，同时也是很**有规定的关系**。判断规定或端并不是**直接的**“有”的纯质的规定，后者仅仅和**在**它**之外**的一个**他物**相对立。它也不是反思规定；反思规定按照其普遍形式而肯定地或否定地对待自身，其每一项都建立为排他的，仅仅**自在地**与其他规定同一。判断规定作为概念规定，在本身中就是一个普遍的东西，被建立为在自己的他物中**连续**自身的东西。反之，判断的关系也是和判断两端所具有的同样的规定，因为它正是两端的普遍性及其在彼此中的自身连续；由于两端是相区别的，它也就在自身中有了否定性。（黑格尔：《逻辑学》下卷，杨一之译，第309—310页）

译文13 上述从**关系**形式到**规定**形式的过渡，造成以下的**直接后果**，即：既必须把系词的“**不**”加到宾词上去，同样也必须把宾词规定为**非普遍的东西**。但非普遍的东西也由于一个同样直接的后果而是**特殊的东西**。——假如**否定的东西**按照直接**非有**完全抽象的规定而固定下来，那么，宾词便只是**完全不曾规定的**非普遍的东西。关于这种规定，在逻辑中将在**矛盾**概念那里加以讨论，并且作为某种重要的东西加以强调，即：就一个概念的**否定物**而论，应该仅仅在否定物上固定下来，并且应该认为它单纯是肯定概念的**他物**的**不曾规定**的范围。所以单纯的**非白**既可以红、黄、蓝等，也可以是黑。但**白**本身是**无概念**的直观规定；白的“**非**”也同样是无概念的**非有**，在逻辑一开始就考察了那种抽象，并认识到其最近的真理就是**变**。（同上书，第310页）

“无”来翻译 Sein 和 Nichts，肯定是要出问题的。这里的问题首先是语言转换方面的问题：系词的特征没有了；其次是消除、掩盖或扭曲文本中所表达的那些思想，以及通过其谈论方式所传达的思想——系词的表达出不来，与系词相关的那些思想自然也就无法呈现出来。

五、“是”与“实是”

通过以上讨论还可以看出，“不”与“不者”似乎还是有一些区别的。一方面，“不”可以是一个句法概念，即将它看作对系词的否定，用黑格尔的话说，将它加到系词上，或者如他所说表达为“不是”。“不者”显然不是这样一个概念。另一方面，“不者”是黑格尔的初始概念，与“是”乃是并列的，而“不”不是其初始概念，它是在谈论否定判断时使用的概念。但是在涉及规定的说明中，在借助端项的说明中，在与系词相关的说明，在与肯定判断或与一般判断相关的说明中，“不”与“不者”似乎又是一样的。所以我认为可以借助关于“不”的论述来理解关于“是”的论述，现在我们也可以更加明白，为什么在关于“不者”的论述中，黑格尔甚至明确地说，也可以单纯用“不”一词来表示“不者”。对于它们之间这种既相似又区别的特征，对黑格尔对这二者的使用和论述方式，人们难免会问一个为什么，比如黑格尔为什么不统一使用一个词呢？

在我看来，这主要是因为，尽管“不”（Nicht）乃是“不者”（Nichts）最主要的含义，甚至可以替代它，但是黑格尔还想表达出比“不”更多的含义，比如“是”的纯粹的无规定性和空，比如自身的无规定性，比如与某物（Etwas）的对立，比如抽象的否定等等。这样的意思表达的究竟是什么姑且不论，是不是清楚也可以暂且不考虑，但是我们至少可以看出，在黑格尔看来，它们似乎仅用“不”来表达就不够了，因为“不”的意思是明确的，就是否定。所以，作为初始概念，为了区别，Nichts 一词末尾的 s 似乎不是随意加的，而对于可以简单地用“不”来称谓它，似乎也不是随意说的。

在我看来，这里还有一个原因，这就是黑格尔的谈论方式：他明确地说要从逻辑寻找出发概念。逻辑的基本句式是“S 是 P”，但是这只是其肯定形式，其相应的否定形式乃是“S 不是 P”，再加上量词，就形成一些基本的逻辑关系，比如矛盾关系、反对关系、差等关系等等，由此也就有了真假判断及其说明。在这种情况下大体上可以有两种考虑方式。

一种方式是从“是”和“不是”出发，即从它的肯定和否定方式出发，这样就会将“是”和“不”这两个概念作为初始概念，由此形成讨论的方式并产生结果。这样做的结果是直接利用甚至谈论逻辑所提供的理论和方法，比如“是”表示肯定，“不”表示否定，二者形成对立，形成变，并且引起真假的变化。

另一种方式是从“是”出发，即从其基本句式出发。但是仅仅这样谈论是不够的，因为没有“不”乃是不行的，这样就会谈不到“变”，谈不到“真”，因而无法谈论他的整个哲学体系。所以要想办法从“是”出发谈及“不”，这样就有了关于“不者”的考虑。

对比这两种做法，前者似乎比较容易说清楚，但是容易谈成逻辑，或者说，逻辑的痕迹太重。后者似乎不如前者那样清楚，但是似乎明显与逻辑的谈法不同。特别是，这样的谈论似乎有一个优点，可以在兼顾谈论“不者”的同时，凸显“是”的作用和意义，从而使自己的哲学体系可以涵盖哲学史上有关 Sein 的相关论述，并且使自己所建立的哲学体系以及所推出的最终结论主要与“是”相关，因而也是站在哲学史的主线上。黑格尔的做法似乎是后一种，即从逻辑出发，又不完全和逻辑相同[1]，利用逻辑所提供的概念和理论，借助“否定”这一观念，构建自己的逻辑体系。

我们看到，在黑格尔的逻辑体系中，“是”这个概念是至关重要的。他的“客观逻辑”的第一篇即是“是的理论（学说）”。在该篇中，他首先谈论科学的开端，其中谈到“是”。虽然也随即谈到“不者”，但是最后所谈的还是“是之一般分类”，也就是说，在谈及分类时，只有“是”这一个概念，而“不者”这一概念是没有出现的。随后第一部分在“规定性”这一标题下只有寥寥数语，似乎是概论性的说明，所说明的只有“是”这一概念。进入第一章后，标题即是“是”，其下三节小标题分别为“是”“不者”和“变”。这说明，他所要讨论的主要还是“是”。“不者”只不过是他在讨论与“是”相关的理论时需要谈论的东西，是与其相关的一部分。前面我们讨论了黑格尔关于“是”“不者”和“变”这三个概念的论述（译文 7*、8*、9*），现在我们可以回过头来看一看他此前关于“是”的概论性说明：

译文 14*　是乃是无规定的直接的东西；是和本质对比，乃是免除了规定性的，同样也免除了可以包含在它自身以内的任何规定性。这种无反思的是乃是那仅仅直接地依它自己那里的是。

因为是乃是无规定的，它也就是无质的是；但是，这种无规定性的特征，只有在与**规定的东西**或质的东西对立之中，才自在地属于是。这种**规定了的**是本身与一般的是相对立；但是这样一来，一般的是的无规定性也就构成了它的质。因此，要指出：

第一，**最初的**是（Sein），乃是依自身被规定的，所以，

第二，它过渡到**实是**（Dasein），乃是**实是**；但是实是作为有

1　黑格尔在以逻辑命名的著作和章节中，一方面说从逻辑出发寻找初始概念，同时又对逻辑提出批评。例如参见《逻辑学》和《小逻辑》的导论。

限的是，揭弃了自身，并过渡到是与其自身的无限关系，即过渡到

第三，**自为之是**（Fuersichsein）。[1]

这个说明不长，意思也比较明白，说明了“是”的主要特征，最后一小段列出了随后要谈论的东西。可以看到，最后标明的这三个部分即是随后三章的主题和内容。译文 7*、8*、9* 即属于其第一部分。这也说明，“是”乃是黑格尔所考虑的核心概念。

第一小段开宗明义地说，是乃是无规定性的直接的东西。这话延续此前“必须用什么做科学的开端”中的说明，比如，“这种单纯直接性的真正名称乃是**纯是**。正如**纯**知只应当完全抽象地叫作知本身那样，纯是也只应当叫作一般的**是**：是，并没有任何进一步的规定和充实，此外什么也不是”[2]。没有规定，因而是直接的；因为是没有规定和直接的，所以是开端。所以，真正到了关于是本身的论述时，这话就成为自明的了。所以，谈论是，首先即谈论它的无规定性，这乃是自然的。

值得注意的是这里随后谈到了本质。本质是哲学史上一个著名的概念，也可以说是一个自明的概念。虽然关于什么是本质有许多争议，但

---

1 黑格尔：《逻辑学》上卷，杨一之译，第 68 页；译文有修正，参见 Hegel, G.W.F.: *Wissenschaft der Logik*, Band 1, S. 115。原中译文如下（我们只给出原译文，不讨论它与修正译文翻译的差异以及它所存在的问题）：

译文 14 有是无规定的直接的东西；有和本质对比，是免除了规定性的，同样也免除了可以包含在它自身以内的任何规定性。这种无反思的有就是仅仅直接地在它自己那里的有。

因为有是无规定的，它也就是无质的有；但是，这种无规定性，只是在与**有规定的**或**质的**东西对立之中，才**自在地**属于有。**规定了的**有本身与一般的有对立，但是这样一来，一般的有的无规定性也就构成它的质。因此，要指出：

第一，**最初的**有，是自在地被规定的，所以，

第二，它过渡到**实有**（Dasein）；但是实有作为有限的有，揭弃了自身，并过渡到有与自身的无限关系，即过渡到

第三，自为之有（Fuersichsein）。

2 黑格尔：《逻辑学》上卷，杨一之译，第 54 页；译文有修正，参见 Hegel, G.W.F.: *Wissenschaft der Logik*, Band 1, S. 68。

是说起本质，谁都知道它主要是关于事物是什么的表达，与定义相关。更进一步，人们甚至知道，它相当于“S是P”中的那个P所表达的东西。所以，这里说到对本质而言（和本质相比），是乃是无规定的，显然有借助本质来说是的意思。从黑格尔的论述方式看，他显然是认为这是一个自明的概念，无须解释。他是在论述逻辑，当然也会考虑到“S是P”这样的句式。所以，他借助本质来说明是，这种做法的本意是清楚的，或者是我们可以理解的。换句话说，“是P”乃是有规定的，而消除了P，即“是”本身乃是无规定的，因而是直接的。这当然也符合开端的说法。

第二小段主要说质。它从“无规定性”谈起，表明与第一小段相关，因而因循第一小段的意思来理解它，也不会有太多的困难。由于是没有规定的，因而没有质，这一点是可以理解的。这至少表明，质乃是与规定性相关的，或者它甚至就是规定性的另一种说法。如前所述，规定性是通过“是P”中的P来体现的，或者，通过P与是的结合来体现的，因而质也是同样的，即通过“是P”中的P来展示，或者通过P与是的结合来展示。这样也就可以看出，“是”本身乃是没有规定的，“是P”由于与P相结合，因而是有规定的。类似地，“是”本身乃是没有质的，或者说，它的质就是它的无规定性，而“是P”则是有质的，因为这里的是乃是有规定的，因而是有质的，而这种质已经不是最初是本身所没有规定的那种质。

经过这样的分析也就可以看出，黑格尔所说的“是”实际上乃是系词意义上的东西，或者主要是系词意义上的东西。最保守地说，在他的说明中，我们可以看到许多在系词意义上的论述，特别是这里关于本质的说明，以及借助本质来做出的关于是的说明。

从第三小段关于三种情况的区别，即随后三章的内容可以看出，它们都与是（Sein）相关。由于它们是以“因此”一词引导出来的，因而意思与第二小段的内容相关。一说依自身被规定，大致相当于此前所说的无规定性。前面（译文7*、8*、9*）我们已经看到并讨论了这方面的论述。二和三分别说到实是（Dasein）和自为之是（Fuersichsein）。尽管没有展开论述，后者显然不是无规定性的是，而是规定了的是。为了更好地理解黑格尔的思想，我们简单看一看他关于实是的论述。这样我们就可以结合黑格尔关于规定了的是的论述和无规定的是的论述，对他的相关思想做出比较客观而公正的解释。

译文15* 实是乃是**规定了的**是；它的规定性乃是**是的**规定性，即**质**。**某物**由于它的质乃是与**他物**对立的，乃是**可变的**和**有限的**，不仅是与一个他物对立着否定的，而且是在它自身绝对否定地规定的。它这种首先与有限的某物相对立的否定，乃是**无限的东西**；这种显示出这些规定的抽象对立，消解于这种无对立的无限的东西中，即消解于**自为之是**中。

因而实是的研究便有了这样三部分：

甲、**实是本身**：

乙、**某物与他物，有限性**；

丙、**质的无限性**。[1]

---

1 黑格尔：《逻辑学》上卷，杨一之译，第100页；译文有修正，参见Hegel, G.W.F.: *Wissenschaft der Logik*, Band 1, S. 115。原中译文如下：

译文15 实有是**规定了**的有；它的规定性是**有的**规定性，即**质**。某物由于它的质而与**他物**对立，是可变的和有限的；它之被规定，不仅是与一个他物对立，而且是对这个他物的相对否定。它对最初对立着的有限的某物的这种否定，是**无限的**；这些规定是在抽象对立中出现的，而在无对立的无限中，即在**自为之有**中，这种抽象的对立便消解了。

于是实有的研究便有了这样三部分：

甲、**实有自身**：

乙、**某物与他物，有限**；

丙、**质的无限**。

这是第二章“实是”的开篇语，类似于该章的导论，既说明了关于实是的一般性看法，又阐明了随后的工作。关于实是，开篇说得非常明确，它是规定了的是。这说明，实是与是乃是有区别的。它的规定性乃是是的规定性，是质，这一说明也是明确的。这与前面关于是的说明显然是不同的，但是与译文 14* 关于规定性和质的说明是一致的。联系那里即可以看出，这样的规定性，无论是不是与本质相关，但肯定与“是P”乃是相关的。值得注意的是这里还谈到“某物”，并由此谈到一系列性质，比如他物、变化、有限、无限、否定等等。所有这些，无论意思是不是清楚，至少是可以理解的。单纯谈“是”，这些东西是不容易谈论的，但是谈及“是 P”，所有这些东西都是可以谈论的。“是 P”中 P 的多样性和丰富性使人们可以这样谈论，因而也可以这样谈论“是”，因为“P”乃是由“是”引出的，与“是”乃是结合在一起的。有了这样的论述之后，将关于实是的讨论分为三部分，也就容易理解了。第二部分与某物相关，因而与他物相关，与有限性相关。第三部分与质的无限性相关。字面上即可以看出，第二部分乃是与质相关的，其中谈到某物，因而谈到规定性，当然也就谈及质。第三部分则要进一步论述质，要论述它的无限性，这些意思都是可以理解的。限于篇幅，我们不考虑后两部分，而只看其第一部分的相关论述。

译文 16*　实是从变发生。实是乃是是与不者单纯地合而为一。实是由于这种单纯性而有了一个直接物的形式。它的中介，即变，处于它的背后；中介扬弃了自身，因此，实是便好像是最初的、可以作开始的东西。它首先是在**是**的片面规定之中，而它所包含的另一规定，**不者**，也将在它那里与前一规定对立而显露出来。

它不是仅仅是，而是实是；从字源上看来，它是在某一**地方**的是；但是空间观念与这里不相干。在变之后，实是就是带有一个**不**

> **是**的一般的**是**，所以这个不是也和这个是一起被吸收到一个单纯的统一体中去了。因为具体的整体乃是在是的形式中，即在直接性的形式中，所以被吸收到是中的**不是**便构成了**规定性**自身。
>
> ……
>
> 实是相当于前一范围的**是**，不过，是乃是无规定的东西，因此它在自身并不发生规定。但实是却是一个规定了的是，一个**具体的东西**，因此，在它那里，便立刻出现了它的环节的许多规定和各种有区别的关系。[1]

这一节的题目是“一般的实是”（Dasein ueberhaupt），共四小段，我们略去了其中较长的谈论规定性的第三小段，以免过于冗长，而且这并不影响我们对相关论述的理解。下面我们分段讨论它们。

译文 9* 说过，变乃是是与不者的相互转变。实是与是不同，乃是规定了的是，因而这里说它从变发生，变在它的背后，便是容易理解的。字面上可以看出，关于实是，这里说到两个特征，一个是它有了一个直接物的形式。可以看出，这大概说的是实是的形式，它可以帮助我们理

1 黑格尔：《逻辑学》上卷，杨一之译，第 101—102 页；译文有修正，参见 Hegel, G.W.F.: *Wissenschaft der Logik*, Band 1, S. 116-117。原中译文如下：

译文 16 实有从变发生。实有是有与无单纯地合而为一。实有由于这种单纯性而有了一个直接物的形式。它的中介，即变，已被留在它的后面；中介扬弃了自身，因此，实有便好像是最初的、可以作开始的东西。它首先是在**有**的片面规定之中，而它所包含的另一规定，**无**，也将在它那里与前一规定对立而显露出来。

这不仅仅是有，而是**实有**，从字源上看来，它是在某一**地方**的**有**；但是空间观念与这里不相干。在变之后，实有就是一般的**有**连同一个**非有**，所以这个非有也和有一起被吸收到这个单纯的统一体中去了。因为具体的整体是在“有”的形式中，在直接性的形式中，所以被吸收到有中的**非有**，便构成了**规定性**自身。

……

实有相当于前一范围的**有**，不过，有是不曾规定的，因此在有那里并不发生规定。但实有却是一个规定了的有，是一个**具体的**东西，因此，在它那里，便立刻出现了它的环节的许多规定和各种有区别的关系。

解实是。问题是，这种形式是什么？黑格尔的表述方式给人一种感觉，他的表达是自明的，用不着多做解释。所以我们也只能从前面说过的东西来理解。

如上所述，实是乃是规定了的是，因而相当于“是 P”。现在我们可以考虑一下，借助这样的理解，是不是可以解释这里的相关论述。“是 P”有了一个给定的东西，也具有一个形式，大概可以说明这里所说的“直接物的形式”。这是变化的产物，但是，如果不考虑变，即如译文所说，变化扬弃了自身，“是 P”就成为最初的东西。所以，借助“是 P”来理解实是，看来是不错的。

实是的另一个特征如下：它包含着不者。如前所述，变乃是是与不者的统一。这里说实是从变发生，因而它乃是是与不者的统一。由于实是表现为“是 P”，因而它表现出一种规定，但只是一种片面的规定，这样的规定包含着不者，所以显示出对立的特征。这一点也是可以理解的。“是 P”与“是 Q”乃是有区别的，“是 Q”往往意味着不是 P，因而二者可能会是对立的，是相互否定的。

黑格尔的表述看上去不是那样清楚，是不是有道理似乎也是可以讨论的。但是借助“是 P”与“是”的区别，我们还是可以为他的说明做出解释，至少是做出一种解释：他说的是什么，或者，他想说些什么。

第二小段谈到字源，相当于对这个词本身做了语词解释，因而会有助于我们对它的理解。与语词解释相关有两句话，一句是“它是某一**地方**的是”，这是字面解释。德文 Dasein 乃是 ist da 的名词形式。这里的 da 表示在那里，意思是说：是在那里。在那里的意思当然是指在某个地方，所以这里说 Dasein 乃是某一地方的是。另一句说：“空间观念与这里不相干。”这句话很重要，它说明，Dasein 一词中的 da 字面上有空间概念，因而 Dasein 一词也有空间含义；但是黑格尔借助 Dasein 这个词来做说明，却不借助它所含 da 一词的空间含义。这说明什么？Dasein 是为了说明 Sein 的。Dasein 与 Sein 不同，而又是为了说明 Sein 的，区别就是多了这个 da，因而这不同的部分在说明中就非常重要。现在，明确说不取这不同部分的字面意思，那么用它来做什么呢？换句话说，ist da 中的 da 不表示它本来所表示的意思，那么它表示什么呢？这样一来，这与 ist P 难道不就有些相像了吗？或者在我看来，不借助 da 这个词的意思，但是要借助它的形式，借助它在表达中所居的位置：这是它使 Dasein 与 Sein 所形成的唯一区别。容易理解，与 ist da 和 Sein 的区别一样，“是 P”与“是”的区别也是清楚的，就是多出一个“P”。然而，这一区别是重要的，它所带来的东西就是规定性、质等等这样的东西，以及这样的东西所含有的否定性，以及所有可以围绕它所展开的东西。没有这个 P，或没有这个 da，是本身就只是纯粹的、无规定的，因而无法展开论述。而一旦加上这个 P 或者这个 da，所有扩展性的东西就都可以谈了。[1]

字源解释之后是对实是的说明。是加上 da 之后，就变为实是，就不再是原来那没有规定的是，因而产生了变。由于它是片面的是，因而它在是的同时也含有不是，这样的是，即与不是相同一的是，也就是一般的是，所以也就有是与不是的统一。所谓具体的整体乃是由“是 P”表达的，因而处于是的形式中，由于这样的是含有否定，因此一如“是 P”乃是一种规定性，它所含有的否定，即不是，也构成一种规定性。所以，这段关于实是的说明还是可以理解的。

1 顺便说一下，由于海德格尔著作的翻译和引入，国内对 Dasein 这个词的译法和讨论很多，包括“此在”“定在”“亲在”“缘在”等等。我认为，这些翻译和讨论都是不得要领的。海德格尔当然知道黑格尔的相关论述，他用 Dasein 这个词时无疑也有他自己的想法，比如他在使用这个词的时候强调它的展示性，因而解释其中那个 da 的空间性，并利用这一点来说明 Dasein 与世界的联系，与他所说的 In-der-Welt-Sein 的联系。但是，他的相关思想与黑格尔的相关思想是有延续性的，至少在通过 Dasein 来说明 Sein 这一点上，他们是一致的。我关于海德格尔相关论述的探讨，参见王路：《“是”与“真”——形而上学的基石》，第八章第四节。那里我随中译者的“此在”译法，将 Dasein 译为“此是”。这里我随中译者的“实有”译法，将 Dasein 译为“实是”。在我看来，其中的 da 如何翻译可以讨论，但是其中的 sein 只能译为“是”。

最后一段说的“前一范围”，指的是省略号处所说与规定性相关的东西，我们不必考虑，其他部分所说，仍然与前两段相同，很明显，这一小段是带有总结性的说明，再次表明实是与是的区别，比如，是乃是无规定的东西，实是则是规定了的是，是一个具体的东西，由此从实是便生出许多东西来。

通过前面的讨论可以看出，黑格尔从逻辑出发寻找初始概念。他知道逻辑的基本句式是“S是P”，而且知道“是”和“不是”乃是两个最基本的表达，它们与真假相关，所以他将这两个概念做开端，或者说他围绕这两个概念来思考开端。他的具体做法是消除它们在句子中的用法，而将它们抽象出来，形成所谓纯粹的概念。这样，“是”这一概念的提取和形成是自然的，无须做任何改动。但是他似乎在“不是”上遇到问题，因为他没有直接取“不”做另一个初始概念，而是在其德文词尾加了一个s，从而构成了Nichts（不者）这个概念。这个概念字面上含有“不”，因而可以表达“不是”所具有的意思，所以在关于“不者”的说明中他也说可以简单地用“不”来表达。此外，Nichts这个概念字面上还表示为与“某物”（Etwas）对立的东西，即什么也不是，或者没有任何东西。这样，它似乎又不是单纯的“不”，而是比它多了些意思。黑格尔这样做的目的是什么姑且不论，至少表明，他从逻辑出发，但是似乎又不是完全按照逻辑，而是有自己的一些想法，要在逻辑上多说出一些东西来。

虽然是从“是”和“不者”这两个概念出发，但是黑格尔最主要的考虑还是在“是”这一概念上，由此首先形成他的是的学说或理论。在这一理论论述中，“不者”只是其相关的一部分。他的辩证法思想主要体现在他关于是与不者的论述上，或者甚至就体现在他关于是的论述上。是乃是没有规定的直接的东西，因而是不者，即什么也不是。所以，是与不者乃是同一的。从没有规定的是，到有规定的是，就形成了实是。这里起作用的，或者用他自己的话说，起中介作用的或背后的东西，乃是变。而在产生实是之后，变就消失了。也就是说，我们在实是上只看到其所呈现的形式，一个直接物的形式，而看不到变。但是这个实是所呈现的只是片面的东西，因而包含着否定，即含有不是。比如是P就意味着不是Q、不是R等等，换句话说，是P与是Q、是R等等乃是不同的。实是所呈现的，将会是多样的，包括某物、各种环节、各种规定、各种关系等等，包含从有限到无限的各种可能性。因循这个思路，黑格尔可以展开他的哲学体系或者说逻辑体系的讨论，包括他所说的客观逻辑和主观逻辑，他所阐述的概念的不断发展的过程。特别需要指出的是，在所有这些讨论中，他的讨论是一致的，也是对应的，不会因为对是和不者这两个概念的思考的不同而带来讨论的不同，比如我们前面讨论了他关于否定判断的论述，在那里，关于不是的讨论乃是自然的，与其开始关于不者的论述相一致，没有任何矛盾。所以，正由于黑格尔从逻辑出发，基于逻辑进行思考，并且从逻辑寻找出发概念，因而即使他的考虑超出逻辑的范围，即使他的讨论方式不是逻辑的，甚至即便他所讨论的问题也不是逻辑的，而且他的讨论存在许多问题，但是他的讨论与逻辑相一致这一点还是可以看得很清楚的，至少在他讨论的主线上，包括他的思路，这一点还是可以看得很清楚的。所以他关于哲学史上关于being问题的思考，他关于逻辑本身的考虑，以及他自己建立哲学体系时关于其他方面的考虑，虽然不是没有问题，但是相互可以对应起来，相互可以参照。特别是在“是”这一点上，包括这个词的使用以及关于它所表达的东西的理解，他的思路是可寻的。

但是所有这些，或者至少其大部分、主要的思想，在汉译著作中都看不到了。原因就在于人们将Sein译为“存在”，将Nichts译为“无”。这样的翻译，消除了关于逻辑的思考，消除了从逻辑出发寻找出发概念的思想，也消除了基于逻辑来思考和探讨问题的可能性。也许由于认识到“存在”与“无”在相互否定性方面的牵强，也许从中国文化的角度出发认为“有”与“无”的对立乃是自明的，因而人们试图将 Sein 译为“有”。但是，这样做充其量只是保留了这两个概念字面上的对立含义，至于它们在逻辑上有什么意义，却无论如何也是看不出来了。所以，“有”和“存在”，无论是哪一个，同样消除了关于逻辑的思考，消除了从逻辑出发寻找出发概念的思想，也消除了基于逻辑来思考和探讨问题的可能性。所以我认为，这样的翻译是错译。由于在语言转换上出现这样的问题，黑格尔本人的思想是无法呈现出来的，或者，是根本无法呈现出来的。

第五章　如何理解西方哲学

翻译工作主要是将一种语言转换为另一种语言，并且通过这样的语言转换，使对象语言中的思想在译语中呈现出来。因此，翻译的基础是理解。汉译哲学即是这样一种工作，它基于对西方语言及其表达的思想的理解，将该语言转换为汉语，使该语言所表达的思想以汉语的方式呈现出来。由于是哲学著作的翻译，因此这里的理解主要是关于西方哲学的理解，这里的问题主要是如何通过汉译使西方哲学的思想呈现出来。所以我一直强调，有关being的问题并不是简单的翻译问题，而是如何理解西方哲学的问题。

哲学是一个学科，范围却极其广泛；哲学与认识、思想、精神相关，具有与其他学科不同的性质和特征；哲学具有悠久的历史，它的研究和教学一直延续至今，而且在大学教育中一直占有重要的地位。所以，人们重视哲学，认为哲学不仅西方有，东方也有，中国也有；所以，人们重视西方哲学的翻译，认为汉译哲学会有助于我们了解西方的哲学思想，有助于中国哲学以及思想文化的发展，也有助于增进东西方哲学思想的交流和发展，有助于促进东西方思想文化的交流和发展。这些认识无疑是正确的，同时也表明汉译哲学的重要性。但是这里同样有一个至关重要的问题，这就是如何理解西方哲学。在我看来，如果对西方哲学没有正确的理解，侈谈西方有哲学，中国也有哲学，乃是没有意义的，因为这里所说的哲学可能是完全不同的东西。所以，基于前面的讨论，我们可以进一步探讨如何理解西方哲学的问题，并且基于这样的探讨，再对我们自己的汉译哲学做出认真的深入的思考。

一、逻辑与哲学

西方哲学的一个主要特征是逻辑分析，这大概是众所周知和承认的事情。所谓逻辑分析就是用逻辑的理论和方法来进行分析，这样就要有一个称之为逻辑的东西，它有自己的理论和方法，人们可以借助它们来工作。这样，所谓理解西方哲学就不仅仅是理解哲学的问题，而是也要理解其中所涉及的逻辑，包括它的理论和方法以及应用这样的理论和方法所进行的分析。应该看到，这样的分析有时是明显的，有时是不明显的，有时甚至仅仅是背景性的。比如本书所使用的文本大都是比较明显的，这主要是为了讨论方便。即便如此，我们也依然可以看出，有些文本与逻辑明显相关，有些则不是那样明显。比如黑格尔的论述就是比较明显的，因为译文引自他命名为逻辑的著作，而海德格尔的论述就不是那样明显，因为译文不是来自命名为逻辑的著作。同样是黑格尔的论述，关于系词、关于否定判断的论述，与逻辑的关系就比较明显，而没有这样讨论的地方，与逻辑的联系似乎就不是那样明显。同样是海德格尔的著作，他在谈及“一切命题”的时候，谈及“定义”的时候，甚至包括他在谈及 Sein 的不定式形式和动词形式的时候，似乎就可以看到与逻辑的联系，至少可以与逻辑联系起来，而在他一般性谈论的时候，就不太容易看到这样的联系。理解尚且如此，翻译也就会有同样的问题。比如 being 一词，在明确谈论逻辑的地方，包括明确谈论系词、主词、谓词、端项的时候，大概都可以和逻辑联系起来，因而在翻译的时候也会联系逻辑来考虑。比如前面谈到黑格尔的论述："'这个行为**是**好的'，这个系词指出了宾词属于主词的**有**。"这个译句中的"有"在这里明显是有问题的，这样的翻译无疑是为了保持翻译的一致性，于是译者加注做出说明。我想说的是，这里固然可以看出将 Sein 译为"有"乃是有问题的，但是在更多的看不出与逻辑相关的地方该如何理解和翻译呢？译者看到的是 ist 和 Sein，经过翻译之后，读者看到的乃是"是"和"有"。读者的理解与译者的理解会是一样的吗？我的意思是说，读者对"是"和"有"的理解与译者对 ist 和 Sein 的理解是一样的吗？逻辑的理论和方法应用在哲学中，因而逻辑与哲学是有密切联系的。那么难道在明确看到这种联系的时候就将 being 译为"是"，而在看不到这样联系的时候就将它译为"存在"或"有"吗？或者，在明确看到这样的联系的时候，对采用的译名"存在"或"有"做如上加注给予说明，而在看不到这样联系的时候就不用加注做出说明了吗？

不仅如此，这里还有更深层的问题。逻辑的核心句式乃是"S 是 P"，因此 being 的系词特征是明显的，谈论系词往往可以很明显地与逻辑联系起来。我想问的是，在出现"系词"这个术语的地方，人们关于 being 的论述显然有逻辑的考虑，那么在没有"系词"这个术语出现的地方，人们的相关谈论就没有逻辑的考虑了吗？此外，系词这个术语是中世纪以后才经常出现的，逻辑却不是中世纪以后才出现的。那么，在"系词"这个术语产生之前，难道就没有关于逻辑的考虑了吗？难道就没有不使用"系词"而实际上却是与系词相应的考虑吗？在前面的讨论中，我们一直集中在近现代。为了更好地说明这个问题，我们现在追溯到古希腊，即"系词"这个术语出现之前。

亚里士多德是逻辑的创始人，他创立了逻辑这个学科，也是形而上学的奠基人。他有许多关于 being 的讨论，但是他没有使用"系词"这个术语。比如他说：

译文 1 动词“是”和“不是”以及分词“是”都不表示任何事实，除非增加一些东西。因为它们本身不表示任何东西，但是隐含着一种联系，离开了所联系的东西，我们无法形成关于它的看法。[1]

我称前提化解而成的东西为词项，即谓词和它所谓述的东西，加上“是”而去掉“不是”，或者加上“不是”而去掉“是”。[2]

这里尽管没有使用“系词”这个术语，但是其中关于“是”的谈论，比如说给它“增加一些东西”，它“本身不表示任何东西”，它“隐含着一种联系”，对词项“加上”或“去掉”它，等等，都显示出所谈之物的系词特征。以上是亚里士多德在《解释篇》和《前分析篇》中的话，大致可以归为他关于逻辑的论述。那么，在他的哲学著作中，是不是也有这样的论述，是不是也可以看到相似的看法？

《形而上学》是亚里士多德留给后人的哲学著作，也是形而上学的奠基之作。他在该书第四卷开篇，即提出他那个著名论题：有一门科学，它研究是本身（being qua being）。在该书第五卷第七章，他给出了being一词的定义，其中甚至明确给出“这是这”（tode einai tode）这样的句式。[3]这就明确说明，他所说的being乃是系词，它所表达的东西乃是或者主要是系词意义上的东西。人们通常认为，《形而上学》第五卷是词典卷，属于语词解释一类，尚不能完全、真正体现亚里士多德关于形而上学的认识。所以，为了更好地说明亚里士多德的相关思想，并借助他的思想说明我们所要讨论的问题，我们重点考虑该书第七卷，它被

1 Aristotle: *The Works of Aristotle*, vol. I, ed. by Ross, W.D., Oxford University Press, 1971, 16b19–26.

2 Aristotle: *The Works of Aristotle*, vol. I, ed. by Ross, W.D., 24b16–17.

3 我曾详细讨论过《形而上学》第五卷第七章的词典解释，并且指出，那里解释了being一词的四种含义，而且都是系词含义。参见王路：《一“是”到底论》，第2章2.1节“亚里士多德的to on”。

公认是《形而上学》的核心卷。限于篇幅，我们只考虑其中第一章：

译文 2 ［1］正如我们在本书前面区别词的各种意义时指出的那样，人们可以在好几种意义上说（事物）是；因为在一种意义上，"（事物）是"表示的乃是"是什么"和"这东西"，而在另一种意义上，它意谓质、或量或者其他一种像它们一样谓述的东西。［2］由于"（事物）是"有所有这些含义，显然其中最主要地乃是"是什么"，这表示事物的实体。因为当我们谈到一事物是什么质的时候，我们说它是好的或坏的，而不说它是三肘长或它是一个人；但是当我们说它是什么的时候，我们不说它是白的、热的或三肘长，而说它是一个人或一个神。所有其他东西被说是，乃是因为它们有些是这种第一意义上是者的量，有些是它的质，还有一些是它的属性，还有一些是它的其他属性。

因此人们可能确实会对"走""是健康的""坐"这样的词产生疑问：它们究竟是事物是的情况，还是事物不是的情况，对其他类似的情况也是如此。因为它们各自是不能自身存在或与本质分离的，相反，在一般情况下，坐的东西、走的东西和健康的东西属于是者。［3］因为这些东西似乎更是事物是的情况，这是因为有一些确切的规定性构成它们的基础，而这种规定性是实体和个体的东西，它以这样一种表达方式表现出来。［4］因为，没有这种规定性，是善的东西、坐的东西是不能被称谓的。因此可以看出，只有通过本质，有上述规定的东西才是事物是的情况。由此可以得出，那种是第一性的——不仅是特定意义上的，而且是绝对的——东西就是实体。

现在，"第一性"是在许多意义上使用的。然而，在各种意义上，实体都是第一性的，无论是根据定义，还是根据认识和时间。因为没有东西能够与其他种类的规定性分离；只有实体可以做到这

> 一点。因此实体根据定义也是第一性的。因为在定义中必须包含着实体的定义。[5]而且我们认为，当我们知道一事物是什么，比如人是什么，火是什么，而不是仅仅知道它的质、它的量，或它的地点的时候，我们才最完全地知道它。因为我们只有知道量或质是什么，才能知道这些性质。[6]这个早就提出并且仍在提出而且总是要提出的问题，这个总是充满疑问的问题，即"'(事物)是'是什么?"，恰恰是这样一个问题：实体是什么？因为恰恰是这个问题，有人说是一，又有人说是多，有人说是有限的，有人说是无限的。因此我们必须主要地、首要地，而且几乎专门地考虑：这样一种意义上的（事物）是究竟是什么？[1]

取某一句话做说明，乃是容易的，比如上面说的"这是这"：明显是关于系词的说明。这里我们完整给出第七卷第一章的三段话，为的是使我们的讨论不会断章取义，而可以准确地反映亚里士多德的相关思想。下面我们逐次讨论这三小段译文。

第一小段大体上可以分为两层意思：[1]说明"是"乃是多义的，[2]则进一步说明它是多义的。"可以在好几种意义上说（事物）是"，这一句明确无误地说明"是"的多义性，因此关于这一点不必多做讨论。值得注意是开始一句，它说明，这里关于多义性的说明并不是唯一一处，而是已经有过多次。确实如此，比如我们在第五卷就看到差不多相同的说明。这就表明，这里关于"说事物'是'"的看法乃是一贯的，而不是偶发的。[2]这样，人们自然也就可以联系其他地方的相关论

1 Aristotle: *The Works of Aristotle*, vol. VIII, ed. by Ross, W.D., Oxford, Clarendon Press, 1954, 1028a10–1028b10.

2 关于"说事物'是'"(to on legetai)这一短语，我曾从英译文和德译文出发进行了详细的探讨，参见王路：《一"是"到底论》，第2章2.1节。

述，比如联系第五卷第七章中关于“这是这”的说明。但是我认为，我们也可以不参考其他地方，只看这里的论述，看由此可以得到什么样的理解。

［1］中后半句以“因为”起始，显然是对前半句的解释。该解释给出两种意义，前一种含两个意思，其中之一乃是“是什么”，这即在字面上说明了“是”的含义。后一种意义给出的说明是质和量等等这样的东西。可以承认，这样的说明，仅从字面上尚看不出是什么意思。但是从相关的说明“谓述”看，它们似乎是起谓述作用的，即起说明作用的。所以，从［1］可以看出“是”有两种不同的意义，一种是清楚的，至少其中一部分是清楚的，即“是什么”，另一种则不是那样清楚。

［2］是对［1］的进一步说明。经过这一说明，现在我们知道，所谓质和量，指的乃是“是好的”和“是三肘长”这样的说法，所谓是什么，指的乃是“是人”这样的说法。非常明显，“是什么”“质”“量”等等是亚里士多德关于“是”的多义性的理论性论述，“是人”“是好的”“是三肘长”等等是对这样的理论性论述的举例说明。从这些举例说明可以看出两点，一是说明什么是质、量等等这样的东西，二是说明它们乃是不同的东西。而从举例说明的方式看，比如其中提到说什么，不说什么，这显然与语言表达相关。这样也就表明，我们可以借助语言表达方式来思考这里所说的“是”，而这一点与这一段开始一句恰恰是一致的。

还需要提及的一点是［2］中第一句话：“是什么”表示事物的实体。实体、质、量等等属于亚里士多德的范畴理论。范畴理论无疑是与语言的表述相关的，与谓述相关的，因而是与主系表这样的句子结构相关的。这里没有对范畴理论展开讨论，显然是把它当作自明的理论来使用的。因此我们也不必多做讨论，认识到这里与范畴理论相关就可以了。

第二小段举了一些不同的例子进行讨论。我们重点讨论后半部分。［3］是对此前事物是的情况的进一步解释，这一点从“因为”这一引导词可以看得很清楚。但是我要指出的是这里所说的“规定性”。前面所说的事物是的情况，无论它们是什么，在这里被说成与“确切的规定性”相关，后者要以某种方式“表达出来”。这就说明，这样的规定性是与前面所说的“说”相关的，因而是与实体、质、量等等相关的。[4]中有两个“因为”。第一个是进一步说明，这种规定性乃是事物是的情况，而且这是借助举例方式说明的。比如它说，没有规定性，是善的东西就不能被称谓。将举例去掉，这无疑是说，没有规定性，就不能称谓，这样的意思当然是说，称谓乃是有规定性。所以，规定性是与称谓相关，甚至差不多是等价的。第二个“因为”是关于本质的说明。本质与实体相关，因而这是关于实体的说明。这样就表明，规定性是与本质相关的，是与实体相关的。这样自然就过渡到最后一句是关于实体的说明。因为实体是亚里士多德随后要讨论的东西，是他要讨论的最核心的概念。

这里我要提请人们注意的不是这里的举例说明，也不是这里说的实体以及对实体的重视和强调，而是这里所说的“规定性”。字面上可以看出，这里关于规定性的论述非常自然，没有进一步的解释，给人感觉就是自然的。这样我们就要最自然地去理解，即在常识的意义上去理解。从例子来看，规定性说的显然是“是善的”这种情况，后者无非是表达出事物是怎样的。从“说”的角度看，规定性无疑是关于事物的表述。而从理论说明的角度看，本质和实体都属于范畴理论，规定性与它们相关，因而是与范畴相关的。由此可见，规定性是与谓述相关的。

这里我强调关于规定性的说明，是希望人们可以看到这一思考问题和谈论问题的方式以及由此而形成的传统。上一章关于黑格尔的论述就涉及这个概念：规定性与是相关，与质相关。这表明，黑格尔的相关论述是有来源的，也是有传统的。而这个来源和传统，无论是不是来自亚里士多德，至少在亚里士多德这里已经清晰可见。而通过亚里士多德的论述可以看出，与 being 相关，谈论规定性其实是很自然的事情。所谓规定性，不过就是对事物的表述，对事物的说明，对事物是怎样的情况的展现。所谓 being 是多义的，不过就在于它所联系的表述是多样的，即由它所引出的规定性是不同的。这样的规定性，这样的不同，早期最典型的说明大概就是亚里士多德的范畴理论。而这样的理论说明，归根结底乃是围绕着“S 是 P”这样的句式展开的。

第三小段谈论实体，过渡很自然，谈论也很自然。我认为，“我们认为”这一表达式表明亚里士多德正面论述自己的看法，因此从理解他的思想和观点的角度说，这句话以及随后的论述非常重要。“因为”一词将［5］一分为二。前一句阐述观点，后一句说明原因。前一句说得很直白，“人是什么”“火是什么”都是举例说明，没有理解的问题，质、量等等范畴表达此前已经说过，也没有理解的问题。所以，这一句是非常容易理解的，没有任何理解的问题。

但是这里我想指出一点。在我看来，这一句的核心表达是：当我们知道一事物是什么，我们才最完全地知道它。这说明两个问题，其一，亚里士多德的形而上学是与认识相关的，其二，其最核心的东西乃是关于一事物是什么的认识。与第一小段一样，这句话同样包含着对是什么与其他范畴的区别，但不同之处在于，这里说出了这样区别的实质，即它们在认识上的区别究竟是什么。关于一事物是什么，这无疑是认识，关于一事物的质、量等等，比如它是白的，它是三肘长等等，这无疑也是认识。它们的区别在于这里所说的“最完全地知道”。换句话说，关于质、量等等的认识也是认识，但不是最完全的认识，只有关于是什么的认识才是最完全的认识。所以，与这种认识相关，因而与亚里士多德的形而上学相关，最重要的乃是这个“是什么”（ti esti）。这就说明，亚里士多德区别和论述“是”的多种含义不是随意的，而是有意的。由此得出的关于是什么与其他东西，比如质、量等等的区别也不是随意的，而是有意的。这是他的形而上学的核心概念，也是核心问题。

基于关于［5］的认识，理解［6］就没有任何问题。后者表达了一个明确的意思：将"'是'是什么?"的问题转换为"实体是什么?"。可以看出，《形而上学》第四卷提出要研究是本身，这无疑是延续传统，而讨论关于是的问题，属于询问"'是'是什么?"这样的讨论。现在有了前面的讨论，(即便不考虑第五、六两卷的论述，仅看这里前两小段的论述，也可以看出)"是什么"表达的乃是实体，与实体相关，因而可以将关于是的讨论转换为关于实体的讨论。有了这一说明，以后关于实体的讨论就顺理成章。

译文2是《形而上学》第七卷第一章，从中可以看出，亚里士多德阐明了这一章随后所要研究的东西，即实体。但是，关于实体的研究是从关于"是什么"而来的，而"是什么"乃是从"是"一词的多义性而来的。在这一论述过程中，亚里士多德没有使用系词这一术语，也没有关于逻辑的论述，但是无论从是什么、质、量等等这样的理论性说明，还是从关于"是人""是好的""是三肘长"等等这样的举例说明，我们都可以清楚地看出，他所讨论的与"S是P"这样的东西相关，或者说，他的讨论是基于这样的句式的。而这样的讨论与他关于逻辑的讨论乃是一致的。也就是说，在他关于形而上学的讨论中，一如他关于逻辑的讨论，"是"乃是核心概念。从他的论述看得很清楚，他的讨论是与认识相关的。即使抛开他的论述，我们也很容易理解，"是什么"不仅是人们提问的方式，也是人们回答问题和表达认识的方式，因而围绕这一问题来讨论认识，乃是自然的。在这一问题中，最核心的显然是其中那个"是"。所以，"是"或"是本身"其实就是这一问题的集中体现。所以我认为，亚里士多德逻辑与他的形而上学乃是相通的，即使在字面上看也是相通的：其相通之处就在于它们的核心概念乃是"是"。

但是在汉译哲学中，人们长期以来将being译为"存在"，将亚里士多德形而上学的核心概念译为“作为存在的存在”，将译文 2 第一句话译为“存在有多种意义”，将［6］中的问题转换译为从“什么是存在?”向“什么是实体?”的转换。[1] 字面上可以看出，这样的翻译是有问题的。一个问题是，“存在”一词的意思是非常明确的，怎么会有多种意义（含义）呢？这一点无论如何是令人费解的。另一个问题是，所要探讨的东西是“存在”，它与说明它的那些东西，如“是什么”“质”“量”等等没有什么关系，相关的举例说明也是如此。这一点也是令人费解的。在前面的讨论中我们说过多次，举例与所要说明的东西要相应，否则就起不到说明作用。这里又出现同样的问题。举例乃是是人、是白的、是三肘长等等，而所要说明的却是“存在”，二者字面上没有任何关系，如何能够看出这样的例子能够起到说明作用呢？尤其令人不解的是，举例所说明的那些不同含义，非常明显与“是”一词结合在一起，而且是自明的，本来没有任何问题。但是由于被用来说明“存在”，反而有问题了，因为它们之间压根没有什么关系。这如何能够让人理解呢？还有一个问题是，“是什么”被称之为实体。所以，从关于是的问题到关于实体的转换乃是自然的。但是，这样的转换如何发生在“存在”和实体之间呢？所以，现有的汉译著作是费解的。正是基于这样的翻译，我们看到了如下解释：

引文 1　这就是《形而上学》Z 卷以及 HΘ 卷的核心问题。而我们现在就明白了，这个问题所关涉的不是别的，就是存在。但是，［1］它不是泛泛而言的存在，而是“作为存在的存在”，而这不是别的，就是实体。［2］但是，什么是实体呢？我们又应当如何来对一个实体进行更为深入的分析和说明，以最终将我们引向对那

1　参见苗力田主编：《亚里士多德全集》第七卷，中国人民大学出版社 1993 年，第 84、152—153 页。

个最高的实体的认识呢？显然，这构成了极其困难的问题，而亚里士多德在Z卷中所要解决的正是这个问题。[1]

这段话是关于从“存在”到实体的询问的转化的解释。其中关于这个问题的两点说明，即第一句所说的它是第七卷（Z卷）的核心问题，以及末一句所说的它是亚里士多德在该卷所要讨论的问题，本该是恰当的。但是，由于将being译为“存在”，因而这里的说明变得有问题了。也就是说，以上讨论中所说到的问题在这里都会涉及。由于这样的问题是直接与“存在”这一译名相关的，因此可以简单地归结为翻译的问题。翻译出了问题，依据有问题的翻译来进行说明，自然也会有问题。所以，我们可以抛开译文中这两句话，而只考虑它们之间的那些说明。

这个说明有两步。[1]说这所谈的存在，乃是“作为存在的存在”，乃是实体。[2]将实体变为一个问题，由此引申出“最高的实体”。对照前面的讨论可以看出，这样的说明是有问题的。

亚里士多德通过谈论being的多种含义，区别出一种最主要的含义，即是什么，并说它“表示事物的实体”，这说明实体乃是与是什么相关的。这种含义之所以重要，原因在于，我们只有认识一事物是什么，我们才能最充分地认识该事物。这说明，在我们认识中，是什么乃是最重要的。所以，亚里士多德要探讨实体，实际上乃是探讨是什么，或者说探讨与是什么相关的东西。认识到这一点也就可以看出，他最后将关于是的问题的追问转换为关于实体的追问，乃是有意义的。这也说明，亚里士多德的形而上学乃是与认识相关的。

从方法论的角度说，亚里士多德的论述也是清楚的。探讨being问题，因而从being出发。通过对它的多种不同含义的探讨，最后落实到

1 聂敏里：《存在与实体——亚里士多德〈形而上学〉Z卷研究（Z1–9）》，第120页。序号为引者所加，为了讨论方便。

通过实体来探讨它。这样就把关于being的问题转换为关于实体的问题。[1]通过实体来探讨being，这样就需要有一个前提，实体乃是比being更清楚的概念，否则它无法起到说明作用。我们看到，实体的含义来自“是什么”，而与being相比，“是什么”显然是更清楚的概念。字面上即可以看出，“实体”乃是与“是什么”相关的，而“是什么”乃是与being相关的。从原文看，“实体”一词的希腊文ousia乃是einai一词的一种分词形式，“是什么”的希腊文ti esti乃是einai一词的第三人称单数形式esti加不定代词ti，这就说明，二者至少字面上即是相关的。现在的问题是，与二者相关的being是什么意思？该词的希腊文on乃是einai一词动词第三人称单数分词形式。那么，它的意思究竟是“是”，还是“存在”？即使不考虑译文2中那些具体的论述，包括那些举例说明，仅从字面上即可以看出，on、ti esti和ousia这三个希腊文是相关的。中文“是”“是什么”和“实体”，可以清楚地表现出“是”与“是什么”的相关性。虽然这种字面的相关性在“实体”这里中断了，但是借助译文中关于“是什么”的说明，依然可以看到这种相关性。与此相反，中文“存在”“是什么”和“实体”就有问题了，它们之间的相关性丝毫看不到了。尽管从译文2关于是什么的说明也可以获得关于实体的理解，因而看到二者之间的相关性，问题是“是什么”与“存在”没有任何关系，无论是字面上的，还是译文中的具体说明。所以，语言的转换出了问题，对象语言中所表达的思想在汉译中是无法呈现出来的。

错译给亚里士多德《形而上学》著作的理解带来问题，给理解亚里士多德逻辑与他的形而上学之间的关系也会带来问题。他的逻辑的基本句式是“S是P”，他的形而上学的核心概念乃是“是”，二者字面上即是相通的。这样，在探讨形而上学问题的时候，他的逻辑理论是非常

1　如果继续深入讨论，可以看出，亚里士多德在《形而上学》第七卷第三章将实体的用法分为四种，并分别从这四种不同用法来探讨实体。

容易应用的。前面提到的范畴理论即是与逻辑理论相关的，此外还有很多，比如定义理论，后者属于他的四谓词理论，比如对当关系理论、三段论理论等等。在我看来，认识不到这一点，或者说对这一点缺乏认识，大概是造成在翻译他的著作时采用“存在”这一汉译的原因之一。这样的翻译是错译，它消除了亚里士多德逻辑与他的形而上学字面上的联系，未能正确地呈现亚里士多德的形而上学思想，因而给人们理解他的思想带来问题。

二、形而上学与加字哲学

亚里士多德没有使用“形而上学”这个名称，他称《形而上学》中论述的东西为“第一哲学”。这样，他所说的“是本身”也就有了专门的含义。他说：

> **译文 3**　有一门科学，它研究是本身和它依自身而具有的性质。现在，这与任何所谓专门科学都是不同的。因为其他这些科学没有一门普遍地探讨是本身。它们截取是的一部分，研究这一部分的性质。例如，数学就是这样做的。现在，既然我们寻求第一原理和最高原因，显然它们一定是依自身而是的东西。这样，如果寻求是之要素的人就是在寻求这些相同的原理，那么必然是：这些要素一定乃是是的要素，不是偶然的，而仅仅因为它乃是是。因此，我们必须把握的正是是本身的第一原因。[1]

这是《形而上学》第四卷的开场白，它大概比较直白也比较典型地

1 Aristotle: *The Works of Aristotle*, vol. VIII, ed. by Ross, W.D., 1003a20–30.

说明形而上学研究与其他研究的不同。即使同称为科学，它们也是不同的。其他科学以是的某一部分为研究对象，而形而上学研究是本身。这就说明，这样的研究是超出其他学科的。所谓超出大概没有高下的意思，不过是说明学科性质的不同。值得注意的是，这里关于学科之间的不同，亚里士多德是通过“是”来说明的。当然，人们可以认为，“是本身”这一说法似乎不是那样清楚。但是，经过以上讨论可以看出，我们可以借助是什么来理解它。也就是说，假如我们能够始终在“是什么”的意义上理解亚里士多德所说的是本身，就不难理解这里的区别。因此我们也可以换一种说法来替亚里士多德的论述做出说明。一门具体学科的研究乃是有具体内容的。比如医学研究什么是健康，什么是疗效，数学研究什么是数，而形而上学研究是本身。这一研究与其他学科的研究无疑是不同的。

这里还可以看出，除了学科的区别，亚里士多德还谈到第一原理和最高原因。它们显然不是具体学科所研究的东西。因为一门学科研究的东西一定是一种具体的东西，所形成的理论也会限于某一具体范围，所揭示的原因或原理也只能是某一领域的原因或原理。但是，形而上学所要研究的东西不是这样。字面上就可以看出，这种第一原理或原因，肯定不是某一门学科的，因而不会是属于某一领域的。如果说每一门学科的研究是具体的，那么形而上学的研究就是普遍的。在我看来，这样一种研究是先验的，是关于先验认识的研究，不过亚里士多德没有这样说，他只是以自己的方式区别了形而上学与其他学科。但是在康德那里，我们可以看到对形而上学的先验性的明确说明：

译文 4　尽管我们的一切知识都以经验开始，它们却并不因此都产生自经验。……因此，至少有一个还需要进一步研究、不能乍一看就马上打发掉的问题：是否有一种这样独立于经验、甚至独立于一切感官印象的知识。人们称这样的知识为先天的，并把它们与那些具有后天的来源、即在经验中具有其来源的经验性的知识区别开来。[1]

康德的说明很明确。一方面有许多经验的知识，另一方面有一种独立于经验的知识。后者是先验（天）的知识，与经验知识相区别。比较一下我们会发现，康德与亚里士多德的说明差不多是一样的，只不过是用语不同。借助康德的用语来表达亚里士多德的认识则可以说，经验学科研究是的一部分，而形而上学研究是本身，这是关于先验的东西的研究，所以是超出其他学科的。不仅如此，康德的论述与知识相关，亚里士多德的论述也是如此。在亚里士多德看来，这样一种关于是本身的研究直接与认识相关，与人们的认识方式相关。所以我们刚才强调他说的那句话："当我们知道一事物是什么……我们才最完全地知道它。"不仅如此，这样的认识还与真相关。所以，亚里士多德一方面说它研究是本身，另一方面也说，"把它称为关于真的学问是恰当的"[2]。我们看到亚里士多德有非常明确的关于真的论述，关于是与真之间联系的论述，这种是与真的相互区别的考虑，相互对应的考虑，都是一种在普遍性的层面上的考虑，因而是普遍的考虑。这种普遍性显示的是一种先验性。因为它不限于某一具体学科，脱离我们的常识和感觉，但是其相关结果和理论却会被其他学科所用，也有助于对我们的感觉和常识做出说明。

康德关于形而上学的论述基于亚里士多德的相关论述，以上我们也说那是亚里士多德关于形而上学的看法。但是应该看到，亚里士多德并没有使用"形而上学"这一用语，他谈论的是科学、认识或知识。我们看到的区别只是学科之间的区别，只是关于研究是本身的这门学科与

1 康德：《纯粹理性批判》，李秋零译，中国人民大学出版社 2004 年，第 31 页。

2 Aristotle: *The Works of Aristotle*, vol. VIII, ed. by Ross, W.D., 993b20.

其他关于研究是的一部分的学科之间的区别，因而形而上学只是一门关于是本身的研究的学科。我的问题是，为什么不把亚里士多德的这种认识看作关于哲学的认识呢？把它看作关于哲学的认识难道会有什么问题吗？比如，其他学科是关于是的一部分的研究，哲学则是关于是本身的研究，因而是先验的研究。这样的认识会有什么问题吗？我认为没有什么问题。基于这样的认识，我认为，我们可以在如上译文 3 的意义上理解哲学，即哲学就是形而上学。它与其他科学形成区别，而且泾渭分明。

但是，今天人们已经不这样理解哲学了。人们所理解的往往是加字哲学，即一种在哲学前面加了字的哲学，比如科学哲学、心灵哲学、政治哲学、宗教哲学，此外还有文化哲学、女性主义哲学、工程哲学、环境哲学、教育哲学等等。[1] 按照传统关于概念内涵外延的说法，一个概念增加内涵，则缩小外延。这虽然说不上是什么普遍的原则，因为会有例外，但是依据它来考虑加字哲学，就会看到一个很有意思的结果。为哲学加字当然增加了它的内涵，因此一种加字哲学字面上缩小了哲学的外延。但是所有加字哲学放在一起却会扩大哲学的外延。这是因为加字方法本身可以不断制造加字哲学，从而将许多不属于哲学研究的东西纳入哲学的领域，由此还会不断地将越来越多的东西容纳进哲学里来，因此可以不断地扩大哲学的外延。

加字哲学有一个一般性的公式化的说法：一种加字哲学是对某某（加字所描述的）事物的哲学反思。比如，文化哲学是对文化的哲学反

1　加字哲学不仅出现在哲学文献中，而且在我国高校教育体制中也充分体现出来。在哲学这个一级学科之下，我们有马克思主义哲学、中国哲学、西方哲学、科技哲学、伦理学、逻辑学、宗教学、美学等二级学科。前四个是加字的，后四个是不加字的。但是仔细考虑，伦理学也叫“道德哲学”，所以，它实际上也是加字的或可以加字的。这样，不加字的哲学只有后三类。在国外，宗教学是独立于哲学的学科，美学如今主要是艺术类学科，也独立于哲学，逻辑被联合国教科文组织确立为与数理化天地生等学科并列的基础学科，也可以看作独立于哲学的学科，由此可见，后三个学科不是加字哲学其实是有道理的。因为它们与哲学确实有一些根本性的区别。

思。因此，加字所表示的东西具有一种对象性的意义，而哲学似乎仅仅表示一种思考方式。究竟什么是哲学反思，其实并不清楚。加字所表达的东西一般来说是清楚的，而且它们成为考虑的对象这一点也非常清楚。但是，这种公式化的说法是有问题的。假如它表示定义，则无疑是循环的。这种说法假定了哲学反思是明确的东西，人们知道它是什么意思，因此才能够以它来做出说明。联系其他学科则可以看出，这是一个怪异的说法。我们可以问，是不是也可以说对某某事物的数学（物理等）反思呢？假如这就是哲学与其他学科的主要区别之一，难道不是意味着哲学可以思考一切、研究一切，因而加字的结果可以不断地扩大哲学的外延吗？

除了对象性的特征以外，加字哲学还会随加字的不同而具有其他一些不同的特征。比如在我国占主体地位的马克思主义哲学和中国哲学。哲学中这样的加字与其说体现了哲学的对象性特征，不如说体现了哲学的流派特征和地域特征。由于有了这样的特征，它们与其他加字哲学一样，与形而上学当然是不同的。

将加字哲学纳入哲学的视野，我们就不能说哲学就是形而上学，但是我们却可以说，形而上学是哲学主线上的东西，因为它是自亚里士多德至康德，乃至今天的分析哲学所研究的东西。为了更好地说明这里的问题，我们可以借助哲学史的写作方式来进行思考。

哲学是有历史的，因而哲学史的写作乃是最自然的事情。假如加字哲学是哲学，它自然也会有自己的历史。最自然的大概是西方哲学史。比如罗素的著作《西方哲学史》。这样的哲学史写作，通常照例会探讨一下什么是哲学，比如认为哲学是介乎神学与科学之间的东西[1]，也会谈论一下内容安排，比如在最低限度上，除了柏拉图、亚里士多德、笛卡

1 参见罗素：《西方哲学史》上卷，何兆武、李约瑟译，商务印书馆1976年，第11页。

尔和康德，还应该把谁加进来，考虑的人选可以不同，比如有：奥古斯丁、洛克、莱布尼兹、休谟、黑格尔、马克思、弗雷格等等。[1] 但是它们不会为加字所困扰。尤其是，一些西方哲学史著作甚至没有加字，比如黑格尔的《哲学史讲演录》、文德尔班的《哲学史教程》等等。[2] 这样的史书在内容上并没有什么根本性的区别，即使有，也不是由于加字“西方”所造成的。因为黑格尔和文德尔班的书名加上“西方”一词，将罗素的书名去掉“西方”两字，对它们的内容不造成任何影响。这就说明，同样是哲学史，加不加“西方”二字，并无大碍。将这些哲学史著作加以对照可以看出，它们的内容大致相同，尽管选择思路、撰写方式乃至篇幅可能会有很大不同。由此可见，即使去掉“西方”这两个加字，史书的内容不会受什么影响。但是，哲学与加字哲学毕竟有所不同，有些“哲学史”著作也会提到“西方哲学”，也会对不加字有所交代，比如在序中提到印度和中国哲学，提到中世纪阿拉伯和犹太哲学，并将书中不谈这些哲学的原因简单归结为“对这个主题的无知”[3]。这样的说明轻描淡写，似乎还表现出作者的谦虚甚至宽容大度。由于这样的加字只有地域性的表达，因此提及那些加字哲学不过是更加明确了自己所谈的西方哲学。问题是，序中的表述并没有在书名中体现出来。在我看来，作者的潜台词是，即便所谈的仅仅是一种加字哲学史，也是名副其实的哲学史。

对照之下，我们可以看一看中国哲学史，这个名称似乎也是自然的。冯友兰先生一生写过三部哲学史。如果不加“中国”二字，比如就叫“哲学史”或“哲学史新编”，假如序中同样说明还有西方哲学、阿

1　参见安东尼·肯尼编：《牛津西方哲学史》，韩东晖译，中国人民大学出版社 2006 年，第 1 页。

2　这样的书很多，中译本也很多，例如参见帕金森和杉克尔主编的《劳特利奇哲学史》(十卷本)，中国人民大学出版社 2003 年起。

3　参见 Wedberg, A.: *A History of Philosophy*, vol.1, Oxford, Clarendon Press, 1982, p. 2。

拉伯哲学等等，字面上还会是那样自然吗？这里的问题实质是，西方哲学史著作，书名加字“西方”，固然可以与中国的或其他什么国家地区的哲学史相区别，不加也没有关系，人们不会觉得其称谓不自然，也不会去指责它的内容有什么问题。但是中国哲学史著作则不同，书名不加“中国”二字，人们会觉得其称谓不自然，也会认为其内容有问题，比如认为它讲的并不是通常的哲学史，它的内容没有也不会满足通常所说的哲学。而加了“中国”，也会有问题。以冯先生的《中国哲学史》为例，该书开篇即说：“哲学本一西洋名词。今欲讲中国哲学史，主要工作之一，即就中国历史上各种学问中，将其可以西洋所谓哲学名之者，选出而叙述之。”[1] 可见冯先生对哲学的理解来自“西方哲学”。后来冯先生在哲学史中不这样说了，如今国内中国哲学史著作大都不提“西方哲学”，也不依据西方哲学来理解哲学作为开篇，但是书名中“中国”这一加字无论如何也是不可少的。

马克思主义哲学史大概是具有中国特色的研究。以人为对象的史学研究不少，但是以人命名的“史”的研究却不多。加上“主义”二字使人们可以做宽泛理解，比如断代、流派或学说，一如“古希腊哲学史”。从断代的角度，“马克思”这个名字说明了它的起始时间，从流派的角度，“主义”一词表明它是某一种观念下的东西。因此这个加字哲学史获得了它可以讨论的内容。“马克思主义哲学史”是可以理解的，也是比较自然的，一如“中国哲学史”。它似乎没有金岳霖指出的那样的问题[2]，但是，作为加字哲学，它表现得更加独特。“马克思”这个名字表明它是个人性的，“主义”一词的流派性则可以使它涵盖不同地域的人物，包括西方的和东方的。这样的哲学史的内容可以非常丰富，而它的丰富性主要来自它的加字，来自使用者对加字的理解，而不是来自哲学和人

1 冯友兰：《中国哲学史》上册，商务印书馆 1947 年，第 1 页。

2 参见王路：《论加字哲学》，《清华大学学报》2016 年第 1 期。

们对哲学的理解。因此，无论对哲学如何理解，对哲学的理解是不是有道理，这样的哲学史离开了加字是无论如何也不行的。

加字哲学反映了一种对哲学的限定，这些限定有地域性的，有对象性的，有流派或断代性的，也有方法论意义上的。一个从事哲学研究的人通常会专注于或擅长某一种加字哲学的研究。尤其是我国现行体制下，人们也习惯于这样的表述，即所谓二级学科，以及所谓专长或特色研究。这样的情况是自然的，也是可以理解的。但是由此也非常容易产生一种结果：人们从自己研究的加字哲学出发来谈论对哲学的认识，甚至以此要求哲学应该怎样，必须怎样。比如有人认为哲学的根本问题是关于人的问题，是关于人的存在，人的精神，人的理想、道德、价值的问题；有人认为哲学是关于世界观、方法论的问题。由此出发，人们认为，哲学必须反映时代精神，哲学应该而且必须研究时代问题，以及研究社会的重大问题、前瞻问题、热点问题、现实问题等等，哲学研究者必须为解决这些问题提供认识和理论依据。常有人说：假如不是如此，那么时代要你干什么？假如不能关注、回答并解决现实问题，纳税人凭什么要养活你？这些质问似乎理直气壮、掷地有声。但是通过以上讨论可以看出，这是有问题的。

在我看来，问题主要在于：这样的认识来自加字哲学，谈论的却是哲学。假如它们所针对的是其加了字的哲学，可能还是有道理的。问题是，一种加字哲学与哲学终归是有区别的：哲学中毕竟还有一类叫作形而上学的东西。无论是过去的本体论和认识论，还是今天的分析哲学，它们始终是哲学中独特的一部分，也被认为是学科中独特的一部分，甚至在有些人看来，它们是哲学中最重要的部分。比如亚里士多德的《形而上学》、康德的《纯粹理性批判》、维特根斯坦的《逻辑哲学论》，这大概是只有哲学才会讲述，而其他学科不会讲述的著作。尽管这一部分不是哲学的全部，即使这一部分本身也是加字的或可以加字，比如叫作第一哲学、分析哲学等等，但是它们一直被看作哲学的主体、哲学之树的树干、王冠上的钻石或哲学的主流。一部哲学史，可以不讲此种加字哲学，也可以忽略彼种加字哲学，唯独这一部分，即形而上学（第一哲学）和分析哲学是不能不讲的。而这部分内容与上述那些与人和现实有关的问题似乎恰恰是没有什么关系的，至少没有什么直接的关系。这就说明，是不是应该从这一部分出发来谈论哲学，应该如何结合这一部分来谈论哲学，可以是见仁见智的问题。但是离开这一部分来谈论哲学，则注定是有问题的。

应该看到，在众多加字哲学中，分析哲学和语言哲学与其他加字哲学是有区别的。字面上看，“分析”是加字，但是，它不具有对象意义，人们不会认为分析哲学是对分析的哲学反思。分析主要是指哲学方式，亦即凸显哲学的分析特征。“语言”也是加字，字面上看，它可以具有、似乎也具有对象意义，因为人们似乎可以说，语言哲学是对语言的哲学反思。相关研究中甚至也有人说，语言本身成为哲学研究的对象。但是实际情况并非如此。

分析哲学和语言哲学的名称来自20世纪哲学，与一个流行一时的口号相关：哲学的根本任务就是对语言进行（逻辑）分析。字面上，这一口号凸显了语言和分析，但是实际上，它所凸显的是哲学的方式，而不是哲学的对象。所以，无论是分析哲学还是语言哲学，不管强调的是分析还是语言，着眼点都是哲学的方式，而不是哲学的对象。分析哲学家们相信，我们关于世界的认识是通过语言表达的，因此我们可以通过分析语言而达到关于世界的认识，通过分析语言而达到关于世界的认识的认识。比如维特根斯坦认为：“我的语言的界限意谓我的世界的界限”，“逻辑充满世界：世界的界限也是它的界限”。[1] 戴维森指出，我们共有一

1 维特根斯坦：《逻辑哲学论》，陈启伟译，《维特根斯坦全集》第一卷，涂纪亮主编，河北教育出版社2003年，5.6、5.61。

种语言，“也就共有一幅关于世界的图景”，我们显示语言的大部分特征，“也就显示了实在的大部分特征。所以，研究形而上学的一种方法便是研究我们语言的一般结构”。[1]达米特则明确地说，“一种认识论的研究（在它的背后有一种本体论的研究）是能够通过一种语言的研究来回答的”[2]。因此，强调分析或语言分析，只是凸显哲学的方式，而不是指认哲学的对象。认识到这一点，我们就应该在方法论的意义上，而不应该在对象的意义上理解“分析哲学”和“语言哲学”中的加字。正由于认识到这一点，我赞同分析哲学或语言哲学的研究，但是不喜欢“语言哲学”这个名称，因为它容易给人以误导，容易使人误以为哲学就是思考语言，容易使人强调语言而忽略逻辑分析，因而容易产生泛语言哲学。[3]

有人认为分析哲学是反形而上学的，因为分析哲学家认为一切形而上学命题都是没有意义的。应该看到，这一认识的核心在“有意义”，它基于两个标准，一个是理论证明，另一个是经验证实。前者与逻辑相关，后者与真相关。而这两点构成了分析哲学最主要的特征。今天，分析哲学也被称为当代形而上学。它与形而上学有一个共同的特征，这就是被认为难懂。限于篇幅，这里我仅想指出，在逻辑的理论和方法的应用这一点上，分析哲学与亚里士多德的形而上学是一致的。所谓难懂，即它们使用逻辑的理论和方法来进行分析的这种方式难懂，因而它们所探讨的一些问题及其结果难懂。如果说亚里士多德的说明——即研究是本身，这样的研究可称之为真之理论——是关于形而上学的传统说明，那么罗素说的“逻辑是哲学的本质”[4]，则是这一说明的现代表达。这样的研究乃是先验的，乃是最具普遍性的。用弗雷格的话说，在真这个层

1 戴维森：《形而上学中的真理方法》，载《真理、意义、行动与事件》，牟博译，商务印书馆1993年，第130页。

2 达米特：《分析哲学的起源》，王路译，上海译文出版社2005年，第5页。

3 我曾讨论过这个问题，参见王路：《走进分析哲学》，中国人民大学出版社2010年。

4 罗素：《我们关于外间世界的知识》，陈启伟译，上海译文出版社1990年，第24页。

面，“所有细节都消失了”[1]。按照这样的观点，我们可以明确地说，形而上学研究是先验的，其他科学研究是经验的，因而形而上学研究与其他科学的研究形成区别；加字哲学研究也是经验的，因此形而上学与加字哲学也形成区别，它与现实问题，与和人有关的问题肯定是或者至少是有距离的。

三、逻辑的作用和意义

我区别哲学与加字哲学，或者说我强调对形而上学与其他哲学的区别，有几个重要的原因。一个原因是我认为我们对形而上学的研究不够。哲学传入我国并通过高校教育以学科的方式确立下来。但是在我国形成的哲学研究中，占主体的是马克思主义哲学和中国哲学，以及其他加字哲学，比如道德哲学、科学哲学等等。形而上学并没有受到重视，相关现状是：研究形而上学的论著非常少，一些冠名之作讲的也不是形而上学；形而上学在我国哲学系教学中所占比例非常小；“形而上学”在许多人那里甚至是个负面的称谓，被看作与“辩证法”对立的，后者才是正面的；对形而上学有一个共识和一个批评——它难懂，无用。这反映出人们对形而上学一种极大的误解，或者，对形而上学缺乏充分的认识。另一个原因是，我认为形而上学研究与逻辑密切相关，从古至今一直如此。亚里士多德认为逻辑是研究形而上学前所要具备的修养，康德说要从可靠的科学出发建立形而上学研究，而其时这样的科学就是逻辑和数学，黑格尔则直接从逻辑寻找出发概念，至于分析哲学，即当代形而上学，则更是以逻辑分析著称。但是国内对逻辑研究，对逻辑与哲学的关系，对逻辑在哲学中的作用，一直缺乏充分的认识，一直重视不

1 弗雷格：《弗雷格哲学论著选辑》，王路译，王炳文校，商务印书馆2016年，第104页。

够。比如学界长期占主导地位的一种观点是，形式逻辑是初等数学，辩证逻辑是高等数学，形式逻辑是有局限性的。[1] 这样的认识对形而上学的研究无疑是不利的。

being 是形而上学的核心概念，这一概念的研究与逻辑密切相关，一如我们前面所说，通过它可以看到，在亚里士多德那里，逻辑与形而上学至少或者甚至字面上就是相通的。对逻辑缺乏认识，当然不利于对 being 及其相关问题的认识，比如前面提到的那些观点：认为对 being 的系词考虑掩盖着逻辑倾向，不利于其形而上学考虑等等。在这里我想说明的是，对逻辑缺乏充分的认识，对于形而上学的研究是极为不利的。

前面的文本讨论主要集中在亚里士多德、黑格尔和海德格尔三人。亚里士多德的《形而上学》和海德格尔的《形而上学导论》，无疑是形而上学著作。黑格尔的《逻辑学》名为逻辑，实际上就是形而上学著作。他的《精神现象学》也是形而上学著作。海德格尔的《存在与时间》无论是从其名称，还是从其开始所归类探讨的有关 being 的三种看法，显然也属于形而上学研究。所以我们前面讨论翻译时所依据的那些文本，无疑都是与形而上学相关的。我们在探讨的过程中，是通过分析文本而指出其中所存在的问题的，现在我要指出的是，前面翻译中的那些问题，表面上看是形而上学问题，实际上都是与逻辑相关的。这里的道理其实很简单。假如对逻辑有正确的认识，能够看到逻辑与形而上学是相通的，就不会将 being 译为“存在”，就不会在明确有“系词”这一用语出现的上下文中，将 being 译为“存在”，就不会将 was er ist 这样的句子错译为“它作为什么而存在着”，就不会将黑格尔所说的 Sein 和 Nichts 翻译为“有”和“无”，就不会将所要说明的概念译为“存在”，

1　所谓形式逻辑即逻辑。字面上可以看出，在逻辑的称谓上，也是有加字的，因而也会有逻辑与加字逻辑的区别，比如普通逻辑、辩证逻辑、中国逻辑、西方逻辑等等。我认为，逻辑就是逻辑，它的性质和特征是不需要通过加字来说明的。参见王路：《逻辑的观念》，商务印书馆 2016 年。

而将用来说明的例子译为“S是P”这样的句式，或者为了修饰明显看到的问题（比如例子与所说明的概念不一致、不匹配）而随意采用不同翻译，甚至采用“在/是/有”这样的翻译。逻辑的基本句式是“S是P”，形而上学的讨论依赖于它，从它出发，围绕着它进行，这是不争的事实，假如对这一点有正确的认识，以上所说的那些问题大概就不会产生，也不会明明认识到西方形而上学的重大问题都是从系词含义产生的，却还是要将being译为“存在”。

对逻辑的错误认识，或者，对逻辑重要性的认识不足，注定会造成对形而上学研究的不利影响。而就翻译而言，不仅造成在being问题上的错译并带来问题，而且在其他方面也会出现并产生影响。比如我们看下面这段话：

> **译文5** ［1］至于单纯就形式（而排除一切内容）而言的知识，那么同样很清楚：只要一种逻辑阐述出知性的普遍必然的规则，它也必然会在这些规则中阐述出真理的标准。因为，凡是与这些标准相矛盾的东西，由于知性在此与自己的普遍思维规则相冲突、因而与自己本身相冲突，就是错误的。但这些标准只涉及真理的形式，即一般思维的形式，就此而言它们是完全正确的，但并不是充分的。因为，即使一种知识有可能完全符合逻辑的形式，即不和自己相矛盾，但它仍然总还是可能与对象相矛盾。［2］所以真理的单纯逻辑上的标准、即一种知识与知性和理性的普遍形式法则相一致，这虽然是一切真理的conditio sine qua non（必要条件）、因而是消极的条件：但更远的地方这种逻辑就达不到了，它没有什么测试手段可以揭示那非形式上的、而是内容上的错误。[1]

1　康德：《纯粹理性批判》，邓晓芒译，杨祖陶校，人民出版社2004年，第57页。

这是康德在《纯粹理性批判》中关于逻辑及其规则的论述。这样的论述在他的思想中当然是非常重要的。字面上可以看出，这段话中没有 Sein 一词出现，因而与 Sein 的翻译无关，不会出现前面所说的那些所谓不好翻译的问题。而且，这里的讨论比较直白易懂，没有什么理解的问题，因此相应的译文应该是比较容易翻译的。所以，这样的译文是不应该出错的。当然，这样的译文也是不能出错的，否则就无法准确呈现康德的思想。但是，这里与逻辑标准相关的“消极的条件”却是错译。下面我们就来说一说它为什么是错译。为了讨论方便，我加序号将这段引文分成两部分。

“所以”一词引导［2］，后者可以看作［1］的推论，也是这段话得出的结论。直观上看，这里说逻辑是消极的条件，并对这种消极性做了两个解释：一个是说逻辑有达不到的地方，另一个是说逻辑没有手段揭示内容上的错误。这个说明似乎是可以理解的：因为逻辑有做不了的事情，所以它的条件是消极的。

我认为，这样谈论逻辑是令人难以理解的。首先，逻辑能干什么不能干什么确实是可以划界的，但是逻辑有做不到的事情，怎么能够将逻辑本身说成是消极的呢？（试想，这样一来还有什么学科不是消极的呢？）确切地说，这里所说的两个意思都是关于必要条件的说明，即它有做不了的事情，它与内容无关。但是由此怎么能够说它是消极的条件呢？

其次，“所以”一词表明，［2］与［1］中的论述有推论关系，所以我们可以对照着看。［1］说逻辑规则是普遍的，是正确的，是不能违背的，否则就是错误的。但是，逻辑规则是与形式相关的，而认识除了与形式相关的一面，还有与内容相关的一面。前一个方面，康德说“是完全正确的”，这显然是褒扬的，而后一个方面，他说“不是充分的”。“充分”一词是一种关于状态和情况的中性说明，加否定词表示缺乏这种状态，因而也是中性描述。假如认为对中性词的否定即是贬义表达，因而是批评的，则这可以看作康德对逻辑规则提出的批评。对照这两个批评可以发现，说逻辑规则是“不充分的”，大概还是可以理解的，无论因为它只与形式相关，还是因为它是必要条件，都没有关系。但是说逻辑规则是“消极的”，就会令人无法理解，无论是因为它与内容无关，也无论它是什么样的条件。

第三，我们可以将“不充分的”看作贬义的，但是应该看到，它是“但”这个词引入的。就是说，这一让步转折的表达方式使康德将对逻辑规则的评价区别开来：“完全正确”是褒扬，“不是充分的”是批评，二者泾渭分明。如上所述，[2]中冒号后面似乎是关于消极的条件的解释。但是，它也是以“但”起始的，所说内容与[1]中“不充分的”之说正好相应，也正好一致。[2]中“但”之前说的是“必要条件”，这显然也是褒义说明，正好与[1]中的“完全正确”相应。现在可以看出，“消极的”夹在中间，因而意思有些怪。它不是在“但”之后，因而与[1]中“不充分的”并不是对应的。这样，[2]和[1]的表述似乎也就有了不一致的问题。

第四，“消极的条件”是由“因而”引导，是从“必要条件”推导出来的。对“必要条件”的说明属于褒扬部分，所以“消极的条件”属于这部分。但是它本身却是贬义的，这样就显得非常奇怪。必要条件是完全正确的，因而[2]和[1]的说明是一致的。但是必要条件怎么会是消极的呢？从它又怎么能够得出是消极的条件呢？难道从完全正确的能够得出是消极的来吗？既然是完全正确的，怎么还会和消极的扯上关系呢？

面对这么多疑惑，我们不禁要问，难道康德的论述真的是有问题吗？我不这样认为。我认为这是由于翻译造成的问题。也就是说，这里在语言转换的时候出了问题，因而最终呈现的思想给我们带来以上理解的问题。

“消极的”一词译自德文negativ，后者字面意思是“否定的”。“消极的”可以是它引申的意思。“必要条件”是中译文，是对前面拉丁文conditio sine qua non的翻译。[1]字面上看，该表达式翻译为“必要条件”，一般来说没有什么问题，但是在这里却似乎有问题了。sine和non都表示否定，修饰conditio，表示“没它则不行的条件”，因而是必要条件。也就是说，这一拉丁文短语的字面上只是说出“没它则不行的条件”，因而“必要”是引申的含义，是“没它则不行”这种意思的阐释。现在我们可以看出，从conditio sine qua non是可以得出“negativ条件”的，因为这里字面上关于条件的表达是sine qua non，因而是明白无误negativ的表达。但是在中文中从“必要条件”却得不出“消极的条件”。因为“必要”一词根本就不含“消极的”的意思。所以这句译文与原文不是对应的。确切地说，康德这里的意思是说，逻辑的标准是一切真理的没它则不成的条件，因而是否定性的条件。但是在中译文中却变为：逻辑的标准是“必要条件”，因而是“消极的条件”。当然是有问题的。

有人可能会认为，这样说来，negativ是个多义词：既有否定的意思，也有消极的意思。康德这里说的是这个词的字面意思，实际上表达的却是它的引申意思，有些一语双关的味道。我不这样认为。退一步说，即便可以这样认为，是不是也应该按照这样的理解来翻译康德的论述，即要表示出，他字面上说的是“否定的”，暗含的意思却是“消极的”呢？事实上，“消极的”充其量只是翻译出引申的意思（假如康德确实有这样的意思的话），而没有翻译出其字面的意思。这样做如何能够说得上是对康德的正确理解和翻译呢？

实际上，与这个翻译相关还有许多问题。比如康德随后即说到，与知性和理性相关的“逻辑的这一部分可以称之为分析论，并正因此而至

1　参见Kant, I., *Kritik der reinen Vernunft*, Suhrkamp Verlag 1974, Band 1, S. 103。

少是真理的消极的试金石”[1]。关于分析论的说明肯定不是，也不能是贬义的，“试金石”这一用语也不是贬义的。后者由“因此”与前者连接，关系与［2］中的“因而”相似，所以意思是一致的。但是在这样的说明中，偏偏再次出现了“消极的”这样一个贬义词。字面上看，“消极的试金石”本身是很怪异的表达。试金石怎么会是消极的呢？在康德的论述中，“试金石”是褒义的（至少是中性的），而且是从与分析论相应的逻辑得出来。康德对分析论是褒义的。所以，这里如果要表示贬义，似乎应该加“但是”才对，但是他不仅没有加，反而强调“至少”，意思是说它起码是个有用的东西。这又怎么会出现贬义呢？借助试金石的说法，无疑是做正面说明。既然如此，为什么非要加上“消极的”这样一个负面的说明呢？“消极的试金石”难道是康德独出心裁的用法吗？即便如此，难道康德这样用就是对的，就是可以理解的，就不该质疑吗？

又比如康德说：“以上知性所得到的仅仅是消极的解释：即一种非感性的认识能力。”[2] 这里总不会是在说逻辑吧?！因此不会有关于形式和内容的区别吧?！这里是关于知性的说明，而知性在康德思想体系中的作用和重要性，也可以视为常识了吧?！怎么康德将与知性相关的东西也说成是“消极的”了呢?！这难道是可以理解的吗？

有了以上关于 negativ 的说明，我们现在就可以看出，这些都不是康德的问题，而是翻译的问题。“消极的”的德文是 negativ，这些地方应该译为“否定（性、式）的”。“否定（性）的试金石”总还是可以理解的，比如，它也许至少可以检试出一物不是金子。关于知性的“否定（性）的解释”也是可以理解的，更何况冒号后面还有对它的说明：一种“非感性的”（nichtsinnlich）[3] 认识能力。其中的“非”（nicht）恰恰是

1　康德：《纯粹理性批判》，邓晓芒译，杨祖陶校，第 57 页。

2　同上书，第 62 页。

3　参见 Kant, I., *Kritik der reinen Vernunft*, Band 1, S. 109。

否定词，明白无误地表达否定。所以如上所述，康德的论述没有问题，是译文出了问题。逻辑不是消极的东西，逻辑规律、规则、原理、判断也不是消极的。人们可以如康德那样认为逻辑有达不到的地方，解决不了与内容相关的问题，甚至将这说成是逻辑的局限性，但是不能因此说逻辑及其相关的东西是消极的。最保守地说，将这解释成康德的看法，无疑是错误的。逻辑是必要的，即没它不成的（sine qua non），尽管这是以否定的方式表达的。

与 being 不同，negativ 是一个再普通不过的词，但是却在它的翻译上出现这样的问题。在我看来，这绝不是语言水平的问题，或者至少不是单纯的语言水平的问题，而主要是观念上出了问题。若不是对逻辑缺乏充分的认识，这样的问题本来是不应该出现的。

与逻辑相关，这里有两个问题。一个问题是逻辑以及逻辑规律等等是不是消极的，能不能是消极的？这属于逻辑的观念的问题。如果逻辑的观念没有问题，在这样的地方，在我看来，是绝不会出现这样的错译的。另一个问题是逻辑水准的问题。引文中的“因而”一词明显表示推论，因而实际上是与逻辑相关的。一个符合逻辑的推论需要满足一个条件：从真的前提一定得出真的结论，即不能从真的前提得出假的结论。这里的推论似乎与真假无关，但是既然字面上是从必要条件得出消极的条件，显然这里就有一个问题，即必要条件是积极的还是消极的？如果这里说的“因而”符合逻辑，这里说的“必要条件”就不能是积极的，否则就相当于从真的前提得出假的结论，因为消极的条件不是积极的条件。如果这里说的“必要条件”是积极的，这里的“因而”，即推论就是不符合逻辑的，因为前提说它是积极的，而结论说它是消极的，这相当于从真的前提推出了假的结论。这样的推论当然是有问题的。遗憾的是，这样的问题并不是康德本人的，而是翻译造成的，是因为在德文向汉语转换的过程中出了理解的问题，因此最终在呈现康德的思想的时候也出现了问题。

特别需要指出的是，将译文 5 中的 negativ 译为“消极的”，并不是个别现象，而是汉译著作中普遍存在的情况。这就说明，本书的讨论不是个例问题，而是一个具有普遍性的问题，因此值得重视。

对照不同译本就会发现，虽然译文 5 中的 negativ 在其他译本中也都译为“消极的”[1]，但还是有细微区别的。比如下面的译文：

> **译文 6** 因此，纯粹逻辑的真理标准，即一种知识与理智和理性的普遍形式规律相符，虽然是全部真理的 conditio sine qua non（必要条件），即消极的条件，逻辑学所能做的却仅限于此，那种不涉及形式、却涉及内容的错误，逻辑学是没有办法检验出来的。[2]

我们不用考虑其他差异，而只考虑“即消极的条件”这一句。很明显，译文 5 中的“因而”在这里变为“即”。也就是说，那里的译文表示推论，而这里的译文表示同位语。这无疑是有重大区别的。这两个词译自德文 mithin。后者是一个普通用语，字面意思就是“以此”“因而”的意思。所以非常明显，“即”是错译。但是，在如此简单一个词上为什么会产生这样的错译呢？这大概是因为，译文 6 看不出“消极的”与“必要条件”是推论关系。也就是说，译文 6 对 negativ 译为“消极的”没有疑虑，但是基于这一理解，它对于从必要条件推出消极的条件却产生疑惑，所以它试图弱化这种推论。在我看来，译文 6 对 mithin 的翻译表现出的疑惑是对的，因为从必要条件确实是推不出消极的条件的。但

1 参见康德：《纯粹理性批判》，蓝公武译，商务印书馆 1982 年，第 75 页；康德：《纯粹理性批判》，韦卓民译，华中师范大学出版社 2000 年，第 97 页；康德：《纯粹理性批判》，李秋零译，中国人民大学出版社 2004 年，第 88 页；康德：《纯粹理性批判》，王玖兴译，商务印书馆 2018 年，第 103 页。

2 康德：《纯粹理性批判》，王玖兴译，第 103 页。

是有了这样的疑惑就应该更加仔细地去阅读和理解原文，而不应该修正 mithin 一词的本来意义。这样做的结果无异于表示，康德的推论是错的，而汉译将它表达为正确的。而实际上明明是译者的理解出了问题，却以为康德的表述出了问题。其实，如果仔细思考一下，就会看出，康德是不会犯这样的逻辑错误的。比如下面的论述：

译文 7　[1]于是，任何与一物相矛盾的谓词都不应归于该物这一原理就称之为矛盾原理，它是一切真理的一条普遍的、虽然只不过是消极的标准，但它也因此而仅仅属于逻辑，因为它所适用的知识仅仅是作为一般的知识，而不顾它们的内容，并宣称：矛盾将完全消灭和取消知识。

但毕竟，我们也可能将这条原理作一种积极的运用，即不仅仅是清除虚假和错误（只要这是基于矛盾之上），而且也认识真理。因为，如果这**判断是分析的**，则不管它是消极的还是积极的，它的真理性任何时候都必然是能够按照矛盾律来充分认识的。……

[2]所以我们也必须承认**矛盾律**是**一切分析性的知识**的一条普遍的、完全充分的**原则**；但它的威望和用途也不会走得比真理的一条充分标准更远。因为，不能有任何知识与这条原理相违背而不自我消灭，这诚然使这条原理成为了我们的知识的真理的 conditio sine qua non［注：拉丁文：必要条件。——译者］，但并没有成为它的规定根据。[1]

这段话引自康德讨论分析判断至上原理的地方，论述的是矛盾律，自然与逻辑相关，大体上也可以看作关于逻辑的说明。这段译文再次出现了 conditio sine qua non 这一表达式，也同样出现了“消极的”这一用

1　康德：《纯粹理性批判》，邓晓芒译，杨祖陶校，第 147 页。序号为引者所加，为了讨论方便。

语。因此讨论它会有助于理解和说明前面的讨论。

先对照看两段康德引语中的［1］。译文5谈论的是逻辑规则，并谈到不能与逻辑规则相矛盾，译文7谈论的是矛盾律，也说到不能违背矛盾律。译文5谈论逻辑规则只与形式相关，而知识还有涉及对象的一面，译文7谈及矛盾律所涉及的知识只是一般的知识，而不涉及内容。也就是说，译文5谈论的是一般性的规则，译文7谈论的是一条具体的规律。

再看两段引语中的［2］。译文5说逻辑的标准是必要条件，译文7说矛盾律是普遍的完全充分的原理。译文5说还有逻辑“达不到”的地方，译文7也表达了相似的意思，比如说矛盾律的用途“不会走得比……更远”。所以，这两段话谈的东西差不多是一样的。区别只是从一般性关于逻辑的论述深入到关于某一条逻辑定律的论述。当然，认识到这一点也就可以看出，这两段论述如此相似也就不足为奇了。

现在我们来看译文中关于“消极的”一词的使用和论述。译文7直接说到矛盾律是一个“消极的标准”，而译文5已经出现了这个说法，译文7不过是直接使用。字面上看，译文7说的情况似乎确实是消极的，比如谈到了“不顾”（unangesehen）“内容”，“消灭（vernichte）和取消（aufhebe）知识”。[1] 但是我仍然要指出，有关矛盾律是“消极的”的说明同样是有问题的。

说矛盾律是一切真理的标准，这肯定是褒扬，但是接着就说它是“消极的”，难道不会是很奇怪的吗？一条标准，如果是消极的，那么还有什么可以值得考虑的呢？对本质上负面的东西大概可以说“消极的”。矛盾律无疑不是这样的东西，而且它在康德眼中也不是这样的东西。所以，说它是普遍的，可以理解，而这种“普遍”加“消极”的组合表达方式就不是那样容易理解了。在我看来，这至少是很怪的。

1 德文参见 Kant, I., *Kritik der reinen Vernunft*, Band 1, S. 196。

第二小段明确说出要对矛盾律做“积极的”运用，字面上似乎与“消极的”正好形成对照。但是这一对照反而显示出问题来了。这里“积极的”一词修饰“运用”，此前“消极的”一词修饰“矛盾律”。它们修饰的东西不是对应的。难道康德的意思是说，矛盾律是一条消极的原理，但是我们要积极地运用它吗？一条原理若是消极的，再积极的运用又会怎样呢？从原理的角度看，为什么要运用消极的原理呢？什么时候、什么地方、什么人会运用消极的原理呢？为什么这样姑且不论，难道这会是康德的意思吗？在运用的层面看，大概可以说矛盾律有两种运用方式，一种是消极的，一种是积极的。这样，康德的意思是说矛盾律是普遍的原理，但是有消极的运用，而我们也可以有积极的运用吗？假如这样，康德前面关于“普遍”加“消极”的组合表达不就是有问题的了吗？特别是，康德对积极的运用是有注释的：“不仅仅是清除虚假和错误。”假如“积极的”确实是针对“消极的”而说的，那么所谓“消极的”不过是指清除虚假和错误，这就让人感到困惑：清除虚假和错误，这难道会是消极的吗？

在最后一小段，康德再次谈到矛盾律是必要条件，谈论它是普遍而充分的原理，但是没有说它是消极的，而说它没有成为知识的真理的规定根据。假如这两处谈论矛盾律的地方是一致的，我们至少可以看出，谈论矛盾律这样的东西，普遍性是要谈的，与真理相关是要谈的，而“消极的”是可以不谈的。由此是不是也可以看出，在关于矛盾律的说明中，必须要谈的才是重要的，而可以不谈的则是不重要的，至少不是那样重要。

前面说过，康德在相关表述中使用了“但”一词，从而对褒扬和批评区分得很清楚，而“消极的”属于褒扬的部分。现在可以看出，译文7中同样出现三个“但”。[1]中的“但”后面的文字可以看作批评性的，比如说此前所说的东西仅属于逻辑，与内容无关。它之前的文字则是对矛盾律的赞同，说它是普遍标准，而“消极的”一词恰恰又是在这里出现的，因而也属于褒扬的部分。[1]中第二小段的“但”引出的是关于矛盾律的运用，对矛盾律的说明和其运用的说明显然是有区别的，可以不必考虑。[2]中的“但”后面说矛盾律没有成为知识的规定根据，可以看作对它的批评，而该词之前的“必要条件”无疑没有贬义，属于褒扬部分。由此可见，在译文5和译文7关于逻辑和与逻辑相关的说明中，康德的论述基本是一致的，甚至将“消极的”与褒扬放在一起这种怪异现象都是一致的。由此可见，前面对“消极的”的质疑在这里同样是存在的。

若是加上关于德文的考虑，情况就不同了。前面说过，所谓“消极的”本该译为“否定性的”，这样康德的论述就没有问题了。因为“否定性的”不是贬义词，因而与康德褒扬的表达联系在一起也就没有什么可奇怪的。或者，一个评价若是褒扬性的，就不可能是“消极的”。但是，由于其褒扬的条件是 sine qua non 的，因而它是“否定性的”，比如它至少可以是关于表达方式的说明。所以，这里 negativ 的意思不是“消极的”，而是“否定的”。

对照之下可以看出，两段译文中[1]在谈及 negativ 时用语并非完全一样。这里引出它的用语不是“因而”，而是“只不过”(obzwar bloss)。字面上看，既然那里已经有了说明，这里直接使用就是了。这当然是可以理解的。但是还应该看到，从 sine qua non 是可以得到“否定的”这样的说明的，但是从“普遍的”(allgemain)却得不到“否定的”这样的说明。所以，两处表达方式的不同，并不是随意的。由此也就可以看出，译文7中[2]依然谈论矛盾律是“必要条件”(condition sine qua non)，即使不谈它是 negativ 的，却依然要谈它的不足。这是康德在相关问题上前后一致的论述方式。所有这些都说明，negativ 这种性质是与逻辑的正面性质相关的，是关于其正面性质的说明，而不是关于逻辑及其相关东西的不足的说明，不是负面的说明。所以，它不是“消极的”。

对照译文 7 可以看出，与译文 5 中的“因而”和译文 6 中的“即”相应的德文 mithin 并不是随意的，而且康德对这个词的使用也没有任何问题。译文 5 对它没有困惑，因而按照字面意思直译，译文 6 则对它产生困惑，因而改译。在我看来，产生这样的疑惑是好的，至少比没有产生疑惑好，因为从逻辑思考的角度说，这样的疑惑是对的。问题是，为什么不对“消极的”一词产生疑惑呢？特别是，negativ 一词的字面意思首先是否定的，而不是消极的。特别是，这里的推论是从此前的 sino qua non 来的。在我看来，这大概是观念使然，是流行的关于逻辑的负面看法导致了这样的结果。遗憾的是，逻辑和逻辑规律是消极的，这样的错误认识对我国学者的影响非常大，这样的观念甚至可以说是根深蒂固，因而也绝不会仅仅出现汉译著作中，比如下面的论述：

> **引文 1**　康德并不否认形式逻辑和数学，但深知它们的限度，所以在后面的“先验方法论”，第一章“纯粹理性的训练”主要就是指出它们的限度。如在逻辑方面，他说，[1]“那些不仅在逻辑的形式上、而且按照内容也是否定性的判断”，也就是前面所讲的那些在认识上只是[2]“消极的”形式逻辑判断，[3]“对于人们的求知欲来说是不受任何特别敬重的”，因为它们的作用[4]“只是防止错误”，[5]“在本来就不可能有任何错误的地方虽然也极为真实，但毕竟是空洞的，也就是根本不适合于它们的目的，并正因此常常惹人耻笑。例如那位经院派雄辩家的命题：亚历山大没有军队就不可能征服任何国家”。[1]

1　邓晓芒：《读后无感还是读前有感——关于王路〈研究还是读后感〉的几点回应》，《河北学刊》2018 年第 1 期，第 15 页。序号为引者所加，为了讨论方便。

这段话是关于康德思想的论述，以直接引语和组合说明这两种形式来说明康德对逻辑的批评，或者说，阐述康德关于逻辑的限度的看法。字面上可以看出，直接引语［1］说的是“逻辑的……否定性判断”，组合说明［2］说的是“‘消极的’形式逻辑判断”。也就是说，不考虑［1］中关于形式和内容的区别论述[1]，这里将康德所说的“逻辑的……否定性判断”通过以直接引语和自己的话相结合的方式直接变为“‘消极的’形式逻辑判断”，意思是说后者就是康德本人的意思。问题是，这样转换之后的意思还是不是康德本来的意思？

有了前面的讨论，这个问题很容易回答。直观上可以看出，这里所谓“消极的”一词的德文是 negativ，而前面已经说过，康德用这个词并不是这个意思，而是“否定性的”这种意思。因此这里的转换是错误的，我们不必多说什么。但是我们要问，为什么这里要使用这样一个转换？既然康德的直接引语是“否定的判断”，为什么不直接谈论它，并从它进行论述，而一定要转换成“消极的”判断来进行论述呢？很明显，这与此后三段直接引语相关。其中所说的“不受任何特别敬重”“只是防止错误”“空洞的”“常常惹人耻笑”无疑具有贬义。既然是在谈论逻辑判断，这些当然是对逻辑判断的贬义。我们看到，这些说法与“消极的”无疑是相应的或可以相应的，但是与“否定性的”却不是相应的。所以，这里的转换是有意为之。我认为，这样的转换表达是错误的。这里我想问的是，假如不是对逻辑有偏见，不是对逻辑有错误的认识，认为逻辑是消极的，在解释康德的思想时还会发生这样的转换吗？

综上所述，“消极的”这一用语看似不起眼，却反映出多层次的问

1 逻辑判断与判断当然是不同的。康德的意思是说，对一个判断可以有两种认识，一种是形式上的，一种是内容上的，在称呼前一种方式上，康德加了“逻辑的”做修饰。所以，康德的话是对判断的论述或表述，而不是对“形式逻辑判断”的论述或表述。

题。它出现在译文中，导致译文出问题，它出现在对康德思想的解释中，导致解释出问题。但是这样的翻译却是普遍的，这样的解释反而似乎是自然的，因而其中的错误也就随着译文不胫而走，随着解释到处出现。这样的错误是具体的，因而讨论起来比较容易。但是那些不是那么具体，而又是渗透在观念中的，甚至是潜移默化的认识，我们又该如何认识呢？我认为，只有认真学习逻辑，正确理解和把握逻辑在哲学中的作用，才不会在翻译中犯这样的错误，或者才可以少犯这样的错误。要正确认识逻辑，说说容易，做起来就不容易了。尤其是在我国，这是特别值得重视的问题。

四、"真"与"是"

哲学进入20世纪以后发生很大变化，语言转向大概可说是这一变化最主要的标志。哲学的根本任务就是对语言进行逻辑分析，这个分析哲学的口号振聋发聩。哲学家们相信，我们关于世界的所有认识都是通过语言表达的，因而我们可以通过分析语言而达到关于世界的认识。所有这一切，得益于现代逻辑的产生和运用，它改变了传统逻辑的运用方式，使哲学研究发生根本性的变化。

一个最明显的变化是，"是"这个概念不再是核心概念，而"真"这个概念凸显出来。这里的原因主要在于，传统逻辑的基本句式乃是"S是P"，因而"是"乃是其核心概念。而现代逻辑的基本句式乃是一种函数结构，比如Fa、∀xFx。不同逻辑的运用，所产生的结果自然是不一样的。与现代逻辑这种表达方式相匹配的是逻辑语义学，随之而来的是，真这个概念凸显出来，并且与意义结合起来，成为人们讨论认识的主要手段。在分析哲学研究中，我构造了一种句式图式，比较能够说明这一点：

（语言）句子：谓词　　　　/ 专名

（涵义）思想：思想的一部分 / 思想的一部分

（意谓）真值：概念　　　　/ 对象

这是最简单的一个句子图式。[1]很清楚，它表达一类最简单的句子，比如“亚里士多德是哲学家”。“亚里士多德”相当于图式中的“专名”，“是哲学家”相当于图式中的“谓词”。这个图式的核心部分是“真值”，即真和假，所以也可以说，其核心部分是“真”。比如，“亚里士多德是哲学家”这句话就是真的，而“曹雪芹是哲学家”这句话就是假的。图式中括号部分是关于不同层次的说明。第一行是语言形式，第二行是语言所表达的东西，第三行是关于前两行的说明，即我们通常说的语义。这样，我们可以通过真假获得关于语言和语言所表达的东西的说明。由于句子是有构成部分的，因而句子的真假也就和句子构成部分的意谓相关。

“真”这一概念的凸显，“是”这一概念的消失，是分析哲学的一大特点。所以在分析哲学中，有关真的讨论非常多，形成了各种真之理论。但是在汉译哲学中，人们通常将 truth 一词不是译为“真”，而是译为“真理”，这样就产生错译，一如将 being 译为“是”，形成对西方哲学中这一部分内容的曲解。比如一种观点认为：西方哲学家关于真理的研究背离了马克思主义的理论，因而“是有很大局限性和片面性的”[2]。我认为，对西方哲学中的真之理论是可以批评的，但是正确的批评一定要建立在正确的理解之上，否则，提出的批评一定是不得要领的。

分析哲学凸显了“真”这一概念，实际上是告诉我们，在哲学研究中，“真”这一概念乃是至关重要的。分析哲学如今也被称之为当代形

---

1 参见王路：《语言与世界》，北京大学出版社 2016 年，第 20 页。

2 涂继亮：《英美语言哲学概论》，人民出版社 1988 年，第 289 页。

而上学，因而可以认为，它与传统形而上学在基本精神和倾向上是一脉相承的。

对照分析哲学与传统形而上学，有一个问题值得思考。“是”所表达的基本句式与上述函数结构都属于句法概念，而“真”乃是语义概念。也就是说，分析哲学与传统形而上学的不同主要在于其使用逻辑的不同，而这种不同主要在于其句法方面的不同，由此并没有说它们在语义上也是不同的。换一个角度说，真这个概念是分析哲学中的核心概念，那么它在传统形而上学中就不是核心概念吗？我认为不是这样。

前面我们说过，亚里士多德在《形而上学》第四卷开篇说，“有一门科学，它研究是本身”，而在第二卷他说，“将哲学称之为关于真的学问是恰当的”。这就表明，在他的哲学中，真与是几乎有同等的地位。在前面的讨论中，我们的引文主要与“是”相关，与逻辑相关，但是，许多引文都涉及“真（理）”这一概念。比如第二章的译文 6—10，第四章的译文 6、9，还有本章的译文 5—7。这就说明，在传统哲学中，与“是”一样，“真”也是哲学的核心概念，只不过二者相比，真这一概念似乎不是那样凸显，至少看似不如“是”一词及其所表达的概念重要。所以我认为，就理解西方哲学而言，对真的理解同样是重要的。

多年来我一直坚持认为并指出，在西方语言中，truth 乃是 true 的名词形式，它的基本而主要的意思乃是“是真的”（it is true）；在汉语中，真与真理乃是两个不同的概念，应该将 truth 译为“真”，而不是译为“真理”；应该将是与真联系起来，应该联系是来理解真。对于我的观点，有人赞同，也有人批评。过去这些年，一如本书前面，我的讨论主要集中在“是”，因而尽管常谈及“真”，但是专门论述并不多。现在我想借助前面关于康德的论述来进一步讨论以上观点：应该将 truth 译为“真”而不是“真理”，应该主要在“是真的”这种意义上理解它。我要说明，与 being 的讨论一样，有关 truth 的讨论同样不是简单的翻译问题，而是如何理解西方哲学的问题。

以上关于康德的讨论主要在译文 5，译文 6 和译文 7 是为了讨论译文 5 而使用的。因此我们这里主要考虑译文 5。字面上可以看出，译文 5 是在讨论与真理相关的普遍标准，它属于《纯粹理性批判》中讨论先验逻辑一章，因而非常重要。这段讨论起源于下面这段话：

> **译文 8** 有一个古老而且著名的问题……真理是什么？对真理的名词解释，即真理是知识与其对象的一致，在这里是被赠与和预设的；但是人们要求知道，任何一种知识的真理性的普遍而且可靠的标准是什么。[1]

这段话不长，却有三层意思。一是提出问题：真理是什么？二是给出其名词解释，即真理是知识与对象的一致。三是提出真理性的标准问题。字面上这三个问题似乎是自明的，没有什么理解的问题。但是仔细分析却不是这样，就是说，这里实际上是存在着问题的。

一个问题与定义相关。真理是知识与对象的一致，这是常识性的说法，也是国内学界一种比较普遍的认识。在这个定义中，真理是被说明的东西，可以假定它是不清楚的、需要说明的。因此我们首先看用来说明它的两个东西：知识（认识）与对象。对象是被认识的东西，知识是关于被认识的东西的认识。假定对象和知识的意思是清楚的，基于它们就有了关于真理的说明：一种（关于被认识的东西的）认识与被认识的东西相一致。现在可以看出，真理的意思主要在于这里说的“一致”。因此我们应该而且必须根据这里所说的一致（性）来理解真理。一旦根据一致（性）来理解真理，立即产生了问题。首先从字面上看，“理”表示

1 康德：《纯粹理性批判》，李秋零译，第 87 页。

道理或认识，因而真理的意思是正确的道理或正确的认识。这相当于说，正确的认识（道理）是认识与被认识的东西相一致。理解它的意思没有问题，但是辨识它隐含的问题也不难：这里的定义项（认识与被认识的东西相一致）以隐含的方式包含着被定义项（正确的认识），因而涉及循环定义，是有问题的。不过，这个问题只是定义方式的问题，即定义是否恰当的问题，只要不影响我们对真理的理解就行。然而是这样吗？

另一个问题是关于真理性标准的说明。由于这里指出关于真理的说明是预设的，似乎又并不满足这种预设，认为对它相关标准的说明才是重要的。我们发现，在这一说明过程中，出现了两个新概念，一个是真理性，另一个是它的标准。“标准”一词的意思是自明的，没有理解的问题，重点是理解与它相关的真理性。从“知识的真理性”这一称谓可以看出，真理性是与知识相关的，它是知识的一种性质，因而与知识是不同的。认识到这一点也就可以看出，真理性与知识不同，与真理当然也是不同的，因为真理是正确的认识，而正确的认识也是认识（知识）。真理性不是认识，而是认识的一种性质。

现在可以看出，康德的论述似乎是从询问真理出发，并针对“知识与对象的一致”这种相关说明区分出了真理性这一概念，所以最后他要考虑真理性的标准。字面上可以看出，真理性与真理相关，但不相同。康德的问题开始时是关于真理的，最后谈论到真理性及其标准。也就是说，关于真理的问题要借助真理性来回答，并且要借助真理性的标准来说。因此这里又会产生新的问题：什么是真理性？关于真理的说明是预设的，但是并没有关于真理性的说明。既然它们是不同的，当然需要考虑什么是真理性。但是我们看不到关于真理性的说明。开始有关于真理的定义，因而似乎有了对真理的理解。而后的论述似乎表明，只要理解了真理，就可以理解真理性。且不论如上指出的循环定义的问题，即使这样来理解真理性，也会发现一个问题：真理是认识与被认识对象的一致，这本身似乎就是一种性质，而真理性字面上也表明是一种性质，这样二者似乎没有什么区别。也就是说，真理性不过是对认识与被认识对象相一致这种真理性质的称谓。既然如此，为什么要做出这样的不同说明呢？特别是，为什么不谈论真理的标准而要谈论真理性的标准呢？它们难道会有什么区别吗？

对照原文可以发现，引文中的“真理”和“真理性”是同一个词：Wahrheit。这就说明，以上问题是由翻译造成的：因为上述译文与原文是有差距的。有人可能会说，这是选用译本的问题，若是选用其他一些译本就不会有这样的问题，比如韦译本就将两个 Wahrheit 都译为“真理”。翻译的不同确实会造成理解的不同。就以韦译本为例，其后一句译文是：“任何一种知识的真理，其一般而可靠的标准是什么。”[1] 可以看出，除了修辞的差异，这与译文 8 的区别仅仅在于保证了将“真理”这一译语贯彻始终。但是如此一来，这一译句的意思也就发生了变化。首先，这里说的标准不再是真理性的标准，而是真理的标准。由于两处采用了同一个词“真理”，因而译文与原文相一致，这样也就消除了李译本中采用“真理”和“真理性”两个不同的词而产生的问题。但是在这种情况下我们会发现，“知识的真理”这一表达是不容易理解的。如前所述，知识是认识，真理也是认识，区别仅仅在于后者是正确的认识，这样又如何能够理解知识的真理是什么意思呢？难道它的意思是说知识中的正确认识吗？对知识的真理若是产生理解的问题，又如何能够理解它的标准呢？

一段引文也许不足以说明问题，让我们再看一段：

> **译文 9** ［1］如果真理在于一种知识与其对象的一致，那么，这个对象就必须由此而与别的对象区别开来；因为一种知识如果与

1 康德：《纯粹理性批判》，韦卓民译，第 96 页。

> 它所关联的对象不一致，那么，即使它包含着某种可能适用于其它对象的东西，它也是错误的。[2] 于是，真理的一个普遍标准就会是对知识的对象不加区别而适用于一切知识的标准了。[3] 但显而易见的是，既然人们就这一标准而言抽掉了知识的一切内容（与其客体的关系），而真理又恰好涉及这种内容，所以，追问知识的这种内容的真理性的一个标志，就是完全不可能的和荒唐的，因而也不可能给出真理的一个充分的、但同时又是普遍的标志。[4] 既然我们上面已经把一种知识的内容称为它的质料，所以人们就将不得不说：对知识的真理性就质料而言不能要求任何普遍的标志，因为它就自身而言是自相矛盾的。[1]

这一段译文比前一段长，同样是前谈真理，后论真理性。从中段“所以”一词的推理特征看，它似乎是通过关于真理的讨论来说明真理性，一如译文 8 的论述方式。当然，这只是一个字面上的直观印象。

[1] 以分号为标志，分号前说明真理涉及的对象必须与其他对象区别开来，分号后说明这一区别的原因或理由。[2] 中的“于是”表示推论，由 [1] 谈及推论关于真理的普遍标准。即使这句话本身没有什么理解的问题，它们也明显带来一个问题：在译文 8 中，普遍标准是与真理性相关的，这里如何又与真理相关了呢？假如真理性与真理相同，译文 8 为什么要以与原文不符为代价来区别二者呢？假如二者不同，如何又从关于一方的论述推论关于另一方的论述呢？[3] 则明确将真理与真理性混合讨论，因此此前的问题在这里会同样出现。[4] 得出关于真理性的看法，由于前面的问题，因此它也会是有问题的。不仅如此，如果我们再做更进一步的分析，还会有更多理解方面的问题。

1　康德：《纯粹理性批判》，李秋零译，第 88 页。序号为引者所加，为了讨论方便。

先看［3］。字面上可以看出，这一句谈到如下几个东西：知识的内容、真理、真理的标准、真理的标志、真理性的标准。从前两个看，知识的内容被说成是抽象掉的，而真理又与这种内容相关。这里显然是对二者做出区别，并且强调这是显然的。但是这一区别却给我们的理解带来问题。假如真理如上所述是正确的认识，那么它与认识的内容相关大概就在于它本身也是认识，只不过它是正确的认识。因此如果抽象掉知识的内容，实际上也就抽象掉了真理。这样一来，［3］似乎容易理解了，因为抽象掉知识的内容时也就连同真理一起抽象掉了，当然也就无法谈论真理了。在这种情况下当然也就不可能谈论真理性了。既然如此，还有必要区别真理和知识吗？为什么要在这样的区别之上谈论真理性呢？而且，这样的区别又如何能够说明真理性呢？特别是，这一区别如何会是显然的呢？

再看［1］。它一方面重复译文8的说明，另一方面又有区别：它谈到真理乃是一种知识与其对象相一致。一般意义上的知识与一种知识无疑是不同的。正由于这种不同，才会有此种知识对象与彼种知识对象的区别，因而会有因为对象不同而导致的此种知识与彼种知识的区别。所以这里才会说到一种知识与其对象不一致（却可能包含着与其他对象相一致）的情况。认识到这一点则可以看出，［2］中所说的依然是真理，而不是一种真理，因而即使将真理理解为正确的认识，这里所说的也不是一种正确的认识，而仅仅是一般意义上的正确的认识。所以［2］说真理的普遍标准乃是适合于一切知识的标准，而不是仅适合一种知识的标准。正因为这种标准是普遍的，正因为它适合于一切知识，所以才会有［3］的问题，因为某一种认识与真理乃是有区别的。明确了这一点，［4］我们可以不谈了，它不过是以质料来说明认识的内容，以此与真理性区别开来。

对照其他译本：韦译本还是通译“真理”，因而会有与前面同样的问题。在我看来，中译文“真理性”显然有合理的一面。“性”一字表明它说的是一种性质，而不是一种道理或认识。而康德确实在非常努力地说明一种与知识不同的东西，一种消除了知识内容的东西。然而令人困惑的是，“真理”该如何理解？真理与真理性究竟是相同的还是不同的？真理的标准（[2]）与真理性的标准（译文8）究竟是相同还是不同的？康德做出的区别是为了说明它们之间的不同吗？康德是想通过真理性而对真理做出说明吗？

实际上，以上问题都是由于翻译造成的：原文中的Wahrheit一词被分别译为“真理”和“真理性”。换句话说，以上问题在原文中是不存在的。如果与原文一致，应该将它只译为“真理”，或者只译为“真理性”。但是，仅译为“真理”是行不通的，因为与康德的论述明显不一致，正因为如此，译者不惜以与原文不符为代价而增加了“真理性”这一译语。那么，为什么不把Wahrheit只译为“真理性”呢？这里的原因可能比较复杂，至少有沿袭传统的意思：一直以来都是将它译为“真理”的。理解是翻译的基础，这就说明，一直以来人们也都是这样理解的，因而会有韦译本那样的翻译。正因为如此我才认为，李译本和邓译本采用“真理性”这一译语是一种进步。但是应该看到，这一进步是不够的，因为它沿袭的那个传统是有问题的，甚至是错误的，因而即使做了部分修正，仍然解决不了它所带来的问题。在我看来，假如将Wahrheit译为“真”，则可以消除以上引文中的问题：

译文8* 有一个古老而且著名的问题……真是什么？对真的名词解释，即真乃是知识与其对象的一致，在这里是被赠与和预设的；但是人们要求知道，任何一种知识的真的普遍而且可靠的标准是什么。[1]

1 参见Kant, I., *Kritik der reinen Vernunft*, Band 1, S. 102。

译文 9* ［1］真如果在于一种知识与其对象的一致，那么，这个对象就必须由此而与别的对象区别开来；因为一种知识如果与它所关联的对象不一致，那么，即使它包含着某种可能适用于其它对象的东西，它也是假的。［2］于是，真的一个普遍标准就会是对知识的对象不加区别而适用于一切知识的标准了。［3］但显而易见的是，既然人们就这一标准而言抽掉了知识的一切内容（与其客体的关系），而真又恰好涉及这种内容，所以，追问知识的这种内容的真的一个标志，就是完全不可能的和荒唐的，因而也不可能对真给出一个充分的、但同时又是普遍的标志。［4］既然我们上面已经把一种知识的内容称为它的质料，所以人们就将不得不说：对知识的真就质料而言不能要求任何普遍的标志，因为它就自身而言是自相矛盾的。[1]

从译文 8* 可以看出，康德要讨论的问题是：真是什么（或什么是真）？他给出的是关于真的现有说明：知识与对象的一致。这个说明被称为语词解释，被看作给定和预设的。它说明真乃是一种性质，它与认识相关，也与被认识的对象相关，特别是与二者的关系相关。这一点说明非常重要，它清楚地表明，真与认识乃是不同的东西。由此康德进一步说明，与真相关有一个问题，即探讨它的标准。由于真与认识相关，因而这就是关于认识的真的标准问题。后者是有意义的，因为它不是随意的，而是被称为普遍而可靠的，因而与康德形而上学所要探讨的东西相关。由此可见，康德这一段论述是一致的，没有变更概念的问题。不仅如此，康德的论述非常简单，似乎只是在陈述一个自明的问题。这一点不难理解。有关真的问题乃是自古希腊以来一直讨论的。一个认识、

1 参见 Kant, I., *Kritik der reinen Vernunft*, Band 1, S. 103。

一个断定是不是真的，乃是非常自然的问题，所以真与认识乃是不同的东西。一个认识可以被说成是真的，也可以被说成是假的，因而人们不能随意地说一事物是真的，因为这样说乃是有标准的。所以人们要讨论真之标准。从康德给出的有关真的名词解释可以看出，他知道亚里士多德所说的名言，说是者是就是真的，说是者不是就是假的，或者他至少知道以往的相似说法和认识。

从译文 9* 可以看出，真与知识不同，因而与某一种知识也是不同的。所以，[1] 借助真与知识的关系说明一种知识与另一种知识的区别，同时还说明，为什么一种认识会是假的。在二值的前提下，这一点很容易理解，因为它不是真的。基于 [1] 的区别，[2] 说明，这里考虑的真乃是认识的真，而不是某一种认识的真，因而所说的真之标准乃是抽象掉知识内容的东西。这样似乎就有了一个矛盾，即如 [3] 所说，真与内容相关，但是所追求的真之标准却是抽象掉内容的，因此也就有了这里以及 [4] 所说的那些麻烦和问题。

可以看出，康德的论述是一致的，都是关于真及其标准的，而不是关于真理的，也没有关于真理与真理性的区别。而且，他论述中的主要观点也是清楚的，即真与认识乃是不同的，但是真与认识相关，与认识的内容相关。正是由于它的这些特征，因而在探讨和追求它的一种普遍而可靠的标准时就会产生问题：认识是有内容的，而真与知识内容相关。假如抽象掉认识的内容，如何能够寻找这种普遍的真之标准呢？

由此还可以看出为什么我称赞中译文采用“真理性”时做出的努力，因为这说明译者认识到康德在这里说的 Wahrheit 乃是一种与认识有区别的东西，因而不是“(真)理”，并且是“性(质)”；为什么我批评中译文采用“真理”这个译名，因为这一方面造成与原文的不一致，另一方面也带来上述理解中的问题。特别是，尽管译者认识到相关论述中所说的一些 Wahrheit 不是真理，并试图通过采用不同的译语来显示出这里的区别，但是表述的结果仍然是含糊不清的，比如文中既谈到真理性的标准，也谈到真理的标准（[2]）。

一定会有人认为，中文“真”一词不能表达 Wahrheit 一词的含义。即使用“真”来翻译并字面上保持一致，也并没有反映出 Wahrheit 一词的本来含义，即它一定有真理的意思。这样就需要我们考虑，康德说的究竟是什么意思：他以 Wahrheit 究竟表达了什么意思？他以它表达的究竟是真理这一个意思，还是表达了真这一个意思，还是表达了真理和真（理性）这样两个意思呢？

传统哲学受到的批评之一是不区分语言与语言所表达的东西。仔细分析康德的论述可以看出，那里他是有关于语言的考虑的，比如谈到的“名词解释”，只不过似乎很难看到更多的类似说明。我认为，区别语言与语言所表达的东西，不仅对分析哲学是重要的，对传统哲学也是重要的，在讨论有关是与真的问题时尤其是这样。这里我想基于这一认识，借助我构造的句子图式来说明康德的以上论述。

先看译文 8 和译文 9。其中没有明确关于语言的论述，但是有明确的关于真理与知识的论述。那么根据句子图式应该如何理解它们呢？认识是由句子（语言）表达的，这是常识。引文中的“知识”“知识的内容”等显然不能在“句子”一行，因为它们可以是语言所表达的东西，但它们不是语言，因而它们不是句子，不是语言层面的东西。它们也不能在“真值”一行，因为它们肯定不是真假，尽管可以有真假，可以与真假相关。所以，它们只能在“思想”一行。思想是句子所表达的东西，知识、知识的内容也是句子所表达的东西，只不过称谓不同。

确定了这一点，我们再来看“真理”：它应该在哪一行呢？肯定不在“句子”一行，因为它不是语言，因而不是语言层面的东西。这样只能在其他两行考虑。假如在正确的认识这种意义上理解，它似乎应该在“思想”这一行，因为正确的认识也是认识，这样它与真值就会是不同的东西。假如在真的意义上理解，它似乎应该在“真值”这一行，这样它就会是与思想不同的东西，即与认识不同的东西，这样它就不能是认识或“理”。假如在真思想这种意义上理解，因为正确的认识指的是真的认识，它似乎应该在“思想”与“真值”这两行，即二者结合而构成的东西。但是这样一来就无法理解，康德为什么要竭尽全力将真理与认识内容相区别。

最后我们看“真理性”，它应该在哪一行呢？它肯定不能在“句子”这一行，它似乎也不在“思想”这一行，这样它似乎只能在“真值”这一行。

有了以上认识，我们就更清楚地看到现有译文的问题。无论它们是不是认识到康德关于 Wahrheit 的论述包含着有关语言层面和语言所表达东西层面的区别，至少认识到康德关于知识内容（语言所表达的东西）层面的考虑，也认识到与知识内容完全不同的东西的考虑，因而将 Wahrheit 译为“真理性”。问题是，“真理性”一词来源于“真理”，而“真理”这一译语是如何考虑的呢？由于保留了“真理”这一译语，由此固然与真理性形成区别，但是也显示出在思想层面的理解和认识。这样就带来了理解的问题：一会儿是真理的标准，一会儿是真理性的标准，真理与真理性难道不是不同层次的东西吗？它们的标准难道不是不同层次的东西吗？如此含混的论述是康德要表达的意思吗？或者，康德究竟是什么意思呢？假如这会是康德的意思，那么他为什么要刻意做出这样的区别呢？

再看修正译文 8* 和译文 9*。康德所说的真显然是在“真值”这一行。因而他所说的关于它的普遍而可靠的标准也是在这个层面上考虑的。由此出发，康德的论述大体上是清楚的。比如关于知识与对象相一致的说明，由于知识属于思想层面，因而与真乃是不同层面的东西，所以通过知识来说明真乃是可以的。正是由于它们属于不同层面，康德在谈论真之标准的时候可以说它是抽象掉知识内容，或对知识对象不加区别、适合一切知识等等，因为所有这些东西都不是在真（真值）这个层面，而是在思想，即一个完全不同的层面上。

现在可以看出，康德要讨论的问题，包括真是什么、真之标准等等，都是“意谓”这个层面的东西。他的质疑是，知识是有具体内容的，而真乃是脱离具体内容的，因而如何能够得出有关知识的真的普遍标准？康德的质疑是不是有道理乃是可以讨论的，但是借助句子图式可以看出，他的区别还是明显的，基于该区别提出这样的质疑似乎也是自然的，而且这样的质疑直观上也不能说是丝毫没有道理的。

有人对我提出的观点——应该将 truth 译为“真”——提出批评，认为 truth 有复数和加冠词表达的方式，在这种情况下只能译为“真理”，不能译为“真”。我认为，这种表达方式是有的，但是它们应该视上下文译为“真句子”（true sentence）、“真判断”（true judgment）、“真命题”（true proposition）、“真思想”（true thought）、“真陈述”（true statement）等等。字面上可以看出，“句子”是语言层面的，“命题”和“思想”是涵义层面的，“判断”含糊一些，既可以理解为语言层面的，也可以理解为涵义层面的。但是它们都不是意谓层面的。它们都与真相关，都可以是真之载体，但是它们都不是真。即便与“真”组合表达，比如“真句子”“真命题”，它们也不是意谓层面的东西。但是，正因为与“真”组合，它们暗含着语言与意谓或涵义与意谓层面的东西相结合，因而不是单层次的东西。当然，这样与真也就有了区别。认识到这一点则可以看出，即使将 truths 或 a（the）truth 译为“真理”，它也是（或至少主要是）涵义层面的东西，而不是意谓层面的东西，因而与真乃是不同的。

有人可能会说，句子图式是弗雷格式的思想方式，而不是康德的（传统哲学的）。确实是这样。弗雷格明确指出，句子的涵义是思想，句子的意谓是真值，而康德从来也没有这样的论述。但是，这并不意味着我们不可以借助句子图式来理解康德的思想，也不意味着康德没有做出相似的区别和讨论。实际情况是，句子图式只是一个工具，它帮助我们认识到，句子与它所表达的东西，比如思想，乃是不同层面的东西，而真又是与它们不同层面的东西。在康德这里，我们恰恰看到关于真与认识及其内容的明确区别，由此我们可以认识到，康德认识到真与认识乃是完全不同的东西，而且他正是在借助这种不同来探讨真是什么。有人可能会认为，由于康德没有做出句子图式那样的区别，因而他在使用 Wahrheit 一词时可能会有多种考虑，或者并不是很明确。在我看来，假如真是这样，就应该在翻译中保留他的这种多重或不是很明确的考虑，而不应该仅仅表达出译者所理解或认为的一种意思。具体到上述引文，康德使用的是 Wahrheit 一词，没有冠词和复数标记，因此只能译为“真”，而且这也恰恰符合他的相关思想及其讨论。最保守地说，这有助于我们理解康德关于真的说明、关于真与知识的区别以及所有相关讨论。

基于前面的讨论，现在我们再来看前面译文 5，则会获得更好的理解：

译文 5*　但仅就形式而言（除去一切内容）的知识，则同样显而易见的是：一种陈述知性的普遍必然规则的逻辑，也必须在这些规则中阐述真之标准。与这些规则相矛盾的东西，就是假的，因为知性在这里与自己普遍的思维规则相矛盾，从而也就与自己本身相矛盾。但这些标准仅仅涉及真之形式，即一般思维的形式，就此而言是完全正确的，但并不是充分的。因为尽管一种知识可能完全符合逻辑形式，也就是说，不与自己本身相矛盾，但它毕竟始终可能与对象相矛盾。因此，真的纯逻辑标准，即一种知识与知性和理性的普遍的、形式的规则相一致，虽然是一切真的 conditio sine

> qua non（必要条件），从而是否定式的条件，但逻辑却不能走得更远，逻辑不能凭借任何试金石来揭示不涉及形式、而是涉及内容的错误。[1]

这段话紧接译文 9*，依然在谈论真，但是明显也谈到逻辑，谈到逻辑与认识的关系。应该指出，以上三段引文（译文 8*、9*、5*）都是康德在谈及先验逻辑的划分时的论述，因而康德关于真的论述也是与逻辑密切相关的。

逻辑研究形式，或者逻辑只考虑形式而不考虑内容，这是传统的认识和说法，所以康德在谈论逻辑的时候会谈论形式。字面上可以看出，他从形式方面来谈论知识，并且明确地说这样的形式是没有内容的。逻辑陈述普遍性的规则，也要陈述真之标准，而这些规则是与知性相关的。由此我们看到三个不同的东西：知性、规则、真之标准。从康德的论述看，它们无疑是相互联系的。但是，它们是一种什么样的联系呢？它们之间的区别又是什么呢？如前所述，借助句子图式可以看出真之标准是在意谓层面。那么其他二者呢？规则是与真之标准对应说的，因而是不同层次的东西。由于借助形式说明它是没有内容的，因而它不会在涵义层面。这样它只能在语言层面。这一点是可以理解的。无论什么规则，总是有表达形式的，或者，至少要通过语言表达出来，即今天所说的句法。句法层面表达的东西当然是有语义的，这种语义即是真假。所以，康德实际上是以自己的方式说明了逻辑的句法和语义两个层面的区别以及它们的联系，并将这两个层面的东西看作显而易见的。尽管传统逻辑不是形式化的，康德的相关认识也是用自然语言表达的，但是他的这一区别和论述却是不错的。

1 修正译文参见 Kant, I., *Kritik der reinen Vernunft*, Band 1, S. 103–104。

基于以上区别，康德对知性做出两点说明。其一，若是违反逻辑，知性一定会出问题，因为这样就会与“普遍的思维规则发生矛盾”。言外之意，知性一定要符合逻辑。其二，仅仅符合逻辑也依然是不够的，因为一种知识可能会与对象相矛盾。从句子图式可以看得非常清楚，前一点是在语言层面说明的，相关的有关真假的说明则是从意谓层面说明的，而后一点是从涵义层面说的：知识是语言表达的东西。他所说的对象则不是语言表达的东西，因而不属于句子图式的范围，而是外界中的东西。

值得注意的是康德的两个用语。一个是“假的”(falsch)，另一个是“错误”(Irrtum)。这两个不同的词具有不同含义和用法，也有相似的含义。“假的”与“真的”(wahr)相对立，既是日常用语，也是逻辑用语。“错误”只是日常用语，不是逻辑用语。康德所说“与这些规则相矛盾的东西，就是假的”，无疑与真之标准的说明相关。或者，正因为与真相关，他采用了“假的”这一用语。可以看出，真假是意谓层面的考虑，而形式是句法，即语言层面的考虑。所以他的论述是清楚的。而康德所说的“涉及内容的错误”，无疑考虑了涵义层面的东西，因而采用“错误”一词，以此与意谓层面的考虑区别开来。这些用语的不同实际上也显示出康德在论述过程中做出的一些区别。

通过以上分析可以看出，虽然没有弗雷格那样明确的关于涵义和意谓的区别说明，但是康德还是在语言与语言所表达的东西方面做出一些区别。借助句子图式可以看出，他实际上讨论了三个层次的东西，并且说明真属于其中一个层次，而逻辑探讨其中两个层次。所谓逻辑不能走得远，指的是逻辑与其中的一个层次无关，即与知识内容这个层面无关。在康德看来，探讨形而上学问题应该从逻辑出发，因为逻辑是可靠的学科。但是探讨形而上学，完全脱离知识内容也是不行的。这样，他既从逻辑出发，又基于以上区别说明逻辑的问题：由于消除了内容，因而不是充分的，不能走得更远。这样也就为他的形而上学研究指明了方向，同时也为从他称谓的“形式逻辑”（或者一般逻辑或普遍逻辑）过渡到他自己的“先验逻辑”奠定了基础。

综上所述，将 Wahrheit 译为“真理”乃是有问题的，甚至会产生错译。因为这一做法字面上曲解了，至少混淆了 Wahrheit 一词在使用中所表达的意思，因而不能清晰而正确地反映相关思想。如同对 being 的翻译一样，对 truth 的翻译也同样不是简单的翻译问题，而是如何理解西方哲学的问题。

五、汉译哲学的历史及其启示

随着西方哲学传入我国，汉译哲学也就有了自己的历史。这一历史的发展在不同时期也许是不平衡的，但是最终奉献给我们的那些汉译哲学著作却是实实在在的。它们向国人展示了西方思想中最独特的一部分内容，也记录了我国学者学习和把握这一部分思想内容的实践，同时也为塑造国人相应的哲学认识提供帮助。可以说，汉译哲学是国人学习西方哲学的基本文献，也是国人学习和了解西方思想文化不可或缺的文献。

汉译哲学以它的历史和实践向我们展示了许多有意义的事情。在我看，最主要的有两个。一个是，哲学是可译的，另一个是，西方哲学的思想是能够以汉语的方式呈现出来的。

我们都知道，科学是可译的，文学也是可译的。对这两个事实，人们的看法基本一致。[1] 科学没有翻译的问题，因为科学的概念是明确的。在科学研究中，一些概念是新出的，是以前没有的，但是可以通过定义的

1 有人认为诗词是不可译的。不知这是不是会影响到关于文学可译性的看法。诗词涉及特定的表达方式，具有特殊性，我暂且搁置关于它的考虑。或者，我们把关于文学的考虑主要限于小说。

方式明确它，使它成为通用的概念，因而使表达它们的名称获得普遍的理解和使用。文学可以翻译，因为文学通过描述人物、场景、事件来表达思想。这些描述主要是经验的，因而可以通过亲身经验和认识、通过移情来体会和把握文学所描述的东西，再通过语言转换把它们呈现出来。[1]

哲学不是文学，它不是通过对人物、场景、事件的刻画来表达，而是通过概念来表达思想，因此在翻译中对概念的表达和把握就非常重要。“To be or not to be”是莎士比亚的名言。有人认为，“是还是不是”与“生存还是毁灭”，这两个翻译的优劣一目了然。[2] 前一个翻译确实不如朱生豪先生的译文那样夺人心魄，文字上也不是那样熠熠生辉。但是这样比较本身就是有问题的。字面上看，英文确实仅仅表达了两种选择：是这样，还是那样。[3] 也就是说，它表达的既不是“生存还是毁灭”，也不是“存在还是不存在”，而只是“是这样或不是这样”，即是这样还是那样的两种选择。这从随后的进一步说明“whether it is to…or（it is）to…”可以看得非常清楚。只不过这是两种截然对立的命运选择，可以归结为生与死。朱生豪的翻译无疑加入了自己的理解，使两种不同选择最终呈现出来，同时也发挥了文学修辞的魅力。这里，我不想讨论什么样的翻译才是好的，比如“存在还是不存在（消亡）”比“生存还是毁灭”是不是会更优越一些，或者，将“to be”译为“是”是不是就不能

---

1 科学和文学不是我们要讨论的东西，以上不是定义，只是一个大致的说明，目的仅仅在于满足下面我们关于哲学的讨论。

2 参见杨学功：《从 Ontology 的译名之争看哲学术语的翻译原则》，载宋继杰编：《Being 与西方哲学传统》上卷，第 298—299 页。

3 To be, or not to be: that is the question:
Whether' tis nobler in the mind to suffer
The slings and arrows of outrageous fortune,
Or to to take arms against a sea of troubles,
And by opposing end them?…

生存还是毁灭，这是一个值得思考的问题；默然忍受命运的暴虐的毒箭，或是挺身反抗人世的无涯的苦难，通过斗争把它们扫清，这两种行为，哪一种更高贵？……（朱生豪译文）

翻译出莎士比亚的意思，是不是就表现不出文学表达的美。我想说明的是，假如哈姆雷特这段话是哲学表达，那么我们该如何翻译它呢？是如朱生豪那样翻译，还是翻译成“存在还是不存在”？这里我仅想指出，表面上是翻译问题，实质却涉及哲学与文学的差异和区别。哲学讨论的基本方式是通过概念表达进行的：以命名的方式使思考的东西对象化或概念化，再以概念的方式来论述它。在这种情况下，将being作为对象来谈论与在表达中按照通常方式使用了being这个词，乃是有根本区别的。所以，哲学翻译绝不会像文学翻译那样简单，不是符合上下文的意思，使人物的刻画或事件的发展顺理成章就可以的。哲学思想的呈现是通过概念的方式表达的，在这一过程中，论述的对象是以概念的方式表达的，对对象的说明也是以概念的方式表达的，即便是会有举例说明，最终也依然要落实到所论述的对象上，或者落实在对对象的说明上。所以，哲学翻译与文学翻译是根本不同的。

哲学是可译的。通过本书前面的讨论可以看出，汉译哲学是存在问题的。由于将being译为“存在”，将truth译为“真理”，这样就在现有文献中留下问题。这样的问题是双重的，一方面是语言转换的问题，另一方面是思想呈现的问题，这样就造成许多问题，比如前面指出的，错译的问题、翻译的随意性问题、译文读不懂的问题等等。前面我们随着具体问题的讨论也指出了造成这些问题的一些原因，比如对逻辑缺乏正确的认识、对逻辑与哲学的关系、逻辑在哲学中的作用和意义缺乏充分的认识等等。现在我想基于前面的讨论，从学科的认识上进一步说明造成这些问题的原因。

如前所述，哲学大致可以分为两类，一类是形而上学，一类是加字哲学。加字哲学通常与经验相关，其研究会借助经验和与经验相关的东西。它们的翻译也是同样的。比如在伦理学（道德哲学）中，西方人讨论virtue，我们把它译为“德行”或“美德”，虽然可能会有一些差异，但是大致不错，至少理解上不会有太大偏差，因为关于 virtue 的说明和相关讨论涉及一些行为标准和态度，后者则是可以经验借鉴的东西。而到了现代，伦理学讨论的东西就更多了，比如生命伦理学、环境伦理学，基本用语没有变，只是在讨论的具体过程中加入更多的、更加具体甚至专门的经验因素。在我看来，只要有经验的东西可以借鉴，翻译总是比较容易的。形而上学则不同，它是先验的研究，它是关于认识本身的研究，没有经验的东西可以借鉴，只能借助逻辑和语言。这一点其实容易理解，逻辑是先验的，因而与形而上学研究是天然的盟友。语言是表达认识的，因而是形而上学研究不可或缺的东西。问题是，只有认识到形而上学和逻辑的这种性质，这一点才是容易理解的。而人们是真的认识到它了吗？

前面的讨论集中在"是"与"真"这两个概念上，并且主要集中在"是"上。还可以看出，我们所选用的译文主要是形而上学著作，而且是最经典的几部。由此可见，我们指出的汉译哲学中的问题，并不是出现在加字哲学著作中，而是出现在形而上学著作中。必须指出的是，问题出在翻译中，其实却是出在对西方哲学的理解中，一如我一直强调的，与 being 和 truth 相关的问题，并不是简单的翻译问题，而是理解的问题，即如何理解西方哲学的问题。

汉译哲学的历史表明，being 一词主要被译为"存在"。但是对于这个词的翻译，人们并不是没有困惑的。对于"存在"这一译语，人们也不是都赞同的。比如陈康先生在涉及与 being 相关的翻译中使用了多种译语，如"是""洒殷""有""存有""存在"等等；也曾在《巴门尼德斯篇》中主要使用"是"一词，并且对为什么应该这样翻译做出详细说明。比如熊伟先生将 being 译为"在"，这一译语至少在翻译那 14 个例子时比"存在"一词要好很多。比如在黑格尔的《逻辑学》中，人们将 being 译为"有"，因为字面上"有"与"无"的对立性更明显。又比如，人们甚至知道being是系词，汉语与它对应的词乃是“是”，西方本体论问题的重大含义都与该系词相关。但是在译语的选择中，最终还是“存在”这一译名占了主导地位。这一点从为该译名的辩护中可以看得非常清楚。比如人们说，尽管“存在”一词有这样那样的问题，但是只能将being译为“存在”，译为“存在”好歹能读。比如为了采用“存在”一词而拒绝“是”一词，人们不惜错译，不惜回避“是”一词和being在系词这一点上的对应性。比如为了采纳“存在”一词，人们强调being的多义性，甚至认为它是不可译的。如上所述，“存在”一词的选择造成的结果就是文本中的问题，甚至错误。而为选择“存在”一词所做的那些辩护乃是有问题的，有些甚至是错上加错。

汉译哲学的历史表明，truth一词主要被译为“真理”。但是，对这翻译人们同样不是没有困惑的，比如甚至在同一上下文中将同一个truth译为“真理”和“真理性”。但是在关于truth的翻译中，最终占主导地位的还是“真理”一词。学界关于这个概念的讨论较少，因而本书也没有对它做过多讨论。

being和truth乃是形而上学的两个核心概念，在这两个概念的翻译上出现问题，说明对形而上学的核心问题的理解上出了问题。形而上学原本是西方的东西，是引入的东西。西方的形而上学并不会因为我们有了“形而上学”这个译名也就成为我们自己的东西，也不会由于有了“形而上学”这个中国名称就改变原来的性质。我一直强调，应该将being译为“是”，将truth译为“真”，因为不这样就不能反映出西方哲学，即形而上学的实质。being主要是一个句法概念，而truth主要是一个语义概念。二者是对应匹配的。传统哲学所使用的逻辑主要是亚里士多德逻辑，其基本句式是“S是P”，其逻辑成就也主要体现在对这种句式的认识以及基于这种句式而构成的三段论。相比之下，尽管有亚里士多德非常明确的表述，比如关于说是者是，就是真的，但是真这个概念依然处于常识性的认识。现代逻辑产生以后，人们对真有了明确的认识，可以借助它来讨论意义，讨论认识。由于逻辑句法的变化，人们讨论真与意义，与真相关，人们讨论对象和概念，讨论对象域与概念的外延，讨论命题与可能性等等。

在关于“是”与“真”的讨论中，我还指出，应该将二者结合起来考虑，这样有助于我们更好地理解和认识形而上学。字面上看，在传统哲学中，“是”这一概念是主要的，而“真”这一概念似乎不是那样显赫，而在分析哲学中，“真”这一概念凸显，而“是”这一概念消失了。在西方哲学的主线上，似乎存在着一个从是到真的转变。在我看来，这一转变反映出来的是所使用的逻辑方法的变化，而不是形而上学实质的改变。简单地说，“是什么”乃是人们表达关于世界看法的基本方式，既是询问的方式，也是回答和陈述的方式，比如是如此这般的。与此相关，是不是真的，乃是最自然的思考。进一步的询问，则是问为什么，即问：为什么是如此这般的？对认识本身进行研究，将“是什么”作为研究对象，也是自然的事情，而在这样的思考中，“是”自然也是最核心的。

“是什么”所体现的乃是认识。所以亚里士多德说，只有认识一事物什么，我们才最完全地认识它。“是”乃是“是什么”的简称，所以，围绕“是”的讨论主要也是围绕认识的讨论。这样的考虑和讨论与真相关，乃是自然而然的事情。而当人们从真出发来考虑问题的时候，这时会直接将真与意义相结合。这也是自然而然的事情，因为句子表达意义，句子才会与真相关，句子的表达才会有真。所以，真与意义相关，因而真可以与“是”相关，却不一定要与“是”相关。所以才会有弗雷格那样的讨论，比如指出，“晨星是行星”和“晨星是昏星”中的“是”都是系词，却不相同。后者不是纯粹的系词，而是谓词，或者说是“谓词的一个本质部分”[1]。所以，“是行星”是谓词，“是昏星”也可以看作谓

1　弗雷格：《弗雷格哲学论著选辑》，王路译，王炳文校，第 81 页。

词，但是二者却是不同的。联系前面提到的句子图式可以看出，句子由名字和谓词构成，真是句子的意谓，与名字和谓词意谓的东西相关，因而要考虑谓词。换句话说，这样的思考方式可以考虑“是”这个词，但是并非一定要考虑“是”这个词。假如把句子图式用于传统哲学，我们也可以构造相应的句子图式。那样我们就会发现，句子结构的变化需要我们对不同结构的意谓做出说明，而不变的会有两点。一是那三行不变，即语言与语言所表达的东西，以及真假；二是“是”这个词的位置依然处于第一行，即它的句法性质和特征不会变。

认识到这一点也就可以看出，传统哲学中关于“是”的讨论是明确的，因为它在句法上是明确的。但是它所表达的东西并不是那样明确。与它相关，人们在谈论“真”的时候，也就不是那样明确。但是，二者的联系却无疑是存在的，而且也是密切的。有人可能会说，在前面译文 8*、9*、5*，只看到关于“真”的讨论，而没有看到关于“是”的讨论。如何能够说二者是密切联系的呢？如何能够说要联系关于“真”的论述来理解“是”呢？确实是这样。但是，即使不仔细阅读，也还是可以看到，那三段译文都明确谈到了知识。那么这所谓的“知识”是什么呢？它难道不是语言所表达的或通过语言来表达的吗？借助句子图式来看，它显然应该放在第二行，因为它既不是语言层面的，也不是意谓层面的。而康德所考虑的知识，难道不是以“S 是 P”这样的句式所表达的东西吗？所以，字面上看似在讨论“真”，而没有提及“是”，实际上却隐含着二者的联系。为了更好地说明这个问题，我们再举一个例子。

前面我们曾援引黑格尔关于确定性的论述（第二章译文 6）进行讨论，那段译文中谈到“真理”，也谈到“存在”。这里，我们就这同一段话再引另一个译本如下：

译文 10 事实上，这种确定性所提供的也可以说是最抽象、

> 最贫乏的真理。它对于它所知道的仅仅说出了这么多：它存在着。而它的真理性仅仅包含着事情的存在。[1]

这是《精神现象学》第一章开始不久的论述。对它的理解肯定会影响到对后面乃至全书的理解。对照前面和这里两个不同的译文可以看出，它们是有差异的：前面的译文出现两个“真理”，而这里出现一个“真理”，一个“真理性”，这与前面讨论的译文 8 非常相似。对照原文也是如此。原文只是一个词：Wahrheit。只看翻译，前面的译文比较严格，而这里的翻译不太严格。但是我们很难想象译者会不知道两处是同一个词。于是我们要问：译文 10 为什么会做出这样明显不严格的翻译呢？从译文可以看出，这里的 Wahrheit 所说的东西乃是“确定性”。确定性无疑指一种性质，两处译文对这个词的理解是一样的。所以，它们在 Wahrheit 翻译上的差异实际上反映出它们在理解用它来说明确定性时的差异。在我看来，也许正是基于对确定性这种性质的理解，基于与这种性质相关说明的理解，译文 10 采用了“真理性”这一翻译，认为这里所说的不是真理，而是真理性，即一种关于性质的说明。而它的前一个“真理”则依然延续了传统的做法。所以，这种不同译法固然表明译文 10 的不严格，但是也反映出译者在认识上的努力。在我看来，这实际上也表明译者在理解 Wahrheit 一词上的一种进步，只不过这种进步是一种因循传统认识和译法的修正，是不够的。相比之下，那些不加区别地将 Wahrhait 译为“真理”的译文看似严格，但是却体现不出这种认识上的进步。而在有了这样区别的译文之后，新的译文不是进一步思考它的合理性，反而消除这样的区别，甚至批评这样的区别翻译是不严谨，在我看来则是一种退步。确切地说，比如真理和确定性如何对应呢？用真理来说明确定性如

1　黑格尔：《精神现象学》上卷，贺麟、王玖兴译，第 63 页。

何可以理解呢？在我看来，这样的问题其实本来是不存在的，而是由翻译造成的。若是采用“真”这一译语，则可以消除这些问题。

> **译文 10***　事实上，这种确定性暴露出自己是一种最抽象、最贫乏的真。对于它所知道的东西，它所说出的仅仅是：“它是”。它的真仅仅包含着事物的是。[1]

这里的确定性指的是感觉确定性，这无疑是一种性质。“真”乃是对这种性质的说明，或者说，黑格尔把它归结为真。因此这里的确定性要通过真来说明，或者结合真来说明。此外，这种确定性是需要说出来的，黑格尔又把这种说出来的东西归结为“是”。这样，从感觉确定性出发就得到关于两个概念的说明，一个是“真”，一个是“是”。最后一句清楚地表明，是与真乃是紧密联系的。对照译文 10* 与译文 8*，我们可以清楚地看出，它们的论述大致是相似的，区别只不过是一处提到了“是”，一处没有提到。所以，是与真的联系，在形而上学的论述中乃是非常普遍的，它们之间的关系也是非常重要的。

不少人认为，逻辑只考虑形式，不考虑内容。且不论这个说法是谁最先提出的，至少可以从康德那里找到依据并获得“形式逻辑”这个名称。这可以说是一个根深蒂固的认识。遗憾的是，它是有问题的。我想问的是，什么是形式？什么是内容？假如“S 是 P”可以被称之为形式的话，那么前面提到的所有那些与主项、谓项、系词、量词等等相关的用语，是不是也是形式？以“人是理性动物”这句话为例。它的形式是什么？它的内容又是什么呢？若说这里一定会有形式和内容的区分，那么我想问，在整个哲学史上，哪一位哲学家讨论过它的内容或者以它为例来讨论过内容呢？比如人们说，“动物”是属，“理性”是种差，“理

1　参见 Hegel, G.W.F.: *Phaenomenologie des Geistes, System der Wissenschaft*, Erster Theil, S. 82。

性动物”表示“人”的本质；或者人们说，“人”表示个别或特殊，“动物”表示一般或普遍。在这样的讨论中，什么是形式，什么又是内容呢？难道人们的讨论会是其中动物、理性这样的东西，而不是属、种差、特殊、普遍这样的东西吗？难道不用“人是理性动物”就不能讨论相同的问题了吗？不少人将逻辑讨论的方式称之为形式的方式，将哲学讨论的方式称之为抽象的方式或概念的方式。我要问的是，形式的方式与抽象或概念的方式的区别又是什么呢？在这个问题上，我认为传统哲学是有缺陷的，它没有能够区别语言与语言所表达的东西。假如能够认识到二者之间的重大区别，对于形式与非形式的问题，其实是可以有更加清楚的认识的。

“人是理性动物”是一个句子，表达了一个认识。它的基本句式是“S 是 P”。在后者看不到“人”“动物”和“理性”，只看到“是”这个词。固然可以说后者是前者的形式，但是难道不能说后者是前者的抽象吗？在相关讨论中，人们可以谈论主体或对象、谓述或本质、肯定或断定等等。我还想问，就这个例子的讨论而言，什么是概念的方式呢？难道会不指后者而指例中的“人”和“动物”吗？除此之外，例子中和句式中的那个“是”都是共同的，而它一定是要讨论的。那么人们是在什么意义上讨论它的呢？假如说“S 是 P”是形式的，因而其中这个“是”也是形式的。那么有关“是”的讨论难道会不是形式的吗？在相关讨论中，包括例子中没有出现而在讨论中出现的所有那些用语，难道会不是形式的吗？反对将 being 译为“是”的人认为“是”是系词，缺乏本体论乃至形而上学所包含的丰富的含义。我想问，形而上学的丰富含义难道不是通过讨论“S 是 P”或基于“S 是 P”这种句式所进行的讨论而获得的吗？而这样的讨论，包括使用上面那些概念，难道不是与“是”这个词结合在一起的吗？难道会与“是”这个系词有什么冲突吗？

我认为，将 being 译为“是”乃是正确的，其道理也是清楚的。除了语言方面的考虑外，还有一点更为重要，即它体现了哲学的科学性。“是什么”乃是人们表达关于世界认识的基本方式，既是询问的方式，也是回答的方式。围绕这种方式进行思考，就认识到层次的区别。“世界的本源是什么?”“什么是勇敢?”这是不同的询问和思考，相应的回答也反映出不同的思考和认识。对“是什么”本身发问，问询它是什么，这也是一种思考，也会得到不同的认识和回答。很清楚，这是两种不同的思考方式和认识方式，因而也就形成了不同的科学。前者可以形成自然科学和道德哲学，后者可以形成形而上学。而当对“是什么”进行思考的时候，自然会把它当作谈论的对象，因而谈论“是”乃是自然而然的事情。所以亚里士多德说，有一门科学它研究是本身。所以我认为，形而上学是科学。

形而上学是科学，科学是可译的，因而being是可译的。将它译为“是”就很好，一如第三章引文2所说，这样可以体现出与本体论重大问题的含义相关。许多人觉得汉语中“是”这个词在翻译中有困难。我认为归根结底还是理解的问题，既有如何理解西方哲学的问题，也有是不是能够正确认识和充分理解西方哲学的问题。我们可以换一个角度来看这个问题。让我们把西方哲学撇开，直截了当地问：“是什么”是不是一种认识方式？它是不是一个可以思考的问题？它能不能成为我们讨论的对象？如果是，那么它最核心的概念是什么？如果能，那么我们该如何谈论它？我认为能，当然将“是”作为对象来谈论。有了这一认识再来看西方哲学，一“是”到底论难道还会是那样不可思议、不可接受的观点吗？在哲学研究中，我们应该有一个开放的视野和科学的态度，正视中西两种不同文化的差异。我们应该认真思考，中国哲学或思想文化中有没有关于“是什么”这样的认识的思考和语言表达？究竟是由于没有这样的思考而导致缺乏这样的语言表达，还是由于没有这样的语言表达而缺乏这样的思考和认识？即使过去没有或缺乏这样的思考方式，因而汉语中没有这样的表达方式，我们的认识和理解难道就不能发展一下吗？我们的表达能力难道就不会进步一下吗？我坚定认为，汉语本身没有问题，问题是在认识方面。就今天有关 being 的研究而言，正像我一直强调的，这主要是如何理解西方哲学的问题。翻译的基础是理解，如果有了正确的理解，那么解决翻译中一些技术性的问题并不是难事，完全是我们力所能及的。

但是，就认识和理解而言，翻译还会涉及有关学科的问题。一如陈康先生所说，这里需要有关于了解哲学内容的准备，还需要有哲学方面的严格训练。在我看来，这里最重要的则是对逻辑和形而上学的学习、认识和把握。而这恰恰是我国学界最薄弱之处。

最后我想说，哲学中确实有一些词是不能翻译的。比如“道”“象”(比如“天下”“江湖”)。我认为，它们不能翻译，主要不是语言的问题，而是理解的问题，因为它们不好理解，无法理解。说它们是文化中的概念没有问题，因为那样会有更大的解释空间。但是说它们是哲学概念，而又认为哲学是科学的话，则一定是会有问题的。2018 年，第二十四届世界哲学大会在我国召开，主题“学以成人”，英文“learning to be human”。据说一开始起名“学做人”，后来觉得哲学性不强，就改成现在的说法。无论这个名字背后的故事多么有趣，不管“学以成人”是不是就比“学做人”更有哲学性，字面上至少涉及两种语言的翻译问题。比如，这个中文主题是什么意思？这两个中文主题的意思是不是一样？这个英文主题是什么意思？中英文是不是对应？哲学并非仅仅是表达的问题，一如并非“学做人”没有哲学性，而改为“学以成人”就会有哲学性。过去我一直不赞成讨论中国哲学的合法性问题，今天我倾向于说：中国哲学是加字哲学，是某一类哲学[1]，它与形而上学是有根本区

1　最近孙周兴教授似乎表达了这样的意思。参见孙周兴：《我们可以通过汉语做何种哲学》，《学术月刊》2018 年第 8 期。

别的。其实，一些概念无法翻译并不是中国哲学独有的现象，西方哲学也有，比如“Ereignis”这个词。它虽然是海德格尔提出和使用的概念，尽管很多人热衷于它的讨论，但是结果莫衷一是。在我看来，这说明它是不可译的，而仅从它不可译这一点来看，它就不是一个哲学概念，至少不是一个形而上学概念。我相信，关于being，哲学家们是会一直讨论的，但是关于Ereignis以及类似的概念，一定不会是这样的。

参考文献

（以下文献仅为本书引用文献）

中文：

柏拉图：《巴曼尼德斯篇》，陈康译，商务印书馆 2017 年

达米特：《分析哲学的起源》，王路译，上海译文出版社 2005 年

戴维森：《形而上学中的真理方法》，载《真理、意义、行动与事件》，牟博译，商务印书馆 1993 年

邓晓芒：《Being 的双重含义探源》，载宋继杰主编：《Being 与西方哲学传统》上卷，河北大学出版社 2002 年

邓晓芒：《读后无感还是读前有感——关于王路〈研究还是读后感〉的几点回应》，《河北学刊》2018 年第 1 期

冯友兰：《中国哲学史》，商务印书馆 1947 年

弗雷格：《弗雷格哲学论著选辑》，王路译，王炳文校，商务印书馆 2016 年

海德格尔：《形而上学导论》，熊伟、王庆节译，商务印书馆 1996 年

海德格尔：《形而上学导论》，王庆节译，商务印书馆 2015 年

海德格尔：《存在与时间》，陈嘉映、王庆节译，熊伟校，生活·读书·新知三联书店 1987 年

海德格尔：《存在与时间》，陈嘉映、王庆节译，熊伟校，陈嘉映修订，生活·读书·新知三联书店 2006 年

海德格尔：《形而上学导论》(第二、三章)，熊伟、王庆节译，载孙周兴主编：《海德格尔选集》上卷，上海三联书店，1996 年

黑格尔：《精神现象学》上卷，贺麟、王玖兴译，商务印书馆 1987 年

黑格尔：《精神现象学》，先刚译，人民出版社 2013 年

黑格尔：《逻辑学》上下卷，杨一之译，商务印书馆 1977 年

黑格尔：《小逻辑》，贺麟译，商务印书馆 1954 年

黑格尔：《小逻辑》，贺麟译，商务印书馆 1980 年

黑格尔：《逻辑学·哲学全书·第一部分》，梁志学译，人民出版社 2002 年

黑格尔：《哲学科学全书纲要》，薛华译，人民出版社 2007 年

胡塞尔：《纯粹现象学通论》，李幼蒸译，商务印书馆 1995 年

基尔克等:《前苏格拉底哲学家：原文精选的批评史》，聂敏里译，华东师范大学出版社 2014 年
康德:《纯粹理性批判》，邓晓芒译，杨祖陶校，人民出版社 2004 年
康德:《纯粹理性批判》，蓝公武译，商务印书馆 1982 年
康德:《纯粹理性批判》，韦卓民译，华中师范大学出版社 2000 年
康德:《纯粹理性批判》，李秋零译，中国人民大学出版社 2004 年
康德:《纯粹理性批判》，王玖兴译，商务印书馆 2018 年
安东尼·肯尼编:《牛津西方哲学史》，韩东晖译，中国人民大学出版社 2006 年
莱布尼兹:《人类理智新论》上册，陈修斋译，商务印书馆 1982 年
洛克:《人类理解论》，关文运译，商务印书馆 1997 年
罗素:《西方哲学史》，何兆武、李约瑟译，商务印书馆 1976 年
罗素:《我们关于外间世界的知识》，上海译文出版社 1990 年
苗力田主编:《亚里士多德全集》第七卷，中国人民大学出版社 1993 年
倪梁康:《回应王路》，载倪梁康主编:《胡塞尔与意识现象学》，上海译文出版社 2009 年
聂敏里:《存在与实体——亚里士多德〈形而上学〉Z 卷研究（Z 1–9）》，华东师范大学出版社 2011 年
帕金森、杉克尔主编:《劳特利奇哲学史》（十卷本），中国人民大学出版社 2003 年起
宋继杰编:《Being 与西方哲学传统》上下卷，河北大学出版社 2002 年
孙周兴:《存在与超越：西方哲学汉译的困境及其语言哲学意蕴》,《中国社会科学》2012 年第 9 期
孙周兴主编:《海德格尔选集》上卷，上海三联书店 1996 年
孙周兴:《我们可以通过汉语做何种哲学》,《学术月刊》2018 年第 8 期
涂继亮:《英美语言哲学概论》，人民出版社 1988 年
王路:《走进分析哲学》，中国人民大学出版社 2010 年
王路:《读不懂的西方哲学》，北京大学出版社 2011 年
王路:《解读〈存在与时间〉》，北京大学出版社 2012 年
王路:《“是”与“真”——形而上学的基石》，人民出版社 2013 年
王路:《逻辑的观念》，商务印书馆 2016 年
王路:《语言与世界》，北京大学出版社 2016 年
王路:《论加字哲学》,《清华大学学报》2016 年第 1 期
王路:《一“是”到底论》，清华大学出版社 2017 年
王太庆:《试论外国哲学著作的汉语翻译问题》，载王太庆:《柏拉图对话集》，商务印书馆 2004 年

维特根斯坦:《逻辑哲学论》,陈启伟译,《维特根斯坦全集》第一卷,涂纪亮主编,河北教育出版社 2003 年

杨学功:《从 Ontology 的译名之争看哲学术语的翻译原则》,载宋继杰编:《Being 与西方哲学传统》上卷,河北大学出版社 2002 年

张世英:《黑格尔的〈小逻辑〉绎注》,《张世英文集》第三卷,北京大学出版社 2016 年

赵敦华:《"是"、"在"、"有"的形而上学之辨》,载《学人》第四辑,江苏文艺出版社 1993 年

周迈:《论亚里士多德哲学中的存在(是)"on"》,载宋继杰编:《Being 与西方哲学传统》,河北大学出版社 2002 年

外文:

Aristotle: *The Works of Aristotle*, vol. I, ed. by Ross, W.D., Oxford University Press 1971

Aristotle: *The Works of Aristotle*, vol. VIII, ed. by Ross, W.D., Oxford, Clarendon Press 1954

Hegel, G.W.F.: *Phaenomenologie des Geistes, System der Wissenschaft*, Erster Theil, Suhrkamp Taschenbuch Verlag 1986

Hegel, G.W.F.: *Enzyklopaedie der philosophischen Wissenschaften im Grundrisse*, Suhrkamp Verlag Frankfurt am Main 1986

Hegel, G.W.F.: *Wissenschaft der Logik*, Surekamp Verlag Frankfurt am Main 1969

Heidegger, M.: *Sein und Zeit*, Max Niemeyer Verlag Tuebingen 1986

Heidegger, M.: *Einfuehrung in die Metaphysik*, Max Niemeyer Verlag Tuebingen 1958

Husserl, E.: *Ideen zu einer reinen Phaenomenolopie und phaenomelogischen Philosophie*, The Hague, Netherland 1976

Kant, I., *Kritik der reinen Vernunft*, Suhrkamp Verlag 1974, Band 1

Locke, J.: *An Essay Concerning Human Understanding*, Dover Publications, INC., New York 1959, vol. I

Wedberg, A.: *A History of Philosophy*, Clarendon Press, Oxford 1982, vol.1

“北京大学汉语哲学丛书”出版书目

Being与汉译哲学　　王　路

汉语秩序的构成　　韩水法

形塑语言的哲思：近代汉语的哲学化研究　　程乐松

知识与德性：汉语哲学视角下的认知能动性研究　　李麒麟

语言学视角下的汉语哲学探究　　胡旭辉

梵汉视野下的譬喻与知识生成　　赵　悠

汉语哲学论文集